U0862385

卓越工程师教育培养计算机类创新系列教材

UML 面向对象需求分析与建模教程

——基于 UML 2.5 标准

（第二版）

主　编　邹盛荣

副主编　周　塔　顾爱华　彭昱静

科学出版社

北　京

内 容 简 介

本书主要介绍基于 UML 2.5 标准的系统建模基本理论、软件需求分析与设计方法，书中提供了软件案例的 UML 示例说明，以提高学生的软件分析与设计水平，进一步拓展学生分析问题、解决问题的能力，达到培养“厚基础，宽口径，会应用，能发展”的卓越人才的目的。

本书可作为高等院校软件工程、计算机等专业的教材，还可供从事软件开发应用的工程技术人员参考，也可作为基于 UML 2.5 标准的 UML 认证考试参考用书。

图书在版编目(CIP)数据

UML 面向对象需求分析与建模教程：基于 UML2.5 标准/邹盛荣主编. —2 版. —北京：科学出版社，2019.1

卓越工程师教育培养计算机类创新系列教材

ISBN 978-7-03-056914-1

Ⅰ. ①U… Ⅱ. ①邹… Ⅲ. ①面向对象语言-程序设计-教材 Ⅳ. ①TP312

中国版本图书馆 CIP 数据核字(2018)第 049720 号

责任编辑：于海云 / 责任校对：郭瑞芝

责任印制：吴兆东 / 封面设计：迷底书装

科学出版社 出版

北京东黄城根北街 16 号

邮政编码：100717

http://www.sciencep.com

涿州市般润文化传播有限公司印刷

科学出版社发行 各地新华书店经销

*

2015 年 6 月第 一 版 开本：787×1092 1/16

2019 年 1 月第 二 版 印张：14 3/4

2025 年12月第九次印刷 字数：338 000

定价：59.00 元

（如有印装质量问题，我社负责调换）

前　言

国家启动“卓越工程师教育培养计划”（简称“卓越计划”）的目的是加紧培养一批创新能力强、能够适应经济和社会发展需求的各类工程技术人才，着力解决高等工程教育中的实践性和创新性问题，提高科技创新能力，这对于加快经济发展方式的转变、实现未来我国经济社会的持续发展具有重要意义。

“卓越计划”具有三个特点：一是行业企业深度参与培养过程；二是学校按通用标准和行业标准培养工程人才；三是强化培养学生的工程能力和创新能力。

为了配合该计划的实施，我们总结了近几年卓越工程师教育培养的教学经验，按照卓越工程师教育培养的要求编写了本书。本书主要介绍 UML 系统建模的基本理论、软件需求分析与设计方法，书中提供了软件案例的 UML 示例说明，以提高学生的软件分析与设计水平，进一步拓展学生分析问题、解决问题的能力，达到培养“厚基础，宽口径，会应用，能发展”的卓越人才的目的。

全书共 13 章，内容包括绪论，面向对象方法，统一建模语言，RUP 统一过程，Enterprise Architect 建模工具，UML 2.5 标准，UML 系统建模过程的需求获取、需求分析、设计、实现、测试，UML 的形式化，综合案例等。其中，案例部分分为三种类型：①简单的小型案例在第 3 章讲述，主要引导学生观察了解 UML 常用图的画法及作用，图形简单易用，便于学习，可立即上手模仿实践。小型案例的需求分析重点为学会使用用例图和类图。②中型案例在第二部分按章节详细讲述，中型案例的需求分析重点为掌握用例图、类图、顺序图和状态图。③复杂的大型案例在第三部分中讲述，即在第 12 章详细讲述系统建模过程中的复杂网络需求获取方法及形式化方法技术的补充作用。

本书内容深入浅出，通俗易懂，实用性强。每章均有工程实践中的相关案例说明，最后一章重点描述了一个完整的 UML 建模课程设计案例。书中内容以案例引导为主，不介绍过多 UML 理论；按软件系统的大小分类讲述建模，逐步引导和培养学生实践能力；结合 RUP 统一过程，符合软件工程的过程需要。

书中标有“*”的章节属于前沿课题，老师可不讲授，有兴趣的学生可通过查找相关书籍或网上资源参考学习。本书配有电子课件，可供任课教师教学使用。

在此，向历届开课学生表示感谢，向参与其中的各位老师表示感谢，有了你们的支持和帮助，本书的内容编排更合理并容易被读者接受，便于读者学会并理解理论知识，在问题的思考和讨论中培养创新思维能力，并能够把它运用到将来的工作中。

编　者

2018 年 12 月

目　录

第一部分　UML 建模理论概述

第二部分　UML 需求分析与建模的过程

第三部分 高 级 课 题

第四部分　实验案例

第 1 章　绪　　论

“UML 系统建模”是一门与软件开发密切相关的建模课程。1968 年软件工程产生后，软件分析与设计技术在 20 世纪 80 年代末至 90 年代中期出现了一个发展高潮，UML 是这个高潮的产物。它不仅统一了 Booch、Rumbaugh 和 Jacobson 的建模表示方法，而且使其有了进一步的发展，并最终统一为大众所接受的标准建模语言（Unified Modeling Language，UML）。

1.1　UML 的发展史

系统是在业务单元中为某个目标协同工作的各种业务程序、对象或组件的集合。系统存在于一个更大的世界——环境之中。边界将系统与其环境分隔开。系统从环境中获得输入来实现功能。最终，系统将其功能的执行结果作为输出返回给环境，并因此完成其目的。信息系统通过接收数据（原始事实）和输出信息（处理为有用格式的数据）来与其环境交互。

系统由各种组件构成。系统组件可以是不可约部分，也可以是多个部分的组合（也称为子系统）。系统可以通过更换单独的组件来进行维修和升级，而不需要改变整个系统。各组件是相互关联的，也就是说，一个组件的功能依赖于其他组件的功能。系统的边界包含着所有的组件，并且形成了系统的界限，将系统与其他系统隔开。边界内的组件可以被更改，而边界外的系统则不能被改变。所有的组件协同工作来完成更大系统的一些总体用途——系统存在的原因。

工程师为什么要建造系统模型？航天工程师为什么要建造航天器的模型？桥梁工程师为什么要建造桥梁模型？建造这些模型的目的是什么？

工程师建造模型来查明他们的设计是否可以正常工作。航天工程师建造好了航天器模型，然后把它们放入风洞中了解这些航天器是否可以飞行。桥梁工程师建造桥梁模型来了解桥梁是否稳固。建筑工程师建造建筑模型可以了解客户是否喜欢这种建筑样式。工程师们通过建立模型来验证建造事物的可行性。

我们通常用“系统”一词来指内部关联部分的集合。建模正是一种通过忽略不相关的细节来处理复杂性的方法。而 UML 系统建模是一种与面向对象软件开发密切相关的建模方法。20 世纪各种面向对象分析与设计方法都为面向对象理论与技术的发展做出了贡献。这些方法各有自己的优点和缺点，同时在各自不同范围内拥有自己的用户群。各种方法的主导思想以及所采用的主要概念与原则大体上是一致的，但是也存在不少差异。这些差异所带来的问题是不利于面向对象方法向一致的方向发展，也给用户的选择带来了一些困惑。为此，Rational 公司的 Booch 和 Rumbaugh 决定将他们各自的方法结合起来成为一种方法，并于 1995 年 10 月发布了第 1 个版本，称为“统一方法”（Unified Method 0.8）。此时 OOSE 的作者 Jacobson 也加入了 Rational 公司，于是也加入了统一行动；1996 年 6 月发布了第 2 个版本 UML 0.9。鉴于统一行动的产物只是一种建模语言，而不是一种建模方法（因为不包含过程指导），所以自 UML 0.9 起，改称“统一建模语言”。在此过程中，由 Rational 公司发起成立了 UML 伙伴组织。开始时有 12 家公司加入，共同推出了 UML 1.0，并于 1997 年 1 月提交到对象管理组织（OMG）申请作为一种标准建模语言。此后，又把其他几家向 OMG 提交建模语言提案的公司扩大到 UML 伙伴组织中，并汲取意见对 UML 进一步作了修改，产生了 UML 1.1。该版本于 1997 年 11 月 4 日被 OMG 采纳。此后 UML 还在继续改进，2015 年 6 月发布的版本是 UML 2.5（http://www.omg.org/spec/UML/2.5）。

OMG 提交给国际标准化组织（ISO）的 UML 2.4.1 已经通过审核成为国际标准（ISO/IEC ISO/IEC 19505-1 和 19505-2）。中国以 UML 2.0 为基础也制定了 GB/T 28174—2011 国家标准。UML 发展过程如图 1-1 所示。

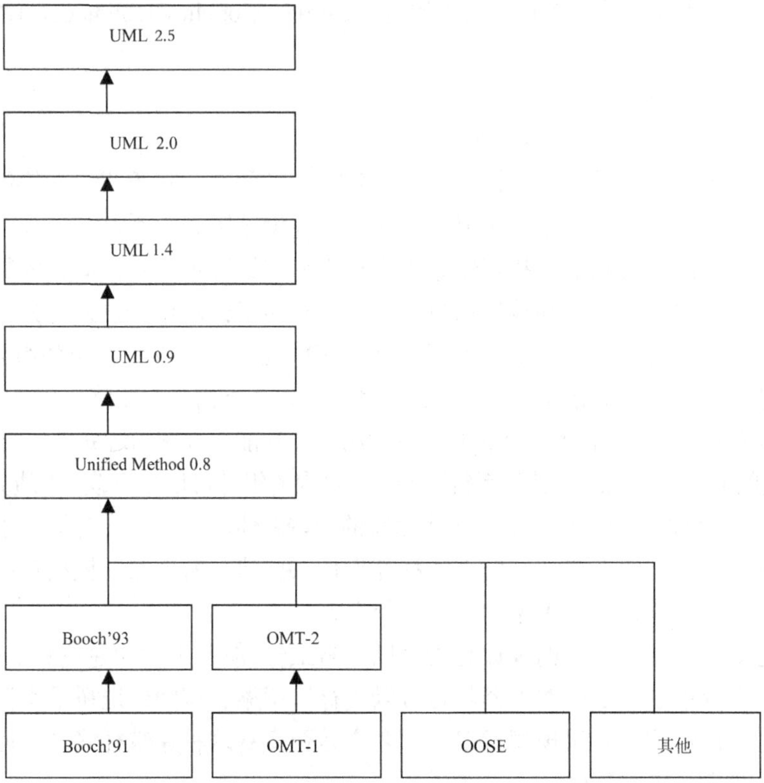

图 1-1　UML 的发展史

1.2　UML 在日常生活中的应用

模型是用某种工具对某个系统的表达方式。模型从某一个建模观点出发，抓住事物最重要的方面而简化或忽略其他方面。工程、建筑和其他许多需要创造性思想的领域中都使用模型。

表达模型的工具要便于使用。建筑模型可以是图纸上所绘的建筑图，也可以是用厚纸板制作的三维模型，还可以用存储于计算机中的方程来表示。一个建筑物的结构模型不仅能够展示这个建筑物的外观，还可以进行工程设计和成本核算。

软件系统的模型用建模语言来表达，如 UML。模型包含语义信息和表示法，可以采取图形和文字等多种不同形式。

UML 的目标是以面向对象各种相关图的方式来描述任何类型的系统。最常用的是建立软件系统的模型，但 UML 也可用来描述其他非计算机软件的系统或者商业系统及过程，以下是 UML 常见的应用。

信息系统：向用户提供信息的存储、检索、转换和提交处理存放在关系或对象数据库中大量具有复杂关系的数据。

技术系统：处理和控制技术设备，如电信设备、军事系统或工业过程，它们必须处理设计的特殊接口，标准软件很少，技术系统通常是实时系统。

嵌入式实时系统：在嵌入其他设备（如移动电话、汽车、家电）的硬件上执行的系统通常是通过低级程序设计进行的，需要实时支持。

分布式系统：分布在一组机器上运行的系统，数据很容易从一台机器传送到另一台机器，需要同步通信机制来确保数据完整性，通常是建立在对象机制上的，如 CORBA、COM/DCOM 或 Java Beans/RMI 上。

系统软件：定义了其他软件使用的技术基础设施，操作系统、数据库和在硬件上完成底层操作的用户接口等，同时提供一般接口给其他软件使用。

商业系统：描述目标、资源、人、计算机规则、法规、商业策略、政策等，以及商业中的实际工作、商业过程。商业系统是面向对象建模应用的一个重要领域，引起了人们极大的兴趣，面向对象建模非常适合为公司的商业过程建模，运用全质量管理等技术，可以对公司的商业过程进行分析、改进和实现，使用面向对象建模语言为过程建模和编制文档，使过程更易于使用。

UML 具有描述以上这些类型系统的能力。

1.3　本课程学习中需要注意的问题

教师可按照章节进行一步步的理论教学，实践性的案例贯穿在相关章节中，有兴趣的学生可主动按照案例进行模仿建模，探索学习，理论联系实际学习效果更好。

（1）简单的小型案例描述在第 3 章讲述，主要引导学生观察了解 UML 2.5 常用的 9 种图的画法及作用，图形简单易用，便于学习，可立即上手模仿实践。

（2）中型案例在第二部分按章节详细讲述，按照统一过程的各过程流在每章结尾处展开说明。

图 1-2 是按软件 RUP 过程设置建模的知识点框图。

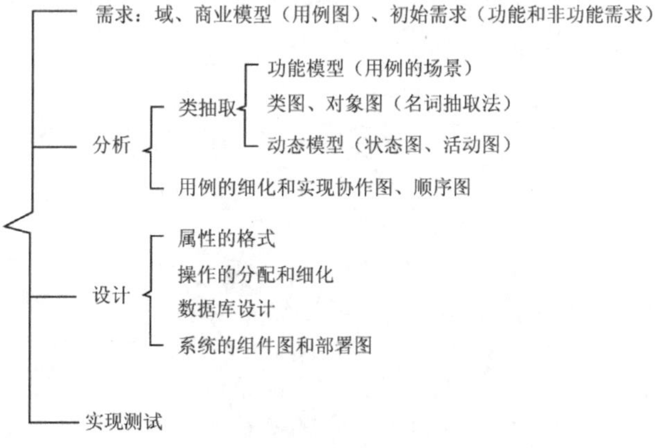

图 1-2　建模的知识点框图

学期开始，学生可在教师的指导下明确一个感兴趣的软件案例作为本学期的学习目标，教师讲授理论知识的同时，学生可以自己动手步完成案例。教师讲解案例时，学生也可举一反三尝试完成其他案例，并结合所做案例总结自己的经验和教训。图 1-3 是软件工程师的发展途径。

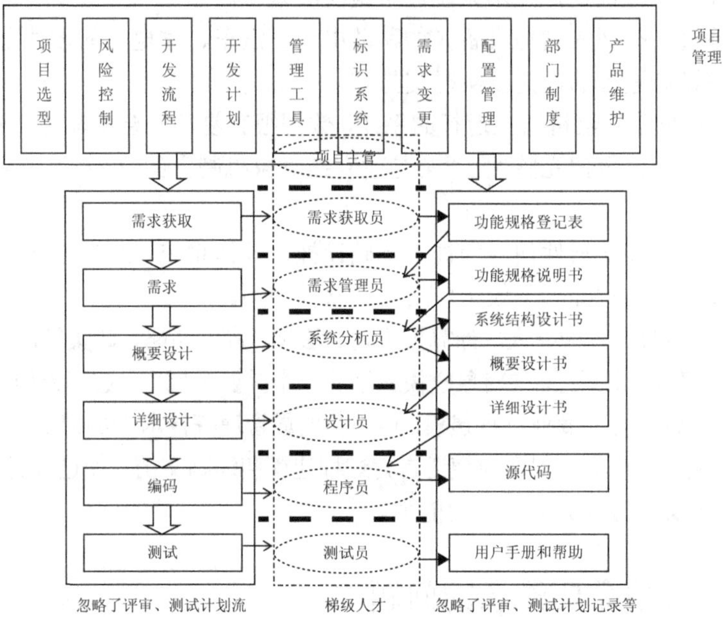

图 1-3　软件工程师发展途径

（3）复杂的大型案例在第三部分中讲述，大型软件可能是涉及人身财产安全的系统，还有一些大型系统的需求很难说清或抽取，第 12 章通过案例详细讲述了这种大型系统建模过程中的复杂网络需求获取方法和形式化方法技术的补充作用。

第一部分
UML 建模理论概述

本部分介绍面向对象方法的产生、UML 的发展、RUP 统一过程模型、Enterprise Architect 工具及 UML 的更多技术细节。

第 2 章　面向对象方法

软件工程自 1968 年产生以来，经历了传统软件工程阶段并发展到现在的高级软件工程阶段，面向对象方法（OO 方法）在传统软件工程方法的基础上产生，因其一些显著特点解决了一些软件问题，是目前主流的软件开发方法。有了面向对象的思想才产生了后面所要介绍的 UML。

本章知识要点

（1）面向对象产生的原因。

（2）面向对象的思考方式。

兴趣实践

现实生活中哪些软件基于面向对象方法开发？试举一例。

探索思考

计算机硬件有摩尔定律，为什么软件没有呢？

预习准备

复习传统的结构化软件工程方法的知识及面向对象程序语言相关的三个特性。

2.1　了解面向对象产生的原因

俗话说：天下大势，分久必合，合久必分。计算机软件技术的发展也是一个“分久必合，合久必分”的过程。

从 1946 年 2 月 14 日第一台计算机诞生之日起，软件应运而生。

起初软件是手工作坊的生产方式，没有标准化的过程、工具和技术，从而导致大量软件错误。之后计算机专家提出了各种语言和方法，但还是不能避免错误的发生。小型软件（5000 行代码以下的软件）基本能正确地生产出来，但大中型软件（5 万行代码以上的软件是大型软件，其间的为中型软件）项目就很难保证。到目前为止约 1/3 的软件项目是失败的。

20 世纪 60 年代起随着计算机硬件性能的不断提高和价格的不断下降，其应用领域也在不断扩大。人们在越来越多的领域把更多、更难的问题交给计算机解决。这使得计算机软件的规模和复杂性与日俱增，从而使软件技术不断受到新的挑战。20 世纪 60 年代软件危机的出现就是因为系统的复杂性超出了人们在当时的技术条件下所能解决的程度。此后在软件领域，从学术界到工业界，人们一直在为寻求更先进的软件方法与技术而奋斗。每当出现一种先进的方法与技术时，都会使软件危机得到一定程度的缓和。然而这种进步又立刻促使人们把更多更复杂的问题交给计算机解决。于是又需要更先进的方法与技术。

1968 年，计算机专家集中讨论了软件危机产生的原因，并达成共识，要用工程化的管理方法来解决软件问题，从而形成软件工程的研究新领域。

开发一个具有一定规模和复杂性的软件系统和编写一个简单的程序大不一样。大型的、复杂的软件系统的开发是一项工程，必须按工程学的方法组织软件的生产与管理，必须经过分析、设计、实现、测试、维护等一系列软件生命周期阶段。这是人们从软件危机中取得的最重要的收获。这一认识促进了传统软件工程学的诞生。编程仍然是重要的，但是更具有决定性意义的是系统建模。只有在分析和设计阶段建立了良好的系统模型，才有可能保证工程的正确实施。正是基于这一原因，许多在编程领域首先出现的新方法和新技术总是很快被拓展到软件生命周期的分析与设计阶段。

在传统的结构化软件工程的指导下，软件生产普遍采用结构化的语言和方法，取得了很大的成就，但大型软件还是频频遇到问题。于是计算机专家又分头行动，提出了各种语言、方法、工具等，以期解决软件问题。

面向对象方法正是在新的技术创意浪潮中产生的，并经历了这样的发展过程：它首先在编程领域兴起，作为一种崭新的程序设计范型引起世人瞩目。

面向对象方法起源于面向对象的编程语言（简称 OOPL）。20 世纪 50 年代后期，在用 Fortran 语言编写大型程序时，常出现变量名在程序不同部分发生冲突的问题。鉴于此，ALGOL 语言的设计者在 ALGOL 60 中采用了以“Begin…End”为标识的程序块，使块内变量名是局部的，以避免它们与程序块外的同名变量相冲突。这是编程语言中首次提供封装保护的尝试。此后程序块结构广泛用于高级语言（如 Pascal、Ada、C）之中。

20 世纪 60 年代中后期，Simula 语言在 ALGOL 的基础上研制开发，它将 ALGOL 的块结构概念向前发展了一步，提出了对象的概念，并使用了类，也支持类继承。20 世纪 70 年代，Smalltalk 语言诞生，它以 Simula 的类为核心概念，它的很多内容借鉴了 Lisp 语言。由 Xerox 公司经过对 Smalltalk 72、Smalltalk 76 持续不断的研究和改进之后，于 1980 年推出了商品化的应用，它在系统设计中强调对象概念的统一，引入对象、对象类、方法、实例等概念和术语，采用动态联编和单继承机制。

面向对象源出自 Simula，真正的 OOPL 由 Smalltalk 奠基。Smalltalk 现在被认为是最纯的 OOPL。

正是通过 Smalltalk 80 的研制与推广应用，人们注意到面向对象方法所具有的模块化、信息封装与隐蔽、抽象性、继承性、多样性等独特之处，这些优异特性为研制大型软件，提高软件可靠性、可重用性、可扩充性和可维护性提供了有效的手段和途径。分解和模块化可以通过在不同组件设定不同的功能，把一个问题分解成多个小的独立且互相作用的组件来处理复杂、巨型的软件。

继 Smalltalk 80 之后，20 世纪 80 年代又有一大批面向对象的编程语言问世，这标志着面向对象方法走向成熟和实用。此时，面向对象方法开始向系统设计阶段延伸，出现了如 Booch 86、GOOD（通用面向对象的开发）、HOOD（层次式面向对象的设计）、OOSD（面向对象的结构设计）等一批面向对象设计（OOD）方法。但是这些早期的 OOD 方法不是以面向对象分析（OOA）为基础的，而是主要基于结构化分析。到 1989 年之后，面向对象方法的研究重点开始转向软件生命周期的分析阶段，并将 OOA 和 OOD 密切地联系在一起，出现了一大批面向对象分析与设计（OOA&D）方法，如 Booch 方法、Coad/Yourdon 方法、Firesmith 方法、Jacobson

的 OOSE、Martin/Odell 方法、Rumbaugh 等的 OMT、Shlaer/Mellor 方法等。截至 1994 年，公开发表并具有一定影响力的 OOA&D 方法已达 50 余种。这种繁荣的局面表明面向对象方法已经深入分析与设计领域，并随着面向对象的测试、集成与演化技术的出现而发展为一套贯穿整个软件生命周期的方法体系。目前，大多数较先进的软件开发组织已经从分析、设计到编程、测试阶段全面采用面向对象方法，使面向对象无可置疑地成为当前软件领域的主流技术。

1995 年，面向对象的 UML 产生，标志着面向对象的思想方法得到了人们的一致认可，大型软件的生产才有了更好的解决方式。

2.2 面向对象方法基本概念与特征

用计算机解决问题需要用程序设计语言对问题求解加以描述（编程），实质上，软件是问题求解的一种表述形式。显然，假如软件能直接表现人求解问题的思维路径（求解问题的方法），那么软件不仅容易被人理解，而且易于维护和修改，从而可保证软件的可靠性和可维护性，并能提高公共问题域中的软件模块和模块重用的可靠性。面向对象的概念和机制恰好可以使人们按照通常的思维方式来建立问题域的模型，设计出尽可能自然地表现求解方法的软件。

面向对象方法是一种把面向对象的思想应用于软件开发过程中，指导开发活动的系统方法，是建立在“对象”概念基础上的方法学。对象是由数据和容许的操作组成的封装体，与客观实体有直接对应关系，一个对象类定义了具有相似性质的一组对象。而继承性是对具有层次关系的类的属性和操作进行共享的一种方式。所谓面向对象就是基于对象概念，以对象为中心，以类和继承为构造机制，来认识、理解、刻画客观世界并设计、构建相应的软件系统。

2.2.1 面向对象的概念

对象是要研究的任何事物。

现实生活中的对象，如我们使用的手机、计算机和打印机等。可以认为万物皆是对象。根据《韦氏大词典》(Merriam-Webster's Collegiate Dictionary）的词典释义，对象有如下两点释义：

（1）某种可为人感知的事物。

（2）思维、感觉或动作所能作用的物质或精神体。

该释义的第一部分“某种可为人感知的事物”所指的便是我们熟悉的“对象”，它是可以看到和感知到的“东西”，而且可以占据一定事物的空间。想象一下学生管理系统中围绕学生管理这个概念中应该有哪些物理对象：

① 被管理的信息所属的对象学生；

② 对学生信息进行管理的管理员；

③ 对学生信息有权进行查询的校方人员；

④ 管理信息的计算机，以及需要在计算机中存储的学生信息。

释义的第二部分是“思维、感觉或动作所能作用的物质或精神体”，也就是我们所说的“概念性对象”，以学生管理系统为例，可以列举如下对象：

学生所在的院系、学生的学号、学生的班级、学生的成绩。

在这里也可以列举出不少这样的概念性对象。这些对象是人们不能看到的、听到的，但是在描述抽象模型和物理对象时，仍然起着很重要的作用。

对象可以是一个物理实体，如桌子、书等，也可以是特定的实体，如我的桌子、他的 UML 系统建模书；另外，对象也可以是无形的事物，如经济效益、交易等，虽然无形，但仍然可以描述、创建和销毁。对象由数据（描述事物的属性）和作用于数据的操作（体现事物的行为）构成一个独立整体。从程序设计者的角度来看，对象是一个程序模块，从用户的角度来看，对象为他们提供所希望的行为。在对象内的操作通常称为方法。

类是对象的模板，即类是对一组有相同数据和相同操作的对象的定义，一个类所包含的方法和数据描述一组对象的共同属性和行为。类是在对象之上的抽象，对象则是类的具体化，是类的实例。类可有其子类，也可有其父类，形成类层次结构。

消息是对象之间进行通信的一种规格说明。它一般由三部分组成：接收消息的对象、消息名及实际变元。

2.2.2　面向对象的特征

封装性：封装是一种信息隐蔽技术，它体现于类的说明，使数据更安全，是对象的重要特性。封装使数据和加工该数据的方法（函数）成为一个整体，以实现独立性很强的模块，使得用户只能见到对象的外部特性（对象能接收哪些消息，具有哪些处理能力），而对象的内部特性（保存内部状态的私有数据和实现加工能力的算法）对用户是隐蔽的。封装的目的在于把对象的设计者和对象的使用者分开，使用者不必知晓行为实现的细节，只需用设计者提供的消息来访问该对象。通过封装，可以把类作为软件中的基本复用单元，提高其内聚度，降低其耦合度。图 2-1 所示为录音机封装性示例。

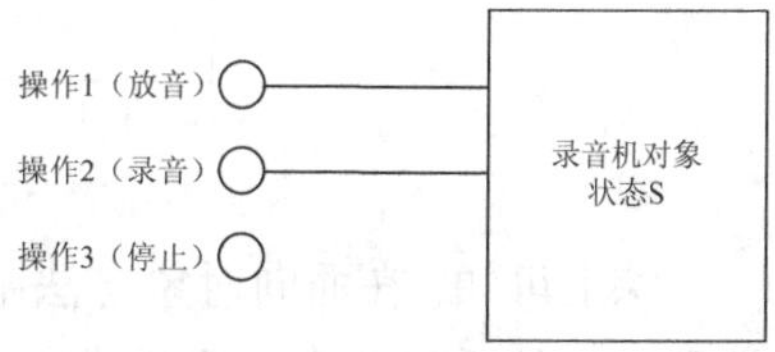

图 2-1　封装的示例

继承性：继承性是子类自动共享父类数据和方法的机制，它由类的派生功能体现。一个类直接继承其父类的全部描述，同时可修改和扩充，其示例见图 2-2。

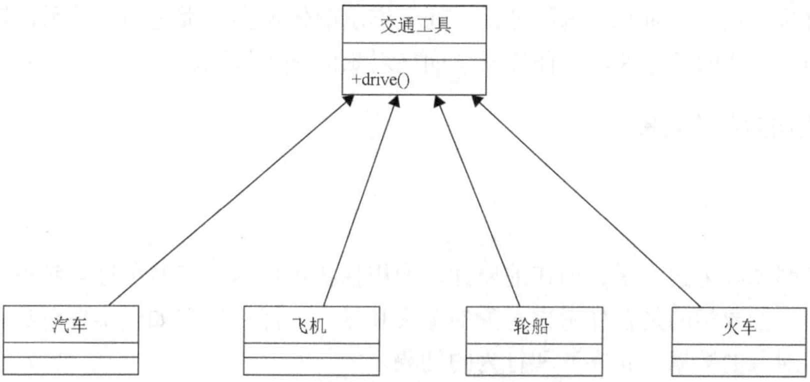

图 2-2　继承的示例

继承具有传递性。如果 B 类继承了 A 类，而 C 类又继承了 B 类，就可以说，C 类在继承了 B 类的同时，也继承了 A 类。C 类中的对象可以实现 A 类中的方法。通常所说的多继承是指一个类在继承其父类的同时，可实现其他类或接口。类的对象是各自封闭的，如果没有继承性机制，则类对象中的数据、方法就会出现大量重复。继承支持系统的可重用性，从而达到减少代码量的作用，而且可以促进系统的可扩充性。

多态性：对象根据所接收的消息而做出动作。同一消息为不同的对象接收时可产生完全不同的行动，这种现象称为多态性。利用多态性，用户可发送一个通用的信息，而将所有的实现细节都留给接收消息的对象自行决定，因此，同一消息可调用不同的方法实现。多态性的实现受到继承性的支持，利用类继承的层次关系，把具有通用功能的协议存放在类层次中尽可能高的地方，而将实现这一功能的不同方法置于较低层次，这样，在这些低层次上生成的对象就能给通用消息以不同的响应。在 OOPL 中可通过在派生类中重定义基类函数（定义为重载函数或虚函数）来实现多态性。多态示例见图 2-3。

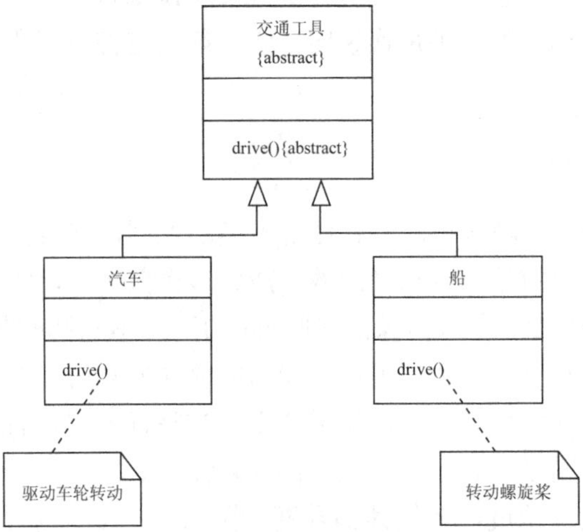

图 2-3　多态的示例

综上可知，在面向对象方法中，对象和传递消息分别表现事物及事物间相互联系的概念。类和继承是适应人们一般思维方式的描述范式。方法是允许作用于该类对象上的各种操作。这种对象、类、消息和方法的程序设计范式的基本特点在于对象的封装性和类的继承性。通过封装能将对象的定义和对象的调用分开，通过继承能体现类与类之间的关系，以及由此带来的动态联编和实体的多态性，从而构成了面向对象的基本特征。

2.2.3　面向对象的要素

1. 抽象

抽象是指强调实体的本质、内在的属性。使用抽象可以尽可能避免过早考虑一些细节。在系统开发中，抽象指的是首先考虑对象的意义和行为，然后决定如何实现对象。

类实现了对象的数据（状态）和行为的抽象。

2. 封装性（信息隐藏）

封装性是保证软件部件具有优良的模块性的基础。

面向对象的类是封装良好的模块，类定义将其说明（用户可见的外部接口）与实现（用户不可见的内部实现）显式地分开，如图 2-4 所示。

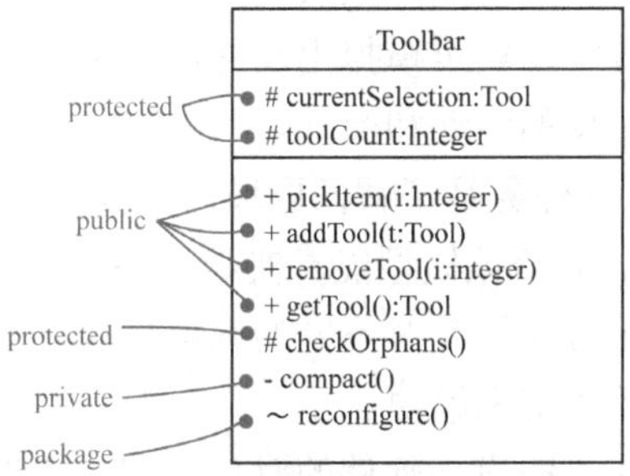

图 2-4　信息隐藏的实现

对象是封装的最基本单位。封装防止了程序相互依赖性带来的变动影响。面向对象的封装比传统语言的封装更为清晰、有力。

3. 共享性

面向对象技术在不同级别上促进了共享。

（1）同一类中的共享。同一类中的对象有着相同数据结构，这些对象之间是结构、行为特征的共享关系。

（2）在同一应用中共享。在同一应用的类层次结构中存在继承关系的各相似子类中，存在数据结构和行为的继承，使各相似子类共享共同的结构和行为。使用继承来实现代码的共享，这也是面向对象的主要优点之一。

（3）在不同应用中共享。面向对象不仅允许在同一应用中共享信息，而且为未来类似目标软件的可重用设计准备了条件。通过类库这种机制和结构来实现不同应用中的信息共享。

2.3　面向对象方法学开发过程

面向对象方法遵循一般的认知方法学的基本概念，建立面向对象方法基础。面向对象方法学认为客观世界是由各种“对象”所组成的，任何事物都是对象，每一个对象都有自己的运动规律和内部状态，每一个对象都属于某个对象“类”，都是该对象类的一个元素。复杂的对象可以是由相对比较简单的各种对象以某种方式构成的。不同对象的组合及相互作用就构成了所要研究、分析和构造的客观系统。

可见，面向对象方法具有很强的类的概念，因此它能很自然直观地模拟人类认识客观世界的方式，即模拟人类在认知进程中的由一般到特殊的演绎功能或由特殊到一般的归纳功能，类的概念既反映出对象抽象的本质属性，又提供了实现对象共享机制的理论根据。

当遵照面向对象方法学的思想进行软件系统开发时，遵循如图 2-5 所示的步骤。

图 2-5　面向对象方法学中的对象

由图 2-5 可知，首先是存在现实对象，然后人们根据自己的观察角度和要求将现实对象抽象成现实类，软件设计人员基于现实类模拟出软件类，最后在程序中将软件类实例化成软件对象，最终的程序就是软件对象的活动和交互。

首先要进行面向对象分析，其任务是了解问题域所涉及的对象、对象间的关系和作用（操作），然后构造问题的对象模型，力争该模型能真实地反映出所要解决的实质问题。在这一过程中，抽象是最本质、最重要的方法。针对不同的问题性质选择不同的抽象层次，过简或过繁都会影响到对问题本质属性的了解和解决。

其次就是进行面向对象设计，即设计软件的对象模型。根据所应用的面向对象软件开发环境的功能强弱不等，在对问题的对象模型分析的基础上，可能要对它进行一定的改造，但应以最少改变原问题域的对象模型为原则。然后在软件系统内设计各个对象、对象间的关系（如层次关系、继承关系等）、对象间的通信方式（如消息模式）等，总之是设计各个对象应做些什么。

最后是面向对象实现，即软件功能的编码实现，包括：每个对象内部功能的实现；确立对象哪些处理能力应在哪些类中进行描述；确定并实现系统的界面、输出形式及其他控制机理等。总体而言是实现在设计阶段所规定的各个对象所应完成的任务，如图 2-6 所示。

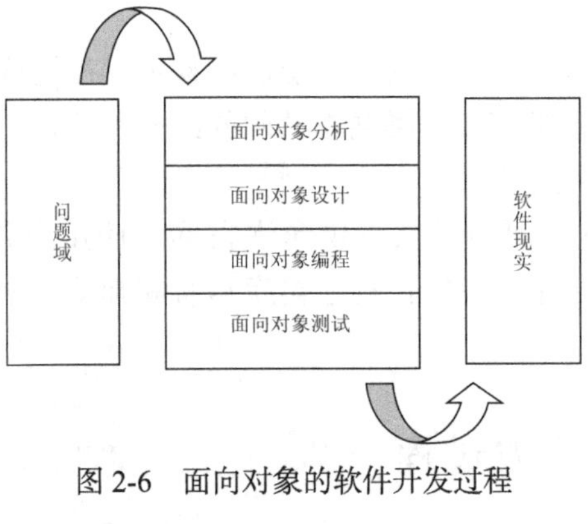

图 2-6　面向对象的软件开发过程

综上所述，面向对象方法用于系统开发具有如下优越性。

（1）强调从现实世界中客观存在的事物（对象）出发来认识问题域和构造系统，这就使系统开发者大大减小了对问题域的理解难度，从而使系统能更准确地反映问题域。

（2）运用人类日常的思维方法和原则（体现于面向对象方法的抽象、分类、继承、封装、消息通信等基本原则）进行系统开发，有益于发挥人类的思维能力，并有效地控制了系统复杂性。

（3）对象的概念贯穿于开发过程的始终，使各个开发阶段的系统成分具有良好的对应关系，从而显著提高了系统的开发效率与质量，并大大降低了系统维护的难度。

（4）对象概念的一致性，使参与系统开发的各类人员在开发的各阶段具有共同语言，有效地促进了人员之间的交流和协作。

（5）对象的相对稳定性和对易变因素的隔离，增强了系统的应变能力。

（6）对象类之间的继承关系和对象的相对独立性，为软件复用提供了强有力的支持。

2.4　面向对象下一步发展方向

面向对象已成为事实上的工业标准，但面向对象方法的产生并不能解决所有的软件问题，还有诸如实时控制、安全生产软件等一系列问题需要计算机科学家解决，其下一步的发展方向可能有以下三方面。

1. 组件化

软件生产如果像硬件生产一样能够快速高效地生产出标准组件，而且质量有保证，那么软件生产将会彻底摆脱软件危机的困扰。软件生产的目标之一就是软件的组件化，希望软件系统的模块像硬件一样可按需生产、组装、调试、维护。组件化开发模型如图 2-7 所示。

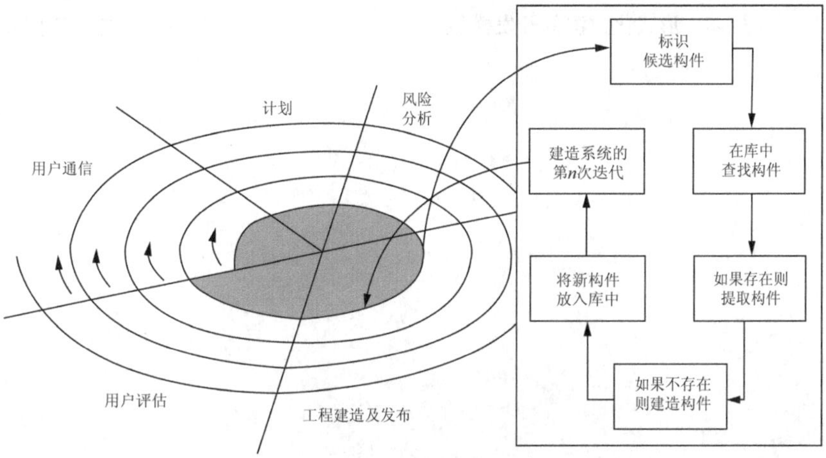

图 2-7　组件化开发模型

2. 形式化

软件工程学科中引入数学的概念和定律，软件生产将会更加科学化，后面的高级课题中将进一步说明在软件开发中应用形式化方法的可行性和一般步骤。形式化方法希望定量刻画用户的需求，并自动化地生产出所需要的软件。形式化方法的开发模型如图 2-8 所示。

3. 智能化

20 世纪是计算机科学飞速发展的世纪，计算机硬件结构和功能进步很大，但软件的需求层出不穷，而且存在大量重复生产的状况，如果能够生产出一个软件产品，而且该产品能够适用于一类系统中，例如，生产一个通用于所有单位的图书馆系统，软件的智能化水平将更高。关于智能化需要向生物学中的大脑智能学习，而 21 世纪是生命科学的世纪，还需要向生物大脑学习大脑智能的产生机理（图 2-9），并将其运用到软件工程中，这样软件生产将更加智能化，但这可能还有很长的路要走。

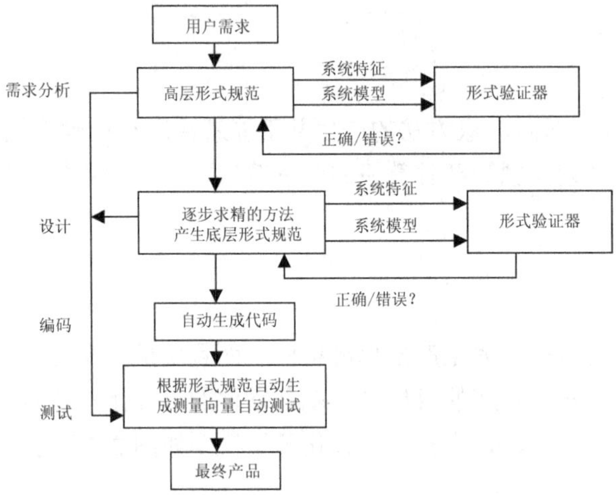

图 2-8　形式化方法的开发模型

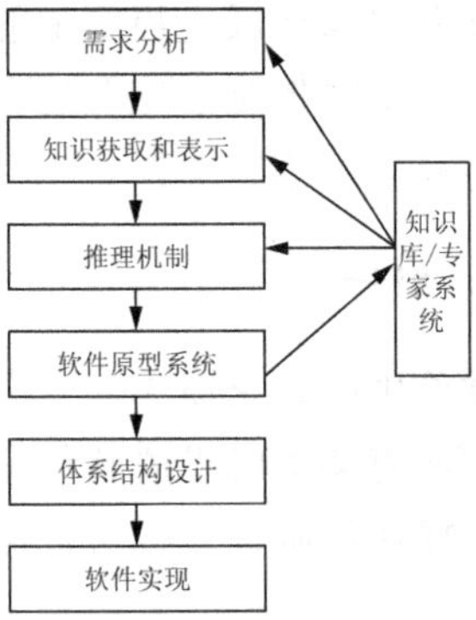

图 2-9　智能化软件开发模型

第 3 章　统一建模语言

UML 是一种通用的建模语言，已被大部分软件组织所接受。UML 1.4 版本中常用的九种图形简单易懂。本章主要介绍 UML 1.4 版本，并通过简单的案例来展示九种图的样式，让读者对 UML 产生一些感性认识，便于模仿学习和使用。

本章知识要点

（1）UML 产生的原因。

（2）UML 九种图的特点。

兴趣实践

打电话过程的状态图是怎样的？操作系统中有状态图吗？

探索思考

为什么 UML 九种图能够刻画一个软件系统？

预习准备

复习传统结构化软件工程方法的三种图。

3.1　建模语言三个类别

建模的原因是大规模的系统设计相当复杂，系统复杂会涉及以下问题。

开发人员如何与用户沟通来了解系统的需求？开发人员之间如何沟通以确保各个部门能够无缝协作？

系统建模提供了用计算机思考现实系统的一种方法，为了将系统表示成用户、计算机软件开发人员都能够看懂并使用的模型，建立的模型需要用正确的语言来表达，在语言的表达形式上分成三类：非形式化的、半形式化的和形式化的。

UML 是一种半形式化的建模语言，通俗易懂且易于使用。UML 是一种先进的标准建模语言，是当今系统建模的标准，当然某些概念规则还需要等待实践检验并完善，UML 还将经历一个漫长的发展过程。

3.2　UML 特点

为什么叫统一建模语言呢？首先，它结束了以前各种建模思想、方法的竞争时代，并且吸收、融合了各种先进的建模思想，最后才形成的一种统一建模思想和方法。其次，它在应用领域方面，不但能用在软件开发领域，完成一些如大型的、复杂的、分布的、计算密集系统的分析设计任务，还可以用在建筑、控制、通信等领域，辅助项目的设计。再次，UML 的统一性还体现在它与所有开发语言都可以紧密结合上，而不只是针对 Java、C++等几种开发语言，在前期的需求定义和分析模型上可以做到完全一致，在与语言结合有关的部分稍有差别。最后，在 UML 的内部概念方面，由于这些概念来自不同的研究者，要形成一个体系，这些概念之间就必然要有逻辑联系，UML 在这方面也实现了统一。

UML 的主要特点有以下三点。

（1）统一了 Booch、OMT 和 OOSE 等基本概念。

（2）UML 吸取了面向对象技术的优点，当然也有非面向对象技术的影响。

（3）UML 还提出了许多新说法，增加了模板、职责、扩展机制、线程、过程、分布式、并发、模式、协作、活动等概念，并清晰地区分类型、类和实例、细化、接口和组件等概念。

UML 不是一门程序设计语言，但可以使用代码生成器工具将 UML 模型转换为多种程序设计语言代码，或使用反向生成器工具将程序源代码转换为 UML。UML 不是一种可用于定理证明的高度形式化的语言，尽管形式化的语言有很多种，但它们通用性较差，不易理解和使用，形式化语言和 UML 可互相补充利用。UML 成为标准建模语言的原因之一在于，它与程序设计语言无关，而且 UML 符号集只是一种语言而不是一种方法学。语言与方法学不同，它可以在不做任何更改的情况下很容易地适应任何公司的业务运作方式。既然 UML 不是一种方法学，它就不需要任何正式的工作产品。而且它提供了多种类型的模型描述图，当在某种给定的方法学中使用这些图时，开发中的应用程序会更易理解。UML 的内涵远不仅有这些模型描述图，但是对于入门者来说，这些图对这门语言及其用法背后的基本原理提供了很好的介绍。通过把标准的 UML 图放进工作产品中，精通 UML 的人员就更加容易加入使用 UML 的项目并迅速进入角色。

UML 是在构造软件模型时首选的一种建模工具，用来描述系统的需求和设计，在对复杂工程进行建模时，单一图形不可能包含一个大系统所需的所有信息，更不可能描述系统的整体结构功能，这样一来就不能用单一图形来建模，而 UML 1.4 能从不同的角度描述系统，它提供了九种图，下面用一张图对比这九种图的用途，如图 3-1 所示。

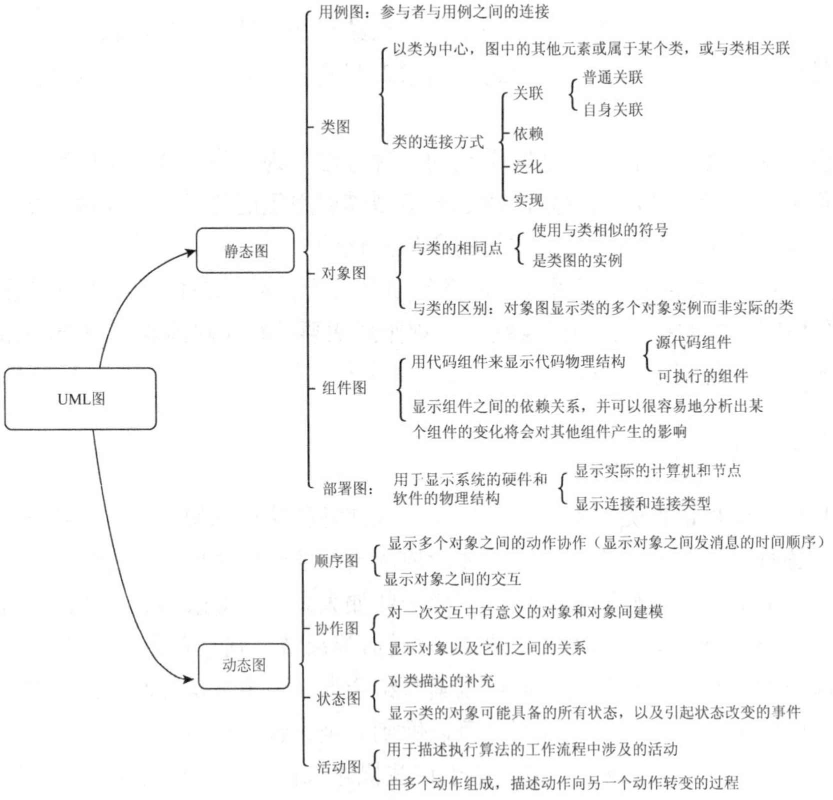

图 3-1　UML 的概要图

建立的模型可粗略地分为静态模型和动态模型。静态模型表示系统中事物的组成及关系，包括用例图、类图、对象图、组件图和部署图五个图形，是标准建模语言 UML 的静态建模机制。动态模型或者可以执行，或者表示执行时的时序状态或交互关系，它包括状态图、活动图、顺序图和协作图四个图形，是标准建模语言 UML 的动态建模机制。

当采用面向对象技术设计系统时，首先是描述需求；其次根据需求建立系统的静态模型，以构造系统的结构；最后是描述系统的行为。

UML 由一些构造元素、规则和公共机制构成。构造元素描述事物的基本成分，这些基本成分按某种规则关联在一起并组成图，同时，这些基本元素都遵循通用规则即公共机制。

下面是 UML 的组成结构，如图 3-2 所示。

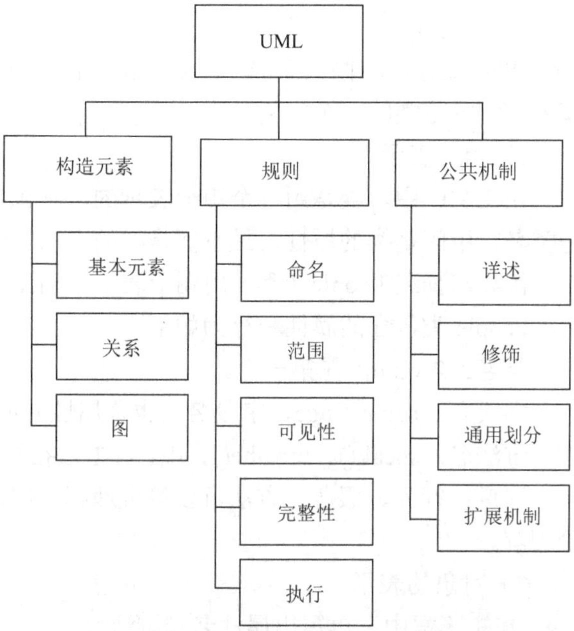

图 3-2　UML 的组成结构

1. 构造元素

构造元素包括基本元素、关系和图。这三种元素代表了软件系统或业务系统中的某个事物或事物间的关系。

2. 规则

构造元素应该具有命名、范围、可见性、完整性和执行等属性。规则是软件系统或业务系统中的某些事物应该遵守的约束或规定。

3. 公共机制

公共机制包括详述、修饰、通用划分、扩展机制。公共机制指适用于软件系统或业务系统中每个事物必须遵守的通用规则。

3.3　基本元素

UML 基本元素分为四类：结构元素、行为元素、分组元素、注释元素。

3.3.1　结构元素

结构元素定义了业务或软件系统中的某个物理元素，描述了事物的静态特征。结构元素常用名词表示。结构元素有七种，分别是类和对象、接口、主动类、用例、协作、组件、节点。

1. 类和对象

类是对具有相同属性、相同操作、相同关系的一组对象的共同特征的抽象，类是对象的模板，对象是类的一个实例。

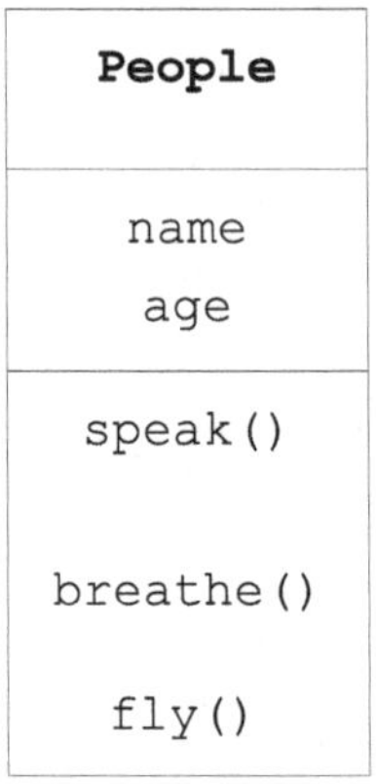

图 3-3　People 类表示

1）类的表示

在 UML 中，类是用一个矩形表示的，它包含三个区域，最上面是类名，中间是类的属性，最下面是类的方法。

例如，描述 People（类）用图形表示，如图 3-3 所示。

People 类包含的属性和行为如下。

类名：People，在第一栏。

字段名：name、age，字段名（也称属性）放在第二栏。

方法名：speak()、breathe()、fly()，方法在第三栏。

注意：行为、服务、方法可以等价理解；属性、域、字段可以等价理解。

2）对象的表示

对象用一个矩形表示，在矩形框中不再写出属性名和方法名，只是在矩形框中用“对象名：类名”的格式表示一个对象。例如，属于类 People 中的对象“李四”的图形表示如图 3-4 所示。

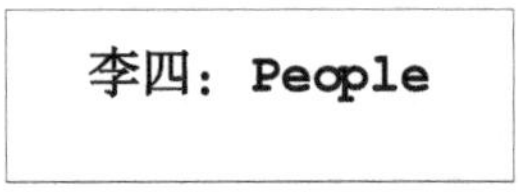

图 3-4　对象“李四”的表示方法

2. 接口

外界对类（或组件）的使用是通过类（或组件）的方法来实现的，因此，我们把类或组件的方法集合称为接口。接口向外界声明了它能提供的服务。

接口分为供给接口和需求接口两种，供给接口只能向其他类（或组件）提供服务，需求接口表示类（或组件）使用其他类（或组件）提供的服务。

两种接口的表示方法如图 3-5 所示。

3. 主动类

主动类是指该类创建的对象至少拥有一个进程或线程，通过进程或线程控制任务的执行。

主动类的表示与一般类相似，只是最外框是粗线描述而已，如主动类 Radio 的表示如图 3-6 所示。

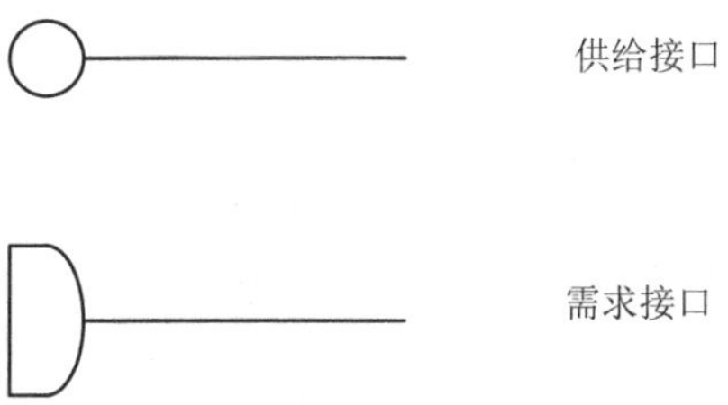

图 3-5　接口的表示方法

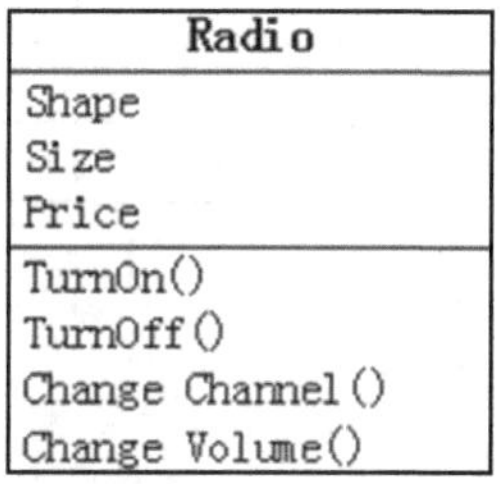

图 3-6　主动类的表示

4. 用例

在系统中，为完成某个任务而执行一系列动作以实现某种功能，我们把这些动作的集合称为用例实例。用例是对一组用例实例共同特征的描述，用例与用例实例的关系正如类与对象的关系。

用例是 Jacobson 首先提出的，现已经成为面向对象软件开发中一个需求分析的最常用工具。

用例是用一个实线椭圆来表示的，在椭圆中写入用例名称。用例“用户登录”表示如图 3-7 所示。

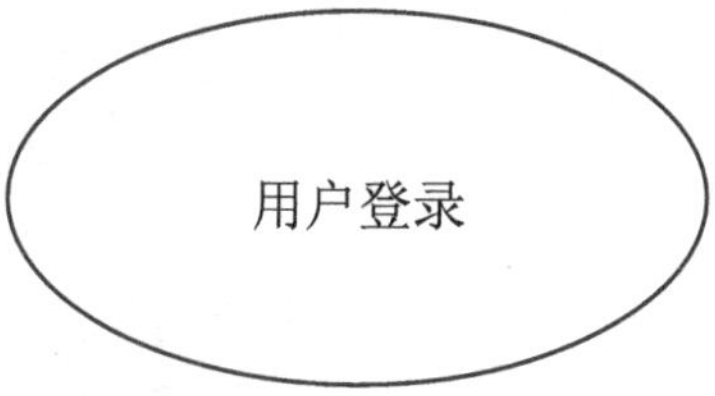

图 3-7　用例“用户登录”表示

5. 协作

协作是指有意义的交互，即一组对象为了完成某个任务相互间进行的交互。

用例的实现：实现某个用例的一组对象之间的交互，即把一个用例表示为多个对象间的交互（协作）。从本质上说，协作就是用例的实现。

用一个带两个分栏的虚线椭圆表示协作，如用例“销售房产”，用协作“销售房产”表示时，其对应的表示法如图 3-8 所示。

6. 组件

组件也称构件，是系统设计中一个相对独立的软件部件，它把功能实现部分隐藏在内部，对外声明了一组接口（包括供给接口和需求接口）。因此，两个具有相同接口的组件可以相互替换。

组件是比类更大的软件部件，如一个 COM 组件、一个 DLL 文件、一个 JavaBeans、一个执行文件等。为了更好地在 UML 模型中对它们进行表示，就引入了组件。

组件通常采用带有两个小方框的矩形表示，如图 3-9 所示。

7. 节点

节点是指硬件系统中的物理部件，它通常具有存储空间或处理能力，如 PC、打印机、服务器等都是节点。在 UML 中，用一个立方体表示一个节点。例如，节点 Server 的表示方法如图 3-10 所示。

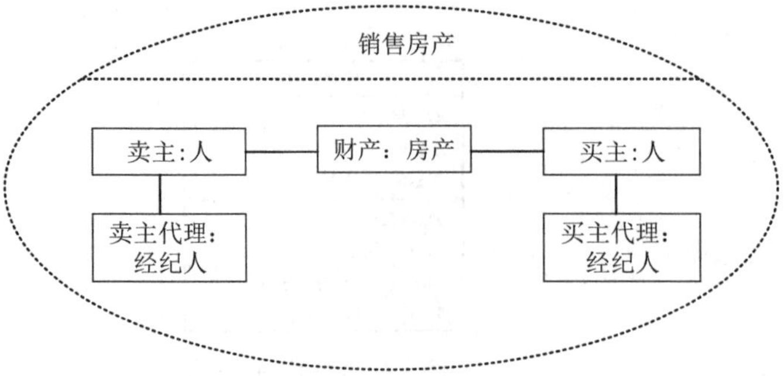

图 3-8　协作“销售房产”表示

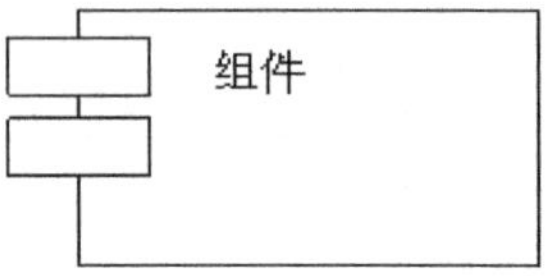

图 3-9　组件的表示

图 3-10　节点 Server 的表示

3.3.2　行为元素

行为元素是用来描述业务系统或软件系统中事物之间的交互或事物的状态变化。行为元素描述了事物的动态特征，用动词表示。行为元素有两种：交互和状态机。

1. 交互

交互是为了完成某个任务的对象之间相互作用，这种作用是通过信息的发送和接收来完成的。

交互的表示法很简单，用一条有向直线来表示对象间的交互，并在有向直线上面标有消息名称，如图 3-11 所示。

2. 状态机

状态机是在对象生命周期内，在事件的驱动下，对象从一种状态迁移到另一种状态的状态序列，这些状态序列构成了状态机，即一个状态机由多个状态组成。

在 UML 模型中，将状态表示为一个圆角矩形，并在矩形内标识状态名称，如“等待”状态表示如图 3-12 所示。

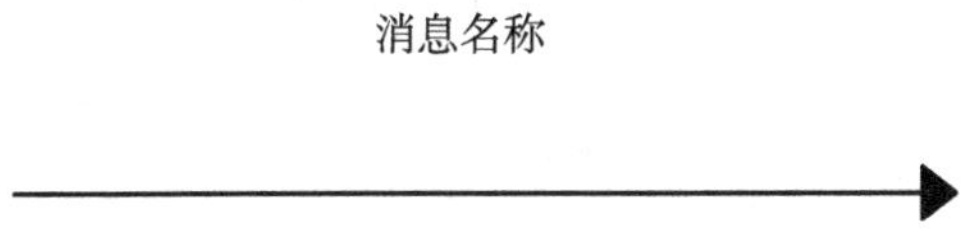

图 3-11　交互的表示

图 3-12　“等待”状态的表示

3.3.3　分组元素

对于一个中大型软件系统而言，通常会包含大量的类、接口、交互，因此会存在大量的结构元素、行为元素，为了能有效地对这些元素进行分类和管理，就需要对其进行分组。UML 中提供了“包”来实现这一目标。

表示包的图形符号，与 Windows 中表示文件夹的图标很相似。包的作用与文件夹的作用也相似。“数据访问”包的表示法如图 3-13 所示。

图 3-13　“数据访问”包的表示

3.3.4　注释元素

在模型中，用于对其他元素的解释部分（文本解释）称为注释。注释元素用一个右上角折起来的矩形表示，解释的文字就写在矩形中。注释符号如图 3-14 所示。

XXXXXXXXXX

图 3-14　注释符号

3.4　关系元素

前面介绍了表示事物的基本元素，本节介绍反映事物之间关系的元素。UML 中共定义了 24 种关系，如表 3-1 所示。

表 3-1　UML 元素关系种类

<table>
<tr><th>元素关系种类</th><th>关系变种</th><th>UML 表示法</th><th>关键字或符号</th><th>元素关系种类</th><th>关系变种</th><th>UML 表示法</th><th>关键字或符号</th></tr>
<tr><td rowspan="5">抽象</td><td>派生</td><td rowspan="2">依赖关系</td><td>《derive》</td><td rowspan="2">导入</td><td>私有</td><td rowspan="5">依赖关系</td><td>《access》</td></tr>
<tr><td>显现</td><td>《manifest》</td><td>公有</td><td>《import》</td></tr>
<tr><td>实现</td><td>实现关系</td><td>虚线加空心三角</td><td>信息流</td><td></td><td>《flow》</td></tr>
<tr><td>精化</td><td rowspan="2">依赖关系</td><td>《refine》</td><td>包含并</td><td></td><td>《merge》</td></tr>
<tr><td>跟踪</td><td>《trace》</td><td>许可</td><td></td><td>《permit》</td></tr>
<tr><td>关联</td><td></td><td>关联关系</td><td>实线</td><td>协议符合</td><td></td><td></td><td>未指定</td></tr>
<tr><td>绑定</td><td></td><td rowspan="3">依赖关系</td><td>《bind》
（参数表）</td><td>替换</td><td></td><td rowspan="6">依赖关系</td><td>《substitute》</td></tr>
<tr><td>部署</td><td></td><td>《deploy》</td><td rowspan="5">使用</td><td>调用</td><td>《call》</td></tr>
<tr><td>扩展</td><td>extend</td><td>《extend》
（扩展点）</td><td>创建</td><td>《create》</td></tr>
<tr><td>扩展</td><td>extension</td><td>扩展关系</td><td>实线加实心三角</td><td>实例化</td><td>《instantiate》</td></tr>
<tr><td>泛化</td><td></td><td>泛化关系</td><td>实线加空间三角</td><td>职责</td><td>《responsibility》</td></tr>
<tr><td>包含</td><td></td><td>依赖关系</td><td>《include》</td><td>发送</td><td>《send》</td></tr>
</table>

这 24 种关系在建模表示时可以归为关联关系、实现关系、泛化关系、扩展关系和依赖关系五种。

3.5　常用的 9 种图介绍

3.5.1　用例图

用例图是被称为参与者的外部用户所能观察到的系统功能的模型图。用例是系统中的一个功能单元，可以描述为参与者与系统之间的一次交互作用。用例模型的作用是列出系统中的用例和参与者，并显示哪个参与者参与了哪个用例的执行。在交互视图中，用例作为交互图中的一次协作来实现。

用例图在三个领域很有作用。

（1）决定特征（需求）。当系统已经分析好并且设计成型时，新的用例产生新的需求。

（2）客户通信。使用用例图很容易表示开发者与客户之间的联系。

（3）产生测试用例。一个用例的场景可能产生这些场景的一批测试用例。

用例图描述了一个外部观察者对系统的印象。用例图与场景密切相关。场景是指当某个具体的对象与系统进行互动时发生的情况。下面是一个医院门诊部的场景：一位患者打电话给门诊部预约一年一次的身体检查。接待员在预约记录本上找出最近的可预约时间，登记预约并记上那个时间的预约记录。

用例是为了完成一项工作或者达到一个目的的一系列场景的总和。角色是发动与这项工作有关的事件的人或者事情。角色简单地扮演着人或者对象的作用。图 3-15 是一个门诊部预约 Make Appointment 用例。角色是患者。角色与用例的联系是通信联系。

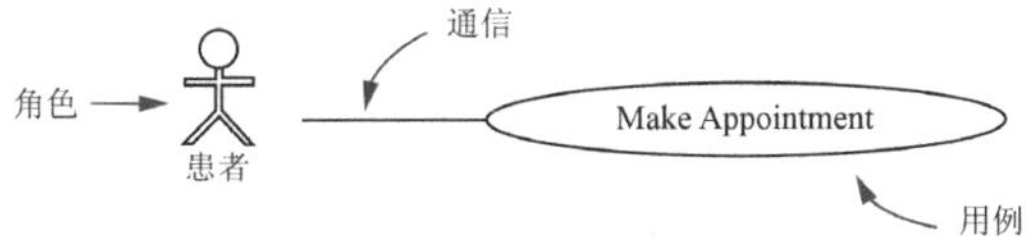

图 3-15　患者预约用例图

图 3-15 中，角色是人形的图标，用例是一个椭圆，通信是连接角色和用例的线。

用例也可以有不同的层次。用例可以用其他更简单的用例进行说明。

从原则上讲，用例之间都是并列的，它们之间并不存在包含从属关系。但是从保证用例模型的可维护性和一致性角度来看，可以在用例之间抽象出泛化（generalization）、包含（include）和扩展（extend）几种关系。

1. 泛化关系

当多个用例共同拥有一种类似的结构和行为的时候，可以将它们的共性抽象为父用例，其他用例作为泛化关系中的子用例。在用例的泛化关系中，子用例是父用例的一种特殊形式，子用例继承了父用例所有的结构、行为和关系，还可以添加自己的行为或覆盖已继承的行为，如图 3-16 所示。

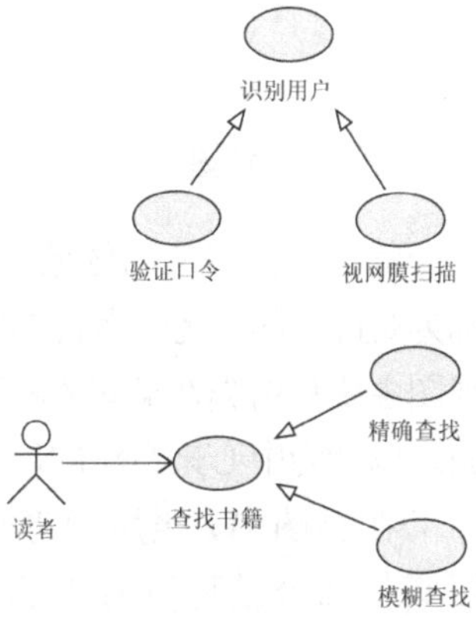

图 3-16　用例图的泛化关系

2. 包含关系

包含是指基础用例会用到被包含用例，具体地讲，就是将被包含用例的事件流插入基础用例的事件流中。被包含用例是可重用的用例，即多个用例的公共用例，如图 3-17 所示。

3. 扩展关系

假设基础用例中定义有一至多个已命名的扩展点，扩展关系是指将扩展用例的事件流在一定的条件下按照相应的扩展点插入基础用例中，如图 3-18 所示。如果基础用例是一个很复杂的用例，则选用扩展关系将某些业务抽象成单独的用例，以降低基础用例的复杂性。

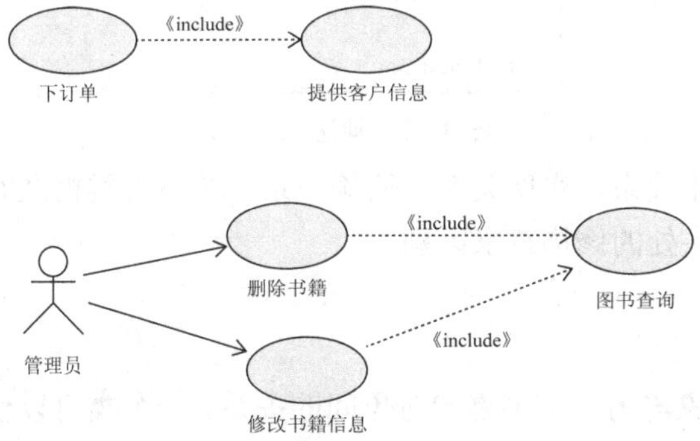

图 3-17　用例图的包含关系

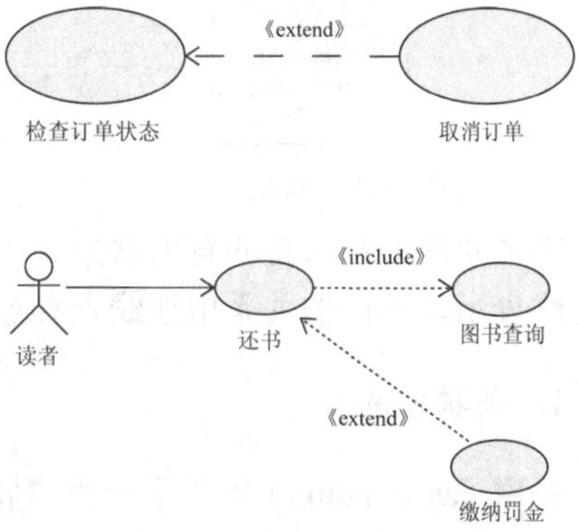

图 3-18　用例图的扩展关系

一个用例图是角色、用例和它们之间的联系的集合。一个单独的用例可以有多个角色。用例 Make Appointment 是含有四个角色和四个用例图一部分（图 3-19）。

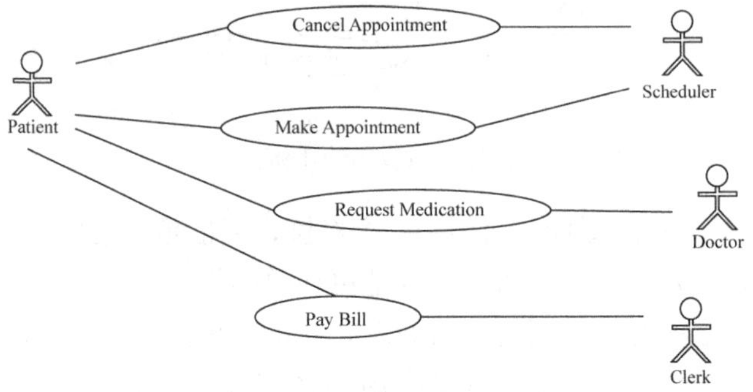

图 3-19　患者用例图

3.5.2　类图

静态视图对应用领域中的概念，以及与系统实现有关的内部概念建模。这种视图之所以被称为是静态的，是因为它不描述与时间有关的系统行为，这种行为在其他视图中进行描述。静态视图主要是由类及类间的相互关系构成的。一个类是应用领域或应用解决方案中概念的描述。类图是以类为中心来组织的，类图通过显示出系统的类，以及这些类之间的关系来表示系统。

在类图中，类用矩形框表示，它的属性和操作分别列在分格中。类名是不可省略的，而其他部分是可以省去的。类名的书写要规范：正体字类是实例化的，斜体字类是抽象化。一个类可能出现在多个图中。同一个类的属性和操作只在一种图中列出，在其他图中可省略。

接口实际上是一些操作集，它是类所能提供服务的集合。它和 Java 中的接口类型相对应。接口有两种表示方式。具体的画法如下：画法一见图 3-20，画法二见图 3-21。

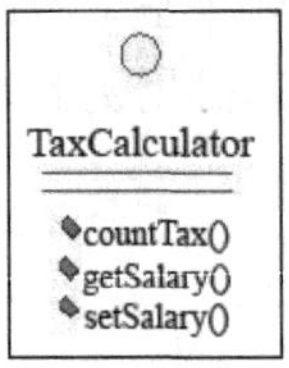

图 3-20　画法一

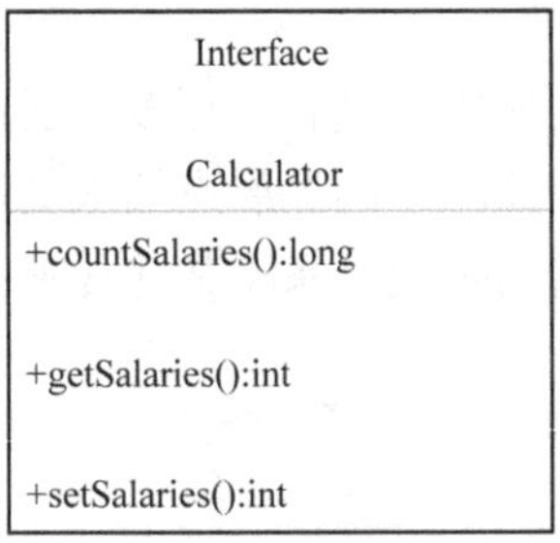

图 3-21　画法二

类之间的关系常见的有关联关系、一般化关系、实现关系和依赖关系。关系用类框之间的连线表示，不同的关系用连线上和连线端头处的修饰符来区别。

1. 关联关系

关联（association）指明了一个事物的对象与另一个事物的对象间的关系。一个类可以使用另一个类的属性和方法。在图形上，关联用一条实线表示，它可能有方向，偶尔在其上还有一个标记。例如，读者可以去图书馆借书、还书，图书管理员可以管理书籍，也可以管理读者的信息，显然在读者、书籍、管理员之间存在某种联系。那么在用 UML 设计类图的时候，就可以在读者、书籍、管理员三个类之间建立关联。

关联可以是双向的也可以是单向的。双向的箭头是可以选择的，单向的箭头是遍历或查询所用的方向。在 Java 中，主要用实例变量的方式实现它们之间的关联，同时可用附加的基数来表示类与类之间对应的数目。常见的基数如表 3-2 所示。

表 3-2　常见的基数

基数	含义
0..1	零个或一个
0..*或者*	无限制，任意多个
1	有且仅有一个
1..*	大于等于一个

关联可表现为图 3-22 所示形式（因为一个关联很可能是聚合或合成关系）。

聚合（aggregation）是关联的某种形式，表示两个类之间整体和局部关系。聚合表示整体在概念上比局部更高的一个级别，而关联表示两个类在概念上处于同样的级别。在 Java 中，聚合同样是利用实例变量来实现的。关联和聚合的主要区别集中在概念上，在 Java 的语法中是没有区别的。

例如，汽车与轮胎之间的关系能很好地说明这个问题。

```
public class Car
{
   private Tyres tyres;
}
public class Tyres
{
}
```

聚合可表现为图 3-23 所示的形式。

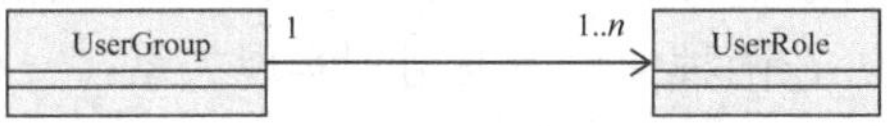

图 3-22　类图的关联

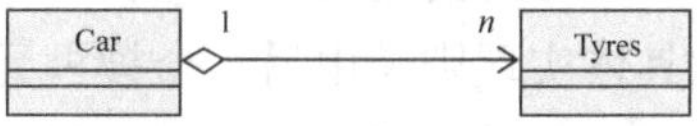

图 3-23　类图的聚合关系

合成（composition）是聚合的一种特殊形式，表示“局部”在“整体”内的“职责”。因为合成关系是不能被共享的，所以局部不一定要随着整体的销毁而销毁，但是整体或者负责局部的生存和活动状态，或者负责将它销毁。局部不可能与其他整体共享。可是，整体可以将所有权转让给另一个对象，后者将立即承担职责。

例如，人和腿就是这样一个例子。

```
public class Man
{
```

```
    private Legs legs;
}
public class Legs
{
}
```

合成可表现为图 3-24 所示形式。

2. 一般化关系

一般化关系（generalization）也称泛化关系。泛化是一种特殊与一般关系，是一般事物（父类）和该事物较为特殊的种类（子类）之间的关系，子类继承父类的属性和操作，除此之外，子类通常还添加新的属性和操作。这种关系中是用箭头从子类指向基类的。在 Java 中，用关键字 extends 表示泛化关系。

例如：

```
public abstract class Student
{
}
public class Doctor extends Student
{
}
```

图 3-25 所示为一个类图泛化关系的例子。

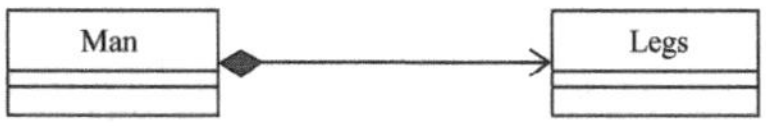

图 3-24　类图的合成关系

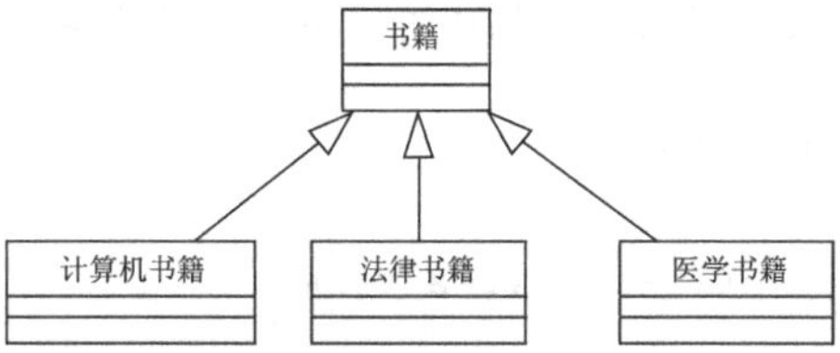

图 3-25　类图的泛化关系

3. 实现关系

实现关系（realization）将一种模型元素（如类）与另一种模型元素（如接口）连接起来，其中接口只是行为的定义而不是实现，也就是说，关系中的一个模型元素只具有行为的定义，而行为的具体实现则是由另一个模型元素给出的。在两种情况下要用到实现关系：一种是在接口和实现它们的类或组件之间，另一种是在用例和实现它们的协作之间。

实现关系由实现类指向另一个被实现的接口。

在 Java 中，用 implements 表示实现关系。图 3-26 所示为类图的实现关系。

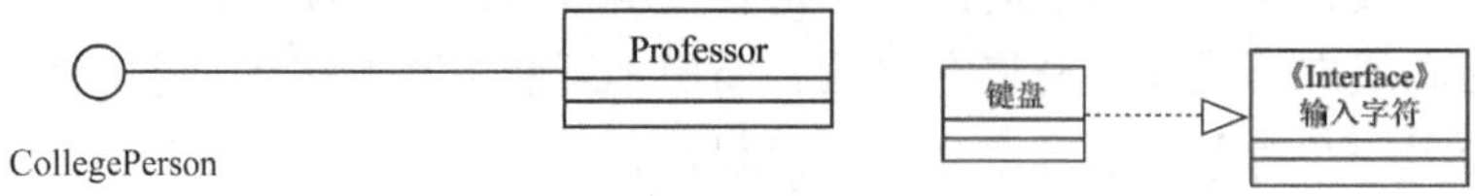

图 3-26　类图的实现关系

4. 依赖关系

依赖（dependency）也是类与类之间的关联，且依赖是单向的。依赖是两个事物间的语义关系，其中一个事物（独立事物）发生变化，会影响到另一个事物（依赖事物）的语义。在图形上，把一个依赖关系画成一条可能有方向的虚线，偶尔在其上还有一个标记。

也可用“依赖”表示包与包之间的关系。由于包中有类，所以可根据包中的类与类之间的关系来表示包与包之间的关系。

例如，给某个雇员计算薪水，要使用计算器：

```
public class Employee
{
    public void Salary(Calculator Salaries)
    {
    }
}
```

依赖可表现为图 3-27 所示形式。

图 3-27　类图的依赖关系

下面是一个顾客从零售商处预订商品的模型的类图。中心的类是 Order。连接它的是购买货物的 Customer 和 Payment。Payment 有三种形式：Cash、Check 或者 Credit。订单包括 OrderDetail（line item），每个这种类都连着 Item，如图 3-28 所示。

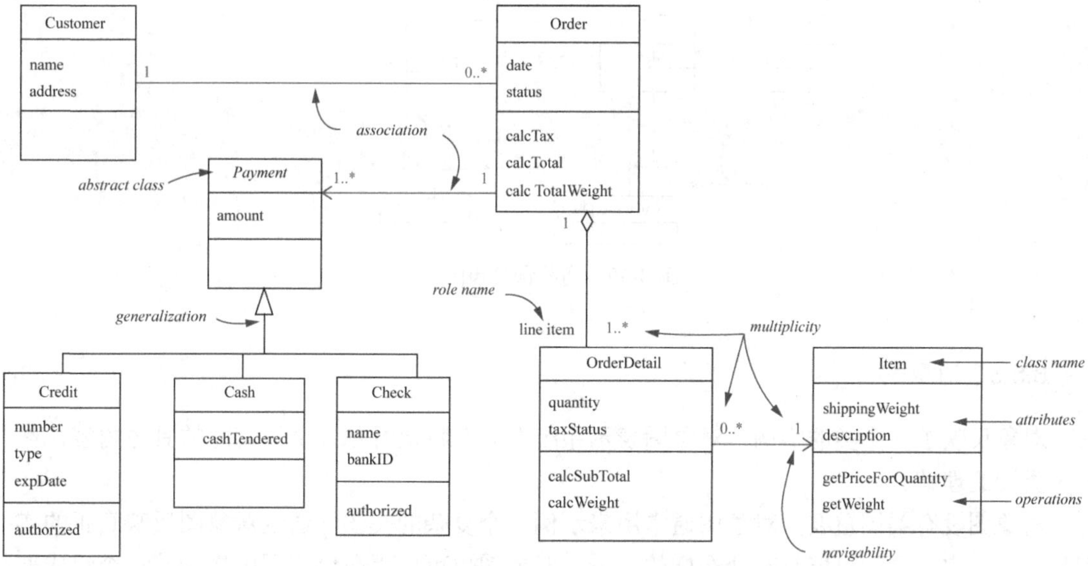

图 3-28　预订商品的类图

UML 类的符号是一个被划分成三块的方框：类名、属性、操作。抽象类的名字（如 Payment）

是斜体，类之间的关系是连接线。

包是一种组合的机制。UML 中的包与 Java 中的包可以一一对应。在 Java 中，一个包可拥有其他包或者类。在建模时，一般用具有逻辑性的包来组织建模；利用物理性的包可转换成系统 Java 包。每个包的名称和该包有确定的对应关系。

为了简单地表示出复杂的类图，可以把类组合成包。一个包是 UML 上有逻辑关系的元件的集合。图 3-29 所示是一个把类组合成包的商业模型。

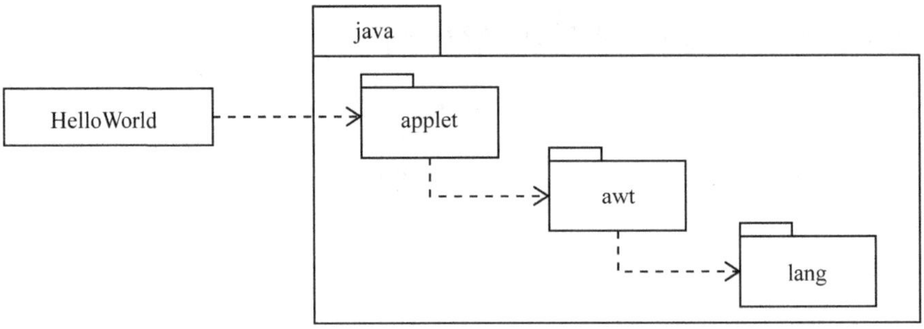

图 3-29　简单包图

包是用一个上方带有小标签的矩形表示的。包名写在标签上或者在矩形里面。虚线箭头表示依赖关系。如果包 B 改变可能导致包 A 改变，则包 A 依赖包 B。商品预订包图如图 3-30 所示。

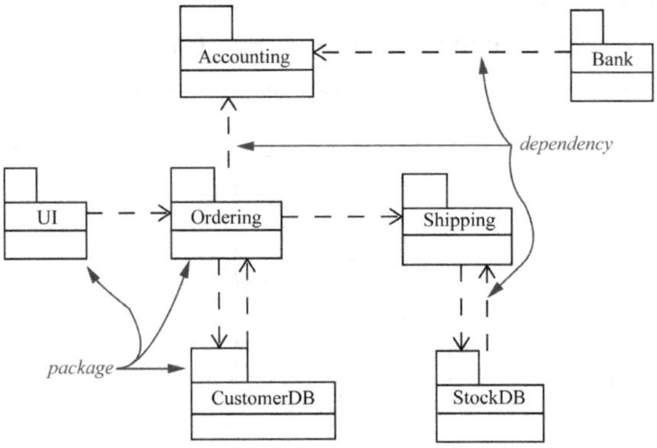

图 3-30　商品预订包图

3.5.3　对象图

对象反映了一个类的实例。对象图表示系统在某个特定时刻各个类可能的具体内容，帮助对类图的理解。

对象图没有类图重要，对象图通常用来示例一个复杂的类图，通过对象图反映真正的实例是什么，它们之间可能具有什么样的关系。对象图也可以用在协作图中作为其一个组成部分，用来反映一组对象之间的动态协作关系。

对象图在解释复杂关系的细小问题时（特别是递归关系时）很有用。如果一个类与它本身有关联关系那么这种关联称为递归关联，递归关联指的是同类的对象之间语义上的连接。

如图 3-31 所示，一个大学的部门（Department）可以包括其他很多子部门。

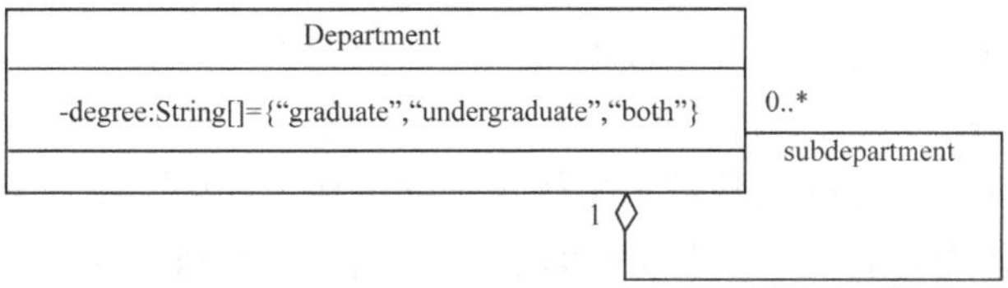

图 3-31　对象图

每个类图的矩形对应一个单独的实例，如图 3-32 所示。UML 中对象实例名带有下划线。只要意思清楚，类或实例名可以在对象图中被省略。

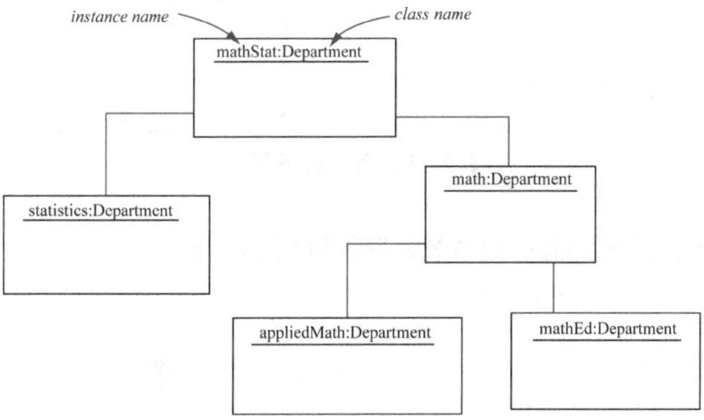

图 3-32　系的对象图

3.5.4　状态图

状态图是一个类对象可能经历的所有历程的模型图。状态图由对象的各个状态和连接这些状态的转换事件组成。

当一个事件发生时，它会触发状态间的转换，导致对象从一种状态转化到另一种新的状态。

状态图可用于描述用户接口、设备控制器和其他具有反馈的子系统，还可用于描述在生命期中跨越多个不同性质阶段的被动对象的行为，在每一阶段，该对象都有自己特殊的行为。

在状态图中定义的状态主要有初态（初始状态）、终态（最终状态）和中间状态。在一张状态图中只能有一个初态，而终态则可以有 0 至多个。初态是动作的虚拟开始，终态是动作的虚拟结束。

状态图既可以表示系统循环动作过程，也可以表示系统单程生命期。当描绘循环运行过程时，通常并不关心循环是怎样启动的。当描绘单程生命期时，需要标明初始状态（系统启动时进入初始状态）和最终状态（系统运行结束时到达最终状态）。

（1）状态：是任何可以被观察到的系统行为模式，一个状态代表系统的一种行为模式。状态规定了系统对事件的响应方式。

（2）事件：是在某个特定时刻发生的事情，它是对引起系统做动作或从一个状态转换到另一个状态的外界事件的抽象。例如，内部时钟表明某个规定的时间段已经过去，用户移动鼠标、单击等都是事件。简而言之，事件就是引起系统做动作或转换状态的控制信息。

（3）符号：在状态图中，初态用实心圆表示，终态用一对同心圆（内圆为实心圆）表示。中间状态用圆角矩形表示，可以用两条水平横线把它分成上、中、下三部分。上面部分为状态的名称，这部分是必须有的；中间部分为状态变量的名字和值，这部分是可选的；下面部分是活动表，这部分也是可选的，如图 3-33 所示。

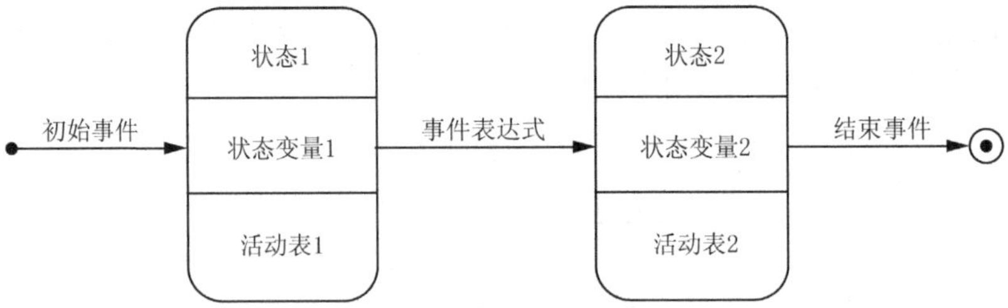

图 3-33　简单状态图

图 3-34 建立了一个银行在线登录系统。登录过程包括输入合法的密码和个人账号，再提交给系统验证信息。

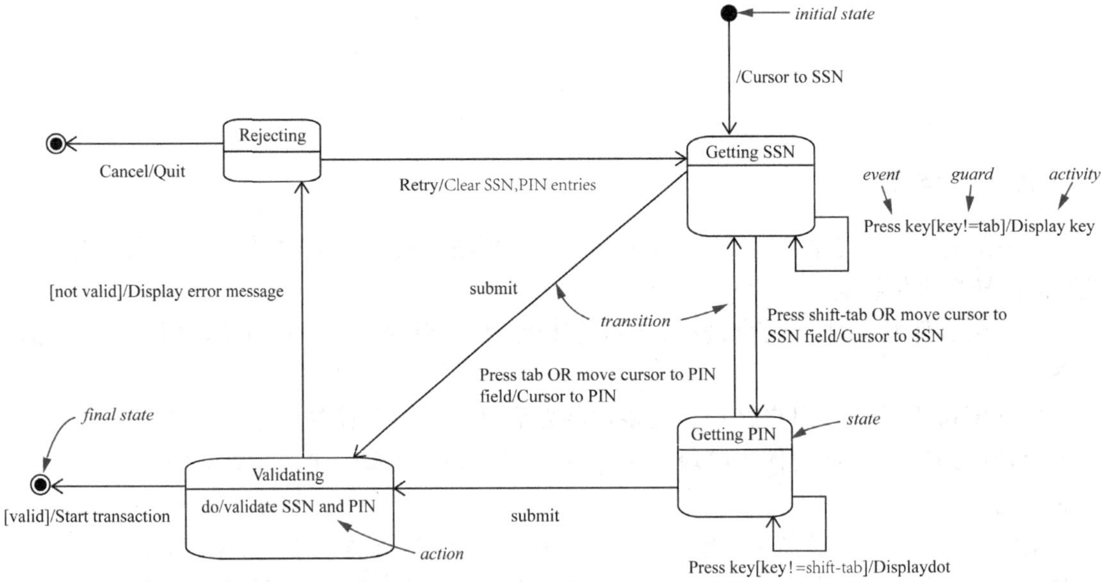

图 3-34　登录系统的状态图

登录系统可以划分为四个不重叠的状态：Getting SSN、Getting PIN、Validating 以及 Rejecting。每个状态都有一套完整的转移来决定状态的顺序。

状态是用圆角矩形来表示的。转移则是用带箭头的连线表示，触发转移的事件或者条件写在箭头的旁边。图 3-34 中有两个自转移，一个在 Getting SSN，另一个在 Getting PIN。

3.5.5　活动图

活动图是状态图的一个变体，用来描述工作流程和功能中涉及的活动。状态图把焦点集中在过程中的对象身上，而活动图则集中在一个单独过程动作流程。活动图显示活动之间的依赖关系。

活动代表一个工作流步骤或一个操作的执行。活动图描述了一组顺序的或并发的活动。活动图有助于理解系统高层活动的执行行为，而不涉及建立协作图所必需的消息传送细节。

如图 3-35 所示为通过 ATM 来取钱的活动。这个活动有三个类对象，即 Customer、ATM 和 Bank。整个过程从黑色圆圈开始到黑白的同心圆结束。活动用圆角矩形表示。

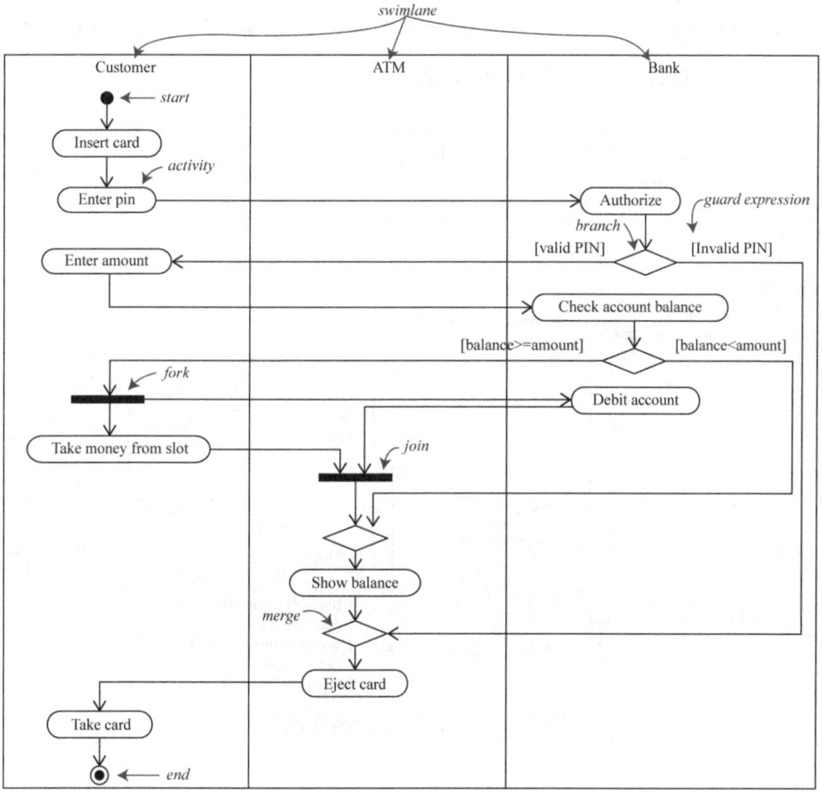

图 3-35　取钱的活动图

活动图可以被分解成许多对象泳道（swimlanes），可以决定哪些对象负责哪些活动，每个活动都有一个单独的转移连接着其他活动。

转移可能分支（branch）成两个以上互斥的转移。保护表达式（在[ ]中）表示转移是从一个分支引出的。分支以及分支结束时的合并（merge）在图中用菱形表示。

转移也可以分解（fork）成两个以上的并行活动。分解以及分解结束时的线程结合（join）在图中用粗黑线表示。

3.5.6　顺序图

交互视图描述了执行系统功能的各个角色之间相互传递消息的顺序关系。交互视图显示了跨越多个对象的系统控制流程。交互视图可用两种图来表示，即顺序图和协作图，它们各有不同的侧重点。

交互图是动态的，它描述了对象间的交互作用。

顺序图可以用来表示一个场景说明，即一个事务的历史过程。顺序图的一个用途是表示用例中的行为顺序。当执行一个用例行为时，顺序图中的每条消息对应一个类操作或状态图中引起转换的触发事件。

顺序图将交互关系表示为一个二维图。纵向是时间轴，时间沿竖线向下延伸；横向轴代表在协作中各独立对象角色。对象角色用生命线表示，当对象存在时，角色用一条虚线表示；当对象的过程处于激活状态时，生命线是一条双道线。

消息用从一个对象的生命线到另一个对象生命线的箭头表示，箭头以时间顺序在图中从上到下排列。如图 3-36 所示为宾馆预订顺序图。

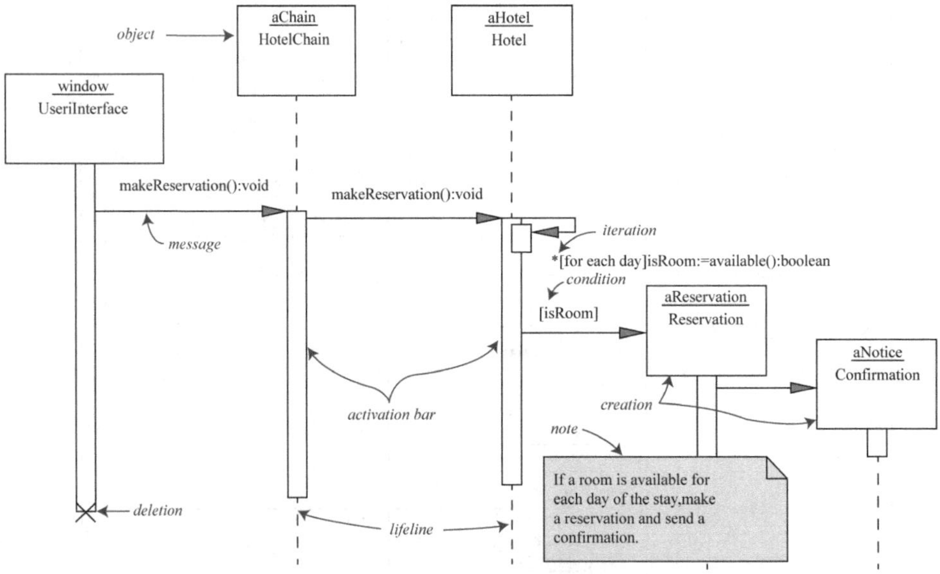

图 3-36　宾馆预订的顺序图

3.5.7　协作图

协作图对在一次交互中有意义的对象和对象间的链建模。类目角色描述了一个对象，关联角色描述了协作关系中的一个链。协作图用几何排列来表示交互作用中的各角色。附在类目角色上的箭头代表消息。消息的发生顺序用消息箭头处的编号来说明。

协作图也是互动的图表。它像顺序图一样也传递相同的信息，但它不关心消息什么时候被传递，只关心对象的角色。如图 3-37 所示为宾馆预订的协作图。

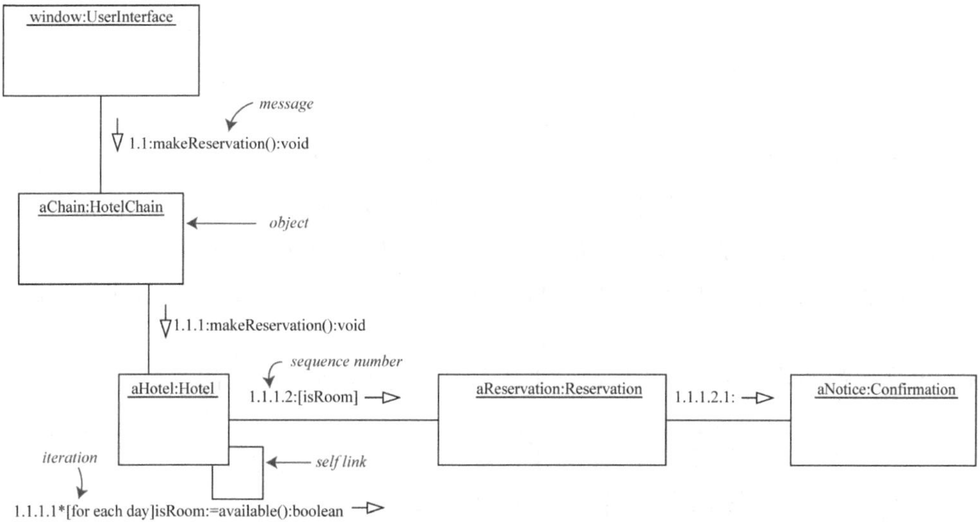

图 3-37　宾馆预订的协作图

3.5.8　组件图

组件图是物理视图对应用自身的实现结构建模，例如，系统的组件组织和建立在运行节点上的配置。这类视图提供了将系统中的类映射成物理组件和节点的机制。物理视图有两种：实现视图和部署视图。

实现视图为系统的组件建模（组件即构造应用的软件单元），还包括各组件之间的依赖关系，以便通过这些依赖关系估计对系统组件的修改给系统可能带来的影响。实现视图用组件图来表现。组件是代码模块。组件图是类图的物理实现。

组件图描述了软件的各种组件和它们之间的依赖关系，如图 3-38 所示。组件图中通常包含三种元素：组件、接口和依赖关系。每个组件实现一些接口，并使用另一些接口。

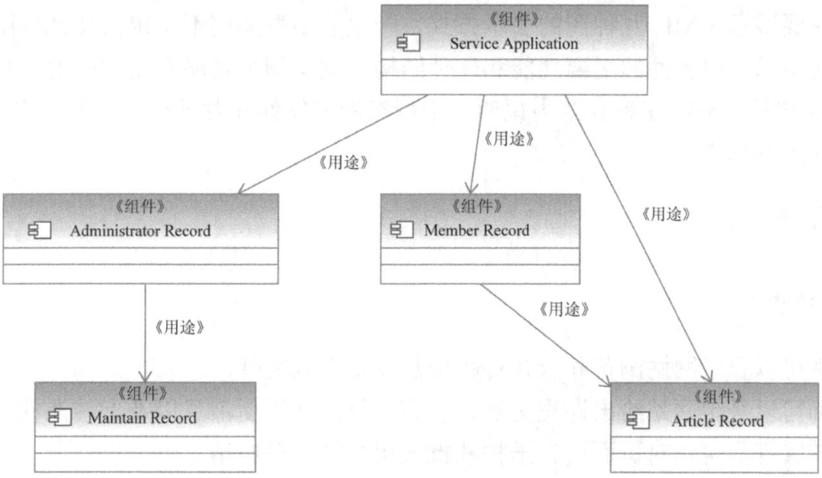

图 3-38　组件图

3.5.9 部署图

部署视图描述位于节点实例上的运行组件实例的安排。节点是一组运行资源，如计算机、设备或存储器。这个视图允许评估分配结果和资源分配。部署视图用部署图来表达。

部署图描述了运行软件的系统中硬件和软件的物理结构，即系统执行处理过程中系统资源元素的配置情况以及软件到这些资源元素的映射。部署图中通常包含两种元素：节点和关联关系。节点指的是物理设备，如计算机、打印机等。部署图关注的是运行时处理节点的配置和它们的组件及工件，通过部署图可以评估分布式的复杂性和资源的分配情况。

图 3-39 所示的部署图说明了与房地产事务有关的软件及硬件组件的关系。

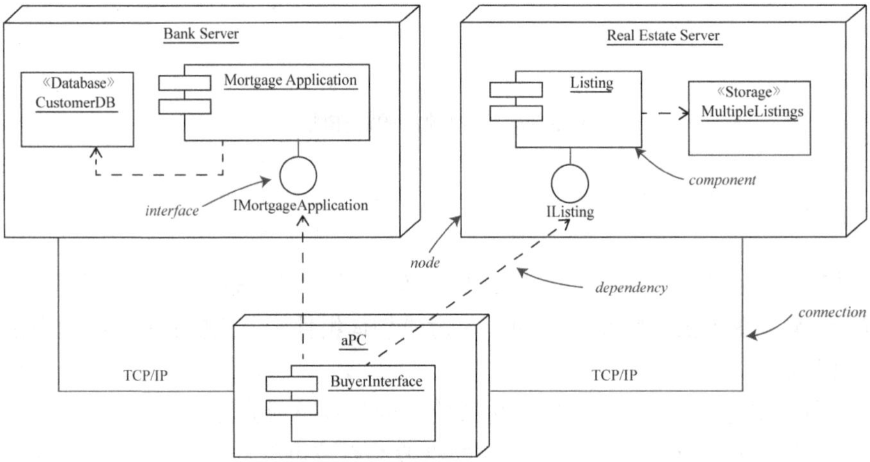

图 3-39　房产抵押贷款的部署图

3.6 网络教学系统案例 UML 简单图示

本案例主要展示 UML 九种图的表示方式，一般的小型案例不一定需要九种图，有时用例图和类图就足以说明软件的主要功能和软件结构。该案例主要展示 UML 的九种图样式，UML 2.5 新标准及细节将在第 6 章中说明，中型案例的软件开发过程中如何使用 UML 图将在第二部分详细解释说明。

3.6.1 系统功能

1. 系统功能需求

（1）学生可以登录网站浏览和查找各种信息以及下载文件。

（2）教师可以登录网站给出课程见解，发布、修改和更新消息以及上传课件。

（3）系统管理员可以对页面进行维护和批准用户的注册申请。

满足上述需求的系统主要包括下面几个模块。

（1）数据库管理模块：提供使用者录入、修改并维护数据的途径。

（2）基本业务模块：教师可以上传文件、发布消息、修改和更新消息；学生可以下载文件；管理员可以维护页面、批准注册等。

（3）信息浏览、查询模块：主要用于对网站的信息进行浏览、搜索查询。

2. 数据库管理模块

（1）教师信息管理：负责教师信息的管理。

（2）课程简介信息管理：负责课程简介信息的管理。

（3）文件上传信息管理：负责文件上传信息的管理。

3. 基本业务模块

（1）文件上传：教师可以使用此模块将课程的数据上传到网站服务器。

（2）文件下载：学生可以使用此模块从网站上下载课件及其他资料。

（3）消息发布：教师可以通过此模块发布学习方法、课程重点等和教学相关的文章，以及和课程相关的通知等。

（4）消息修改和更新：教师可以通过此模块对自己发布的信息进行修改和更新。

（5）页面维护：网站管理员可以使用此模块对网站的页面进行维护。

（6）用户注册批准：网站管理员可以使用此模块批准用户注册。

4. 信息浏览、查询模块

（1）网页信息浏览：用户浏览网站信息。

（2）文章信息搜索：用户根据关键字搜索文章。

3.6.2　系统的 UML 建模

1. 系统的用例图

创建用例图之前首先需要确定参与者。

在网络教学系统中，需要学生和教师的参与。学生可以浏览课程简介、教学计划、学习方法等教师发布的文章，并可以根据关键字查询文章。此外，学生可以从网站上下载课件。教师作为教学的主导者，使用此网站可以发布学习方法、课程重点等和教学相关的文章，以及和课程相关的通知等，还可以将某一门课程的课件上传。网站需要一个专门的管理者进行日常维护与管理，所以需要有系统管理员的参与。

1）系统用户参与的总的用例图

系统用户参与的总的用例图如图 3-40 所示，从图中可以清楚地看到泛化关系与各个参与者所参与的用例。

抽象参与者注册“用户”的用例只有登录系统一个，学生和老师用户除了包含这个用例，还各自有相对应的用例。

教师和学生都可以从网站“用户”这个参与者泛化而来，网站用户是指网站的注册用户，注册用户可以登录系统完成相应的操作。

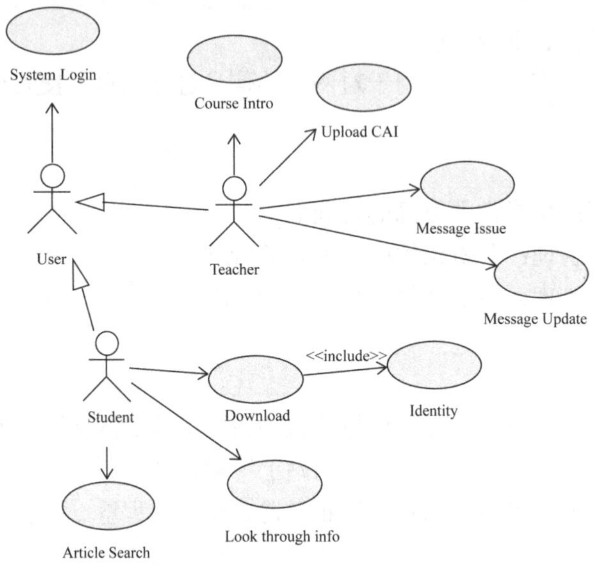

图 3-40　系统用户参与的总的用例图

2）学生参与者的用例

（1）文章浏览用例：学生可以浏览诸如课程简介、教学计划、学习方法等教师发布的文章。

（2）文章搜索用例：学生可以使用搜索功能根据关键字查询相应的文章。

（3）文章下载用例：学生可以使用下载功能将网站上的课件以及资料信息下载到本地机器上。

【用例图说明】

（1）Download：文件下载用例。

（2）Look through info：文章浏览用例。

（3）Article Search：文章搜索用例。

（4）Identify：权限认证用例。此用例用来认证文件下载是否具有下载文件的权限。

3）教师参与者的用例

（1）添加课程简介用例：教师可以为自己所教授的课程添加课程简介。

（2）上传课件用例：教师可以将课程的课件上传到网站上供学生下载。

（3）文章或消息发布用例：教师可以发布介绍学习方法、课程重点等和教学相关的文章，以及和课程相关的通知等。

（4）文章或消息修改用例：教师可以修改自己发布的文章和通知。

【用例图说明】

（1）Course Intro：添加课程简介用例。

（2）Upload CAI：上传课件用例。

（3）Message Issue：文章或消息发布用例。

（4）Message Update：文章或消息修改用例。

2. 系统中的类

1）参与者相关的类

系统中和参与者相关的类如图 3-41 所示。

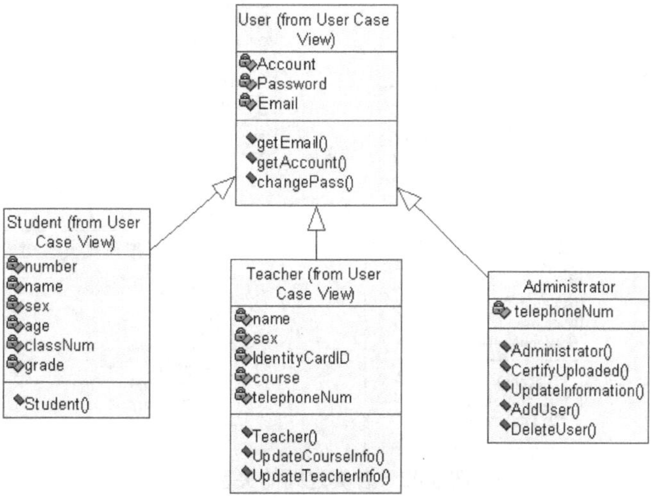

图 3-41　参与者相关的类

【类图说明】

（1）User 类是所有类的父类，包括的属性有 Account（登录名）、Password（密码）、Email（用户邮箱）等。方法有 getEmail（获取邮箱）、getAccount（获取登录账户名）以及 changePass（修改密码）。

（2）Student 类是学生类，除了继承父类的属性和方法，还包括 number（学号）、name（姓名）、sex（性别）、age（年龄）、classNum（班级）和 grade（年级）等属性。

（3）Teacher 类是教师类，除了继承父类的属性和方法，还包括 name（姓名）、sex（性别）、IdentityCard ID（身份证号）、course（教授的课程）以及 telephoneNum（电话号码）。

（4）Administrator 是管理员类，管理员有自己的属性 telephoneNum（电话号码），还有自己的方法：CertifyUploaded（文件的上传认证）、UpdateInformation（更新页面信息）、AddUser（添加用户）和 DeleteUser（删除用户）等。

2）各类之间的关系

类不是单独一个模块，各个类之间是存在联系的。网络教学系统各个类之间的联系如图 3-42 所示。

【类图说明】

（1）CourseIntro 类表示课程介绍类。此类的属性有 courseName（课程名）、College（开课院校）、Teacher（授课教师）、scorePoint（课程学分）、Time（开课时间）、Place（上课地点）和 teachingPlan（教学计划）等，它有一个修改课程信息的方法 Modify。

（2）Article 类表示发表的文章类，包括 articleNum（文章序号）、articleTitle（文章标题）、teacherToIssue（发布教师）、createTime（创建时间）以及 content（文章内容）。方法有 Issue

（文章发布）、Delete（文章删除）和 Modify（修改）。

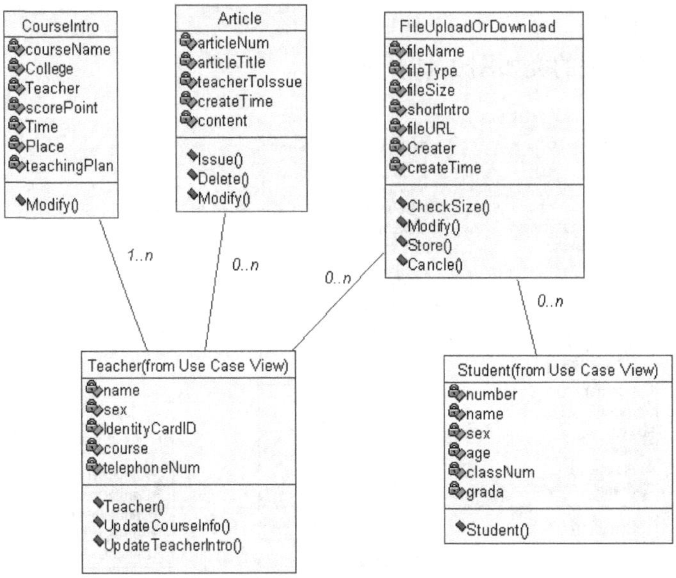

图 3-42　各类之间的关系

（3）FileUploadOrDownload 类表示上传的文件信息类，属性包括 fileName（文件名）、fileType（文件类型）、fileSize（文件大小）、shortIntro（文件的简短介绍）、fileURL（文件地址）、Creater（文件的创建者）以及 createTime（文件的创建时间）等。操作包括 CheckSize（检查文件大小）、Modify（修改文件信息）、Store（文件存储）以及 Cancle（取消上传）等。

教师可以教授几门课程，所以有几门课程的课程简介；教师可以发布多条信息，也可以不发布；教师可以不上传文件，也可以上传多个文件。一个学生可以下载一个文件，也可以不下载文件。

3. 对象图

对象图描述了某一瞬间对象集及对象间的关系，为处在某一时空点的系统建模，描绘了系统的对象、对象的状态及对象间的关系，如图 3-43 所示。

对象图主要用来为对象结构建模。对象图中通常含有对象、连接。像其他的图一样，对象图中还可以有注解、约束、包或子系统。

4. 系统的状态图

系统的状态图如图 3-44 所示。

【状态图说明】

（1）HomePage：网站主页。

（2）Certify：登录验证状态。

（3）SuccessPage：登录成功页面。

（4）UpLoadApplyPage：文件上传页面。

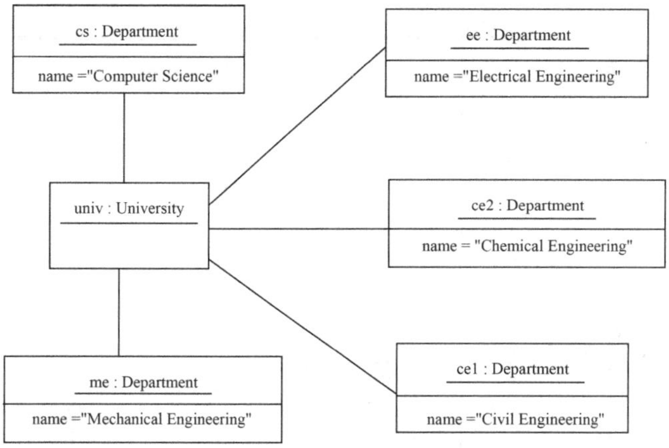

图 3-43 对象图

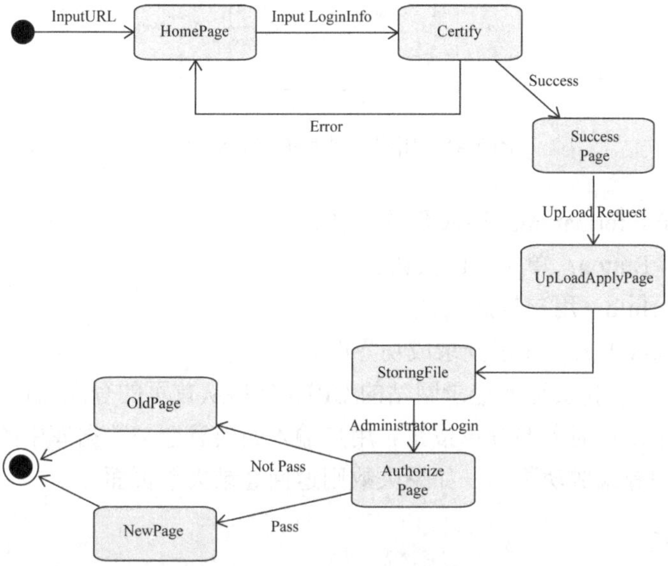

图 3-44 系统的状态图

（5）StoringFile：文件存储状态。

（6）OldPage：页面未更新状态。

（7）NewPage：页面更新状态。

教师要上传文件，首先要登录网站，通过网站认证后转入文件上传页面，上传文件后处于文件存储状态。文件存储后，要经过管理员的认证才可以在页面上显示，如果通过认证，则刷新页面，如果未通过，则页面维持不变。

5. 系统的活动图

用户登录系统的活动图如图 3-45 所示。

【活动图说明】

（1）InputURL：输入网站的 URL。

（2）Show HomePage：显示网站主页。

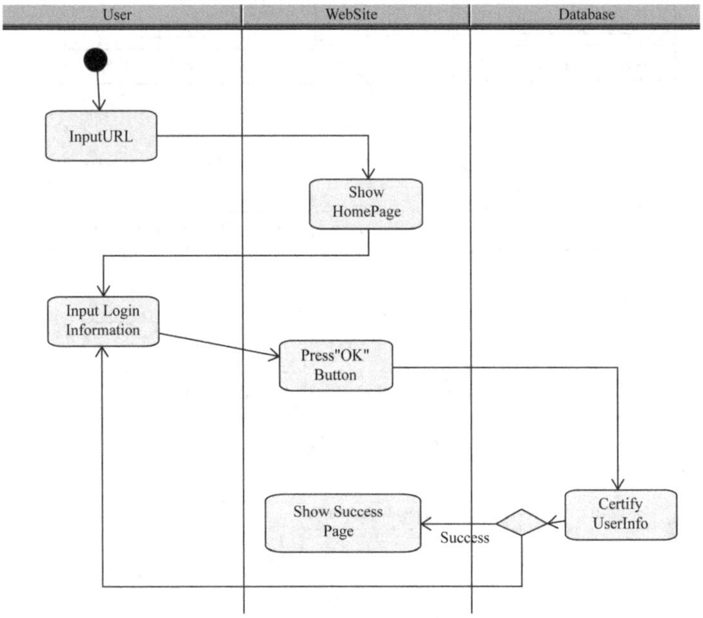

图 3-45　用户登录系统的活动图

（3）Input Login Information：输入登录信息。

（4）Press “OK” Button：单击 OK 按钮。

（5）Certify UserInfo：用户信息认证。

（6）Show Success Page：显示登录成功界面。

用户登录系统时，首先要输入登录网站的 URL，然后从首页的登录窗口中输入登录信息，如用户名和密码，单击页面上的登录按钮。用户输入的信息会与数据库中的信息对比验证，如果验证成功则返回登录成功页面，如果失败则返回登录失败页面。

6. 系统的顺序图

网络教学系统中的用例很多，所能画出的顺序图也很多，在此只给出用户登录系统的顺序图，如图 3-46 所示。

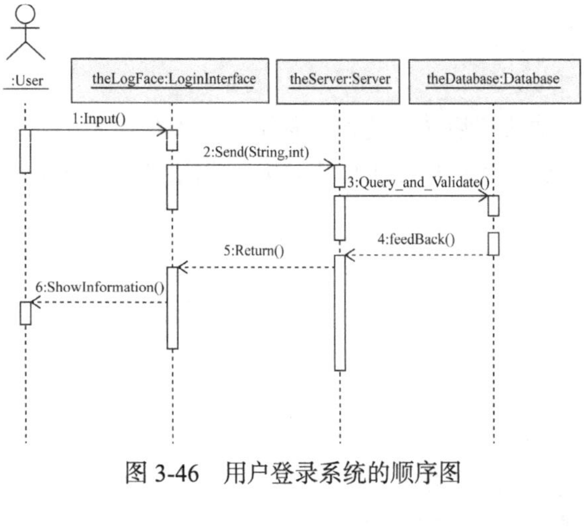

图 3-46　用户登录系统的顺序图

【顺序图说明】

（1）Input()：输入用户名和密码的函数。

（2）Send(String，int)：将用户名和密码发送给服务器的函数。

（3）Query_and_Validate()：查询数据库并验证用户名和密码正确性的函数。

（4）feedBack()：发送反馈消息的函数，如果验证通过，则发送 OK；如果验证出错，则发送 Error。

（5）ShowInformation()：将反馈信息显示给用户的函数。

7. 系统的协作图

用户登录系统的协作图如图 3-47 所示。

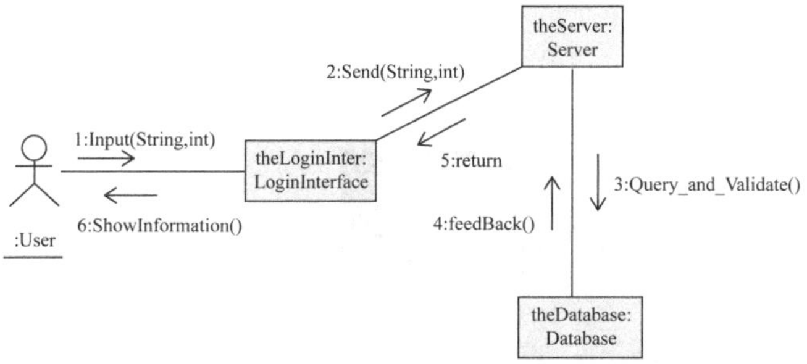

图 3-47　用户登录系统的协作图

【协作图说明】

（1）Input(String，int)：输入用户名和密码的函数。

（2）Send(String，int)：将用户名和密码发送给服务器的函数。

（3）Query_and_Validate()：查询数据库并验证用户名和密码正确性的函数。

（4）feedBack()：发送反馈消息的函数，如果验证通过，则发送 OK，否则发送 Error。

（5）ShowInformation()：将反馈信息显示给用户的函数。

8. 系统的组件图

网络教学系统的组件图如图 3-48 所示，组成 Web 应用程序的页面包括维护页面（maintenance page）、文件下载页面（file download page）、文件上传页面（fileupload page）、消息发布页面（message issue page）和登录页面（login page）。

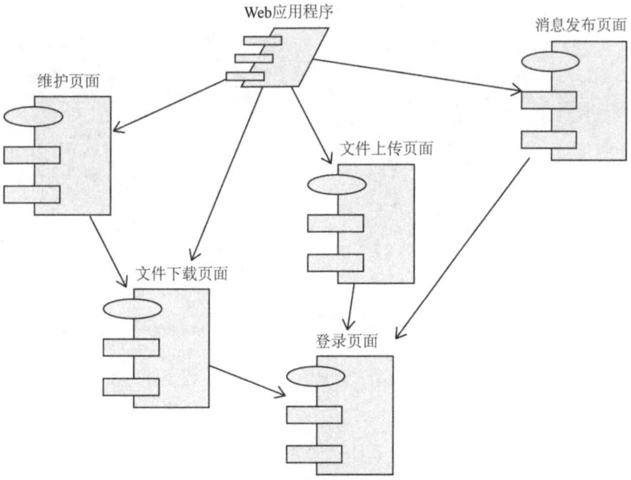

图 3-48　系统的组件图

9. 系统的部署图

部署图主要用来说明如何配置系统的软件和硬件。网络教学系统的应用服务器负责保存整个 Web 应用程序，数据库负责数据库管理。此外还有很多终端可以作为系统的客户端。由于客户端很多，在此只画出三个客户端，系统部署图如图 3-49 所示。

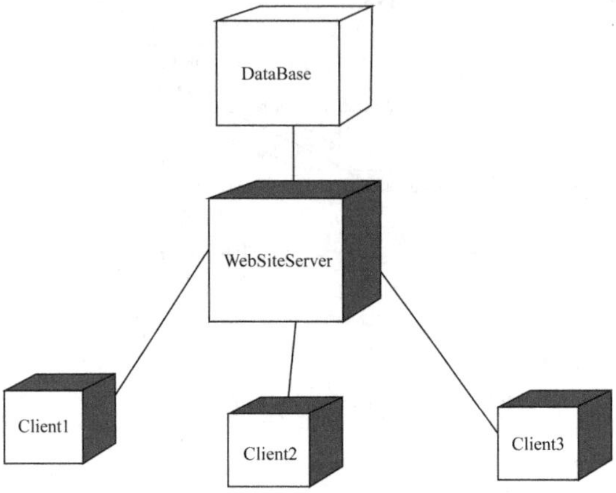

图 3-49　系统的部署图

第4章　RUP统一过程

面向对象思想产生了UML，但UML各种图何时使用是软件项目准确描述的关键。RUP统一过程已经成为指导软件开发过程的标准框架。本章介绍RUP产生及开发模型的二维特点，并体现了迭代的思想，迭代能够化繁为简，解决大中型软件开发的问题。

本章知识要点

（1）RUP过程产生的根源。

（2）RUP的过程和特点。

兴趣实践

瀑布、喷泉等词为何会出现在软件开发模型的描述中？

探索思考

是不是每个软件开发都需要使用RUP开发模型？

预习准备

复习传统软件工程方法的瀑布模型知识。

4.1　RUP产生

软件开发有了面向对象的思想指导，有了UML科学的表达语言，将会提高正确率，但软件开发是有一定过程的，这个过程要按照前人总结的过程模型来开发才能更好地保证正确性。

为了防止UML建模和某种开发过程模型结合过紧，导致其适应性降低，使统一性大打折扣，从而影响UML建模工具的普及和推广，OMG只制定了语义规则和表示符号，对于一个实际问题怎样进行建模，并未制定像数据库设计范式那样的规范和原则，对于一个项目，应该先建什么模型，后建什么模型，也没有作限制。也就是说，没有规定UML建模的工作过程和方法，UML建模可以适应任何开发过程模型。

软件开发模型分为两类：线性的，包括瀑布模型（图4-1）、原型模型等；迭代的，包括螺旋模型、喷泉模型、进化树模型和迭代增量模型等。

传统的项目组织是顺序通过每个工作流，每个工作流只有一次，也就是瀑布生命周期。瀑布模型到最后产品完成才开始测试，在分析、设计和实现阶段所遗留的隐藏问题会大量出现，项目可能停止并开始一个漫长的错误修正周期。

一种更灵活、风险更小的方法是多次通过不同的开发工作流，这样可以更好地理解需求，构造一个健壮的体系结构，并最终交付一系列逐步完成的版本，这称为一个迭代生命周期。在工作流中的每一次顺序的过程称为一次迭代。软件生命周期是迭代的连续，通过它，软件是增量式开发的。一次迭代包括了生成一个可执行版本的开发活动，还有使用这个版本所必需的其他辅助成分，如版本描述、用户文档等。因此，一个开发迭代在某种意义上是在所有工作流中的一次完整的经过，这些工作流至少包括需求工作流、分析和设计工作流、实现工作流、测试工作流，其本身就像一个小型的瀑布项目。

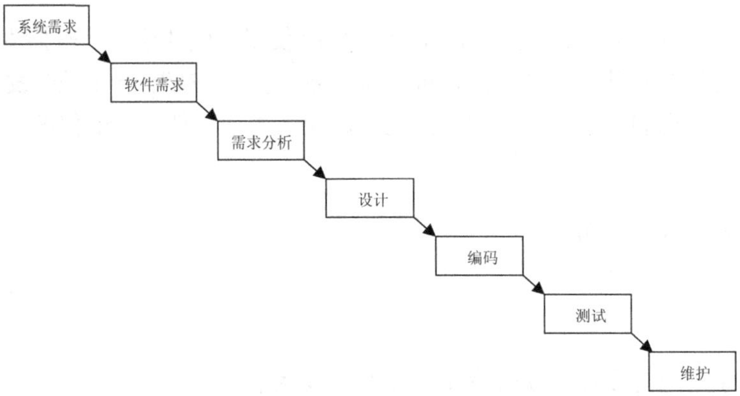

图 4-1　瀑布模型

统一软件过程（RUP）就是迭代的模型。RUP 中的每个阶段可以进一步分解为迭代。一个迭代是一个完整的开发循环，产生一个可执行的产品版本，是最终产品的一个子集，它增量式地发展，从一个迭代过程到另一个迭代过程，直到成为最终的系统，如图 4-2 所示。

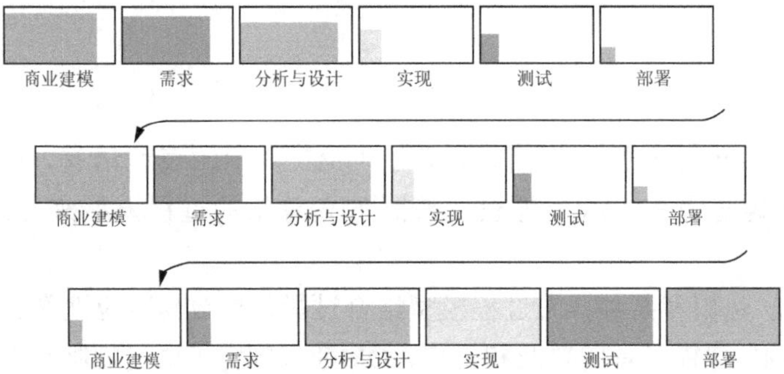

图 4-2　迭代的软件开发模型

RUP 是由 Rational 公司的 Booch、Rumbaugh 及 Jacobson 联合制定的一种软件开发过程。RUP 好像一个在线的指导者，它可以为所有方面和层次的程序开发提供指导方针、模板以及事例支持。RUP 和类似的产品把开发中面向过程的方面（如定义的阶段、技术和实践）和其他开发的组件（如文档、模型、手册以及代码等）整合在一个统一的框架内。

RUP 吸收了多种开发模型的优点，是软件开发和维护中的阶段、方法、技术、实践及相关产物的集合，提供了如何在软件开发组织中严格分配任务和职责的方法，特别适合大型软件项目或产品开发过程。RUP 以架构设计为中心，采用用例驱动，是一个增量式的迭代过程。它把软件的开发周期分为初始、细化、构造和交付四个阶段，每个阶段都包含了若干次迭代，而每次迭代都包含了一次软件开发流程：需求分析、设计、实现和测试等步骤。根据用户提出的改进意见和新的需求，通过多次迭代对系统进行优化，最终完成软件的开发。

RUP 最重要的三大特点：①软件开发是一个迭代过程；②软件开发是由用例驱动的；③软件开发是以架构设计为中心的。

与传统的瀑布模型相比较，迭代过程具有以下优点。

（1）降低了在一个增量上的开支风险。如果开发人员重复某个迭代，那么损失只是这一个开发有误的迭代的花费。

（2）降低了产品无法按照既定进度进入市场的风险。通过在开发早期就确定风险，可以尽早解决而不至于在开发后期匆匆忙忙处理问题。

（3）加快了整个开发工作的进度。因为开发人员清楚问题的焦点所在，所以他们的工作会更有效率。

用户的需求并不能在一开始就做出完全的界定，它们通常是在后续阶段中不断细化的。因此，迭代过程这种模式使适应需求的变化更容易。

4.2　基于统一过程的 UML 系统建模

RUP 是一个流程定义平台，是一个流程框架。可以针对 RUP 所规定的流程进行客户化定制，制定适合自己组织的实用的软件流程。

软件开发过程模型的理论定义比较简单，而把这一过程模型在实践中成功应用却有许多制约因素，首先是软件的范围，一个大型分布式软件系统和一个单机版的个人软件系统在开发管理上肯定不同；其次是软件的开发目的，一个为了提高浏览量而开发的网站和一个为密集计算而开发的处理系统在开发过程管理上肯定不同；最后是团队，不同的团队在磨合度、个人能力、团队协作等方面各不相同，开发相同的项目使用相同的开发过程模型，开发结果完全不同的实例多得数不胜数。另外，软件复用是面向对象的一大特点，它不但与所选择的开发过程模型有关，而且与企业文化和企业的做事方式有关。

以上都说明，选择或设计一个好的、能够反映软件开发过程在什么时候做什么及如何做的过程模型并不是件容易的事。UML 建模工具和统一过程 RUP 结合，是很多人熟知的理论，这很大程度上得益于 UML 三位主要创始人的功劳，因为他们曾共同出版过一部关于 UML 与统一过程的著作。

RUP 可使用 UML 来建立软件系统所需的各种模型。UML 是软件系统开发方法的一个组成部分，融合了当前一些流行的面向对象开发方法的主要概念和技术，成为一种面向对象的标准化的统一建模语言。UML 与 Rational 统一过程的结合将形成一种强大、高效的软件系统开发方法和技术。

统一过程是反复迭代和不断增长的，它的生命周期的每一个阶段都影响着新一代产品，而工作流程又是阶段产品的具体体现，在它的核心流程中每一个过程都对应一个模型，用相应的 UML 图来表示。

实践证明，采用 RUP 作为指导，并结合 UML 所提供的模型，可以完整地表达系统在不同开发阶段的模型，使开发的系统结构清晰、功能明确、易于维护，大大提高了软件开发的质量和效率，实现预期的功能。

4.3　二维开发模型

RUP 软件开发生命周期是一个二维的软件开发模型。横轴通过时间组织，是过程展开的生命周期特征，体现开发过程的动态结构，用来描述它的术语主要包括周期、阶段、迭代和里程碑；纵轴以内容来组织，为自然的逻辑活动，体现开发过程的静态结构，用来描述它的术语主要包括活动、产物、工作者和工作流，如图 4-3 所示。

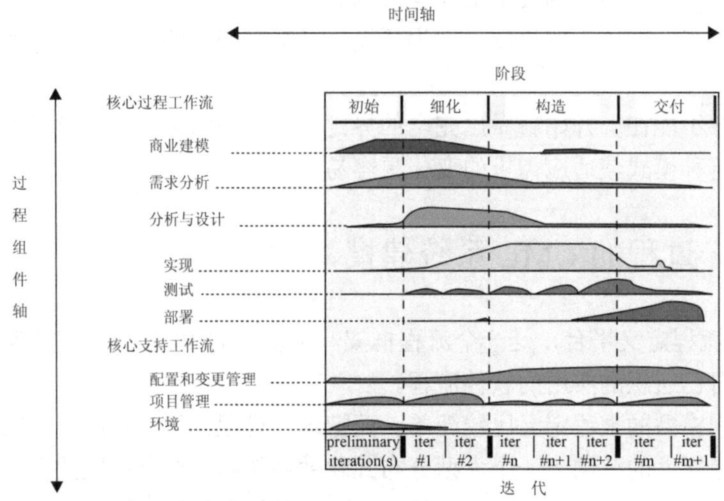

图 4-3　RUP 二维模型

RUP 中定义了一些核心概念，如图 4-4 所示。

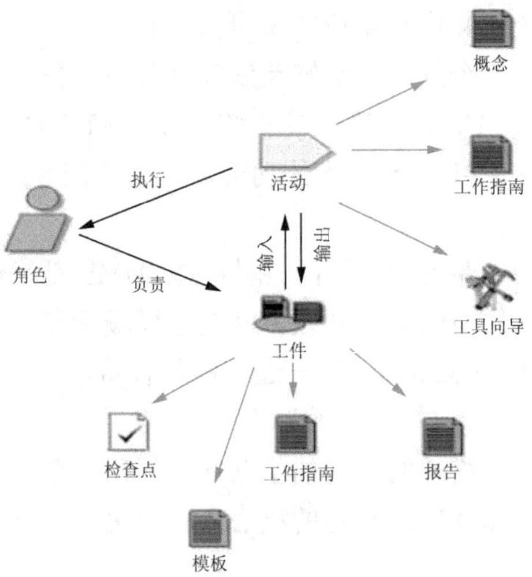

图 4-4　RUP 核心概念

角色：描述某个人或者一个小组的行为与职责，RUP 预先定义了很多角色。

活动：是一个有明确目的的独立工作单元。

工件：是活动生成、创建或修改的一段信息。

RUP 是一个通用的过程模板，包含很多开发指南、工件、开发过程所涉及的角色说明，由于它非常庞大，所以对具体的开发机构和项目使用 RUP 时还要作裁剪，也就是要对 RUP 进行配置。RUP 就像一个元过程，通过对 RUP 进行裁剪可以得到很多不同的开发过程，这些软件开发过程可以看作 RUP 的具体实例。RUP 裁剪可以分为以下几步。

（1）确定本项目需要哪些工作流。RUP 的九个核心工作流并不总是需要的，可以取舍。

（2）确定每个工作流需要哪些工件。

（3）确定四个阶段之间如何演进。确定阶段间演进要以风险控制为原则，决定每个阶段有哪些工作流，每个工作流执行到什么程度，工件有哪些，每个工件完成到什么程度。

（4）确定每个阶段内的迭代计划，规划 RUP 的四个阶段中每次迭代开发的内容。

（5）规划工作流内部结构。工作流涉及角色、活动及工件，它的复杂程度与项目规模即角色多少有关。最后规划工作流的内部结构，通常以活动图的形式给出。

4.4　RUP 开发过程

RUP 中的软件生命周期在时间上被分解为四个顺序的阶段，分别是初始阶段、细化阶段、构造阶段和交付阶段。每个阶段结束于一个主要的里程碑；每个阶段本质上是两个里程碑之间的时间跨度。在每个阶段的结尾执行一次评估，以确定这个阶段的目标是否已经满足。如果评估结果令人满意，则允许项目进入下一阶段。

4.4.1　初始阶段

初始阶段的目标是为系统建立商业案例并确定项目的边界。为了达到该目的，必须识别所有与系统交互的外部实体，在较高层次上定义交互的特性。本阶段具有非常重要的意义，在这个阶段所关注的是整个项目进行中的业务和需求方面的主要风险。对于建立在原有系统基础上的开发项目来讲，初始阶段可能很短。初始阶段结束时是第一个重要的里程碑——生命周期目标里程碑。生命周期目标里程碑用于评价项目基本的生存能力。

4.4.2　细化阶段

细化阶段的目标是分析问题领域，建立健全的体系结构基础，编制项目计划，淘汰项目中风险最高的元素。为了达到该目的，必须在理解整个系统的基础上，对体系结构做出决策，包括其范围、主要功能和诸如性能等非功能性需求。同时为项目建立支持环境，包括创建开发案例，创建模板、准则并准备工具。细化阶段结束时是第二个重要的里程碑——生命周期结构里程碑。生命周期结构里程碑为系统的结构建立了管理基准，并使项目小组能够在构建阶段中进行衡量。此刻，要检验详细的系统目标和范围、结构的选择以及主要风险的解决方案。

4.4.3　构造阶段

在构造阶段，所有剩余的组件和应用程序功能被开发并集成为产品，所有的功能被详细测试。从某种意义上说，构造阶段是一个制造过程，其重点放在管理资源及控制运作上，以优化成本、进度和质量。构造阶段结束时是第三个重要的里程碑——初始功能里程碑。初始功能里程碑决定了产品是否可以在测试环境中进行部署。此刻，要确定软件、环境、用户是否可以开始系统的运作。此时的产品版本也常被称为 Beta 版。

4.4.4 交付阶段

交付阶段的重点是确保软件对最终用户是可用的。交付阶段可以跨越几次迭代，包括为发布做准备的产品测试、基于用户反馈的少量的调整。在生命周期的这一点上，用户反馈应主要集中在产品调整、设置、安装和可用性问题，所有主要的结构问题应该已经在项目生命周期的早期阶段解决了。在交付阶段的终点是第四个里程碑——产品发布里程碑。此时，要确定目标是否实现，是否应该开始另一个开发周期。

4.5 RUP 核心工作流

RUP 中有九个核心工作流，分为六个核心过程工作流和三个核心支持工作流。尽管六个核心过程工作流可能使人想起传统瀑布模型中的几个阶段，但应注意迭代过程中的阶段是完全不同的，这些工作流在整个生命周期中一次又一次被访问。九个核心工作流在项目中被轮流使用，在每一次迭代中以不同的重点和强度重复。

4.5.1 商业建模

商业建模工作流描述了如何为新的目标组织开发一个构想，并基于这个构想在商业用例模型和商业对象模型中定义组织的过程、角色和责任。

4.5.2 需求

需求工作流的目标是描述系统应该做什么，并使开发人员和用户就这一描述达成共识。为了达到该目标，要对需要的功能和约束进行提取、组织、文档化；最重要的是理解系统所解决问题的定义和范围。

4.5.3 分析与设计

分析与设计工作流将需求转化成未来系统的设计，为系统开发一个健壮的结构并调整设计，使其与实现环境相匹配，优化其性能。分析与设计的结果是一个设计模型和一个可选的分析模型。设计模型是源代码的抽象，由设计类和一些描述组成。设计类被组织成具有良好接口的设计包和设计子系统，而描述体现了类的对象如何协同工作实现用例的功能。设计活动以体系结构设计为中心，体系结构由若干结构视图来表达，结构视图是整个设计的抽象和简化，该视图中省略了一些细节，使重要的特点体现得更加清晰。体系结构不仅是良好设计模型的承载媒介，而且在系统的开发中能提高被创建模型的质量。

4.5.4 实现

实现工作流的目的包括以层次化的子系统形式定义代码的组织结构；以组件的形式（源

文件、二进制文件、可执行文件）实现类和对象；将开发的组件作为单元进行测试，以及集成由单个开发者（或小组）所产生的结果，使其成为可执行的系统。

4.5.5　测试

测试工作流要验证对象间的交互作用，验证软件中所有组件的正确集成，检验所有的需求已被正确实现，识别并确认缺陷在软件部署之前被提出并处理。RUP 提出了迭代的方法，这意味着在整个项目中进行测试，从而尽可能早地发现缺陷，从根本上降低了修改缺陷的成本。测试类似于三维模型，分别从可靠性、功能性和系统性能三方面来实施。

4.5.6　部署

部署工作流的目的是成功地生成版本并将软件分发给最终用户。部署工作流描述了那些与确保软件产品对最终用户具有可用性相关的活动，包括软件打包、生成软件本身以外的产品、安装软件、为用户提供帮助。在有些情况下，还可能包括计划和进行 Beta 测试版、移植现有的软件和数据以及正式验收。

4.5.7　配置和变更管理

配置和变更管理工作流描绘了如何在多个成员组成的项目中控制大量的产物。配置和变更管理工作流提供了准则来管理演化系统中的多个变体，跟踪软件创建过程中的版本。工作流描述了如何管理并行开发、分布式开发，如何自动化创建工程。同时阐述了对产品修改原因、时间、人员等保持审计记录。

4.5.8　项目管理

软件项目管理平衡各种可能产生冲突的目标，管理风险，克服各种约束并成功交付使用户满意的产品。其目标包括：为项目的管理提供框架，为计划、人员配备、执行和监控项目提供实用的准则，为管理风险提供框架等。

4.5.9　环境

环境工作流的目的是向软件开发组织提供软件开发环境，包括过程和工具。环境工作流集中于配置项目过程中所需要的活动，同样支持开发项目规范的活动，提供了逐步的指导手册，并介绍了如何在组织中实现过程。

4.6　RUP 的要素和经验

4.6.1　RUP 十大要素

RUP 十大要素包括开发前景、达成计划、标识和减小风险、分配和跟踪任务、检查商业理由、设计组件构架、对产品进行增量式的构建和测试、验证和评价结果、管理和控制变化、提供用户支持。

审视这些要素就可以发现它们能够成为十大要素的理由。

1）开发前景

有一个清晰的前景是开发一个满足涉众真正需求的产品的关键。前景抓住了 RUP 需求流程的要点：分析问题，理解涉众需求，定义系统，当需求变化时管理需求。前景给更详细的技术需求提供了一个高层的、有时候是合同式的基础。正像这个术语隐含的那样，它通常是软件项目一个清晰的、高层的视图，能被过程中任何决策者或者实施者借用。它捕获了非常高层的需求和设计约束，让前景的读者能理解将要开发的系统。它还提供了项目审批流程的输入，因此就与商业理由密切相关。最后，由于前景构成了“项目是什么”和“为什么要进行这个项目”，所以可以把前景作为验证将来决策的方式之一。对前景的陈述应该能回答以下问题（如果需要这些问题还可以分成更小更详细的问题）：关键术语是什么（词汇表）？尝试解决的问题是什么（问题陈述）？涉众是谁？用户是谁？他们各自的需求是什么？产品的特性是什么？功能性需求是什么？非功能性需求是什么？设计约束是什么？

2）达成计划

在 RUP 中，软件开发计划（SDP）综合了管理项目所需的各种信息，也许包括一些在先期阶段开发的单独的内容。SDP 必须在整个项目中被维护和更新。SDP 定义了项目时间表（包括项目计划和迭代计划）和资源需求（资源和工具），可以根据项目进度表来跟踪项目进展。同时指导了其他过程内容的计划：项目组织、需求管理计划、配置管理计划、问题解决计划、质量管理计划、测试计划、评估计划以及产品验收计划。

在较简单的项目中，对这些计划的陈述可能只有一两句话。例如，配置管理计划可以简单地这样陈述：每天结束时，项目目录的内容将会被压缩成 ZIP 包，复制到一个 ZIP 磁盘中，加上日期和版本标签，放到中央档案柜中。软件开发计划的格式远远没有计划活动本身以及驱动这些活动的思想重要。正如 Eisenhower 所说：“plan 什么也不是，planning 才是一切。”“达成计划”抓住了 RUP 中项目管理流程的要点。项目管理流程包括构思项目、评估项目规模和风险、监测与控制项目、计划和评估每个迭代和阶段。

3）标识和减小风险

RUP 的要点之一是在项目早期就标识并处理最大的风险。项目组标识的每一个风险都应该有一个相应的缓解或解决计划。风险列表应该既作为项目活动的计划工具，又作为确定迭代的基础。

4）分配和跟踪任务

有一点在任何项目中都是重要的，即连续的分析来源于正在进行的活动和进化的产品的客观数据。在 RUP 中，定期的项目状态评估提供了讲述、交流和解决管理问题、技术问题以及项目风险的机制。团队一旦发现这些障碍物，就把所有问题都指定一个负责人，并指定解决日期。进度应该定期跟踪，如有必要，更新应该被发布。这些项目“快照”突出了需要引起管理员注意的问题。随着时间的变化，定期的评估使经理能捕获项目的历史，并且消除任何限制进度的障碍或瓶颈。

5）检查商业理由

商业理由从商业的角度提供了必要的信息，以决定一个项目是否值得投资。商业理由还可以帮助开发一个实现项目前景所需的经济计划。它提供了进行项目的理由，并建立了经济约束。当项目继续时，分析人员用商业理由来正确地估算投资回报率。商业理由应该给项目创建一个简短而引人注目的理由，而不是深入研究问题的细节，以使所有项目成员容易理解和记住它。在关键里程碑处，经理应该回顾商业理由，计算实际的花费、预计的回报，并决定项目是否继续进行。

6）设计组件构架

在 RUP 中，组件系统的构架是指一个系统关键部件的组织或结构，部件之间通过接口交互，而部件是由一些更小的部件和接口组成的。即主要的部分是什么？它们是怎样结合在一起的？RUP 提供了一种设计、开发、验证构架的系统方法。在分析和设计流程中包括以下步骤：定义候选构架、精化构架、分析行为（用例分析）、设计组件。要陈述和讨论软件构架，必须先创建一个构架表示方式，以便描述构架的重要方面。在 RUP 中，构架表示由软件构架文档捕获，它给构架提供了多个视图。每个视图都描述了某一组涉众所关心的正在进行的系统的某个方面。涉众有最终用户、设计人员、经理、系统工程师、系统管理员等。这个文档使系统构架师和其他项目组成员能就与构架相关的重大决策进行有效的交流。

7）对产品进行增量式的构建和测试

在 RUP 中实现和测试流程的要点是在整个项目生命周期中增量的编码、构建、测试系统组件，在初始阶段之后每个迭代结束时生成可执行版本。在精化阶段后期，已经有了一个可用于评估的构架原型；如有必要，它可以包括一个用户界面原型。然后，在构建阶段的每次迭代中，组件不断地被集成到可执行、经过测试的版本中，不断地向最终产品进化。动态及时地部署管理和复审活动也是这个基本过程元素的关键。

8）验证和评价结果

顾名思义，RUP 的迭代评估捕获了迭代的结果。评估决定了迭代满足评价标准的程度，还包括学到的教训和实施的过程改进。根据项目的规模和风险以及迭代的特点，评估可以是对演示及其结果的一条简单的记录，也可以是一个完整的、正式的测试复审记录。其关键是既关注过程问题又关注产品问题。越早发现问题，就越没有问题。

9）管理和控制变化

RUP 的配置和变更管理流程的要点是当变化发生时管理和控制项目的规模，并且贯穿整个生命周期。其目的是考虑所有的涉众需求，尽可能地满足同时并能及时交付合格的产品。用户拿到产品的第一个原型后（往往在这之前就会要求变更），他们会要求变更。重要的是，变更的提出和管理过程始终保持一致。在 RUP 中，变更请求通常用于记录和跟踪缺陷与增强功能的要求，或者对产品提出的任何其他类型的变更请求。变更请求提供了相应的手段来评估一个变更的潜在影响，同时记录这些变更所作出的决策。它们也帮助确保所有的项目组成员都能理解变更的潜在影响。

10）提供用户支持

在 RUP 中，部署流程的要点是包装和交付产品，同时交付有助于最终用户学习、使用和维护产品的任何必要的材料。项目组至少要给用户提供一个用户指南（也许是通过联机帮助的方式提供），可能还有一个安装指南和版本发布说明。根据产品的复杂度，用户也许还需要相应的培训材料。最后，通过一个材料清单清楚地记录应该和产品一起交付哪些材料。

4.6.2　RUP 六大经验

RUP 带来的六大经验如下。

1）迭代式开发

在软件开发的早期阶段就想完全、准确地捕获用户的需求几乎是不可能的。实际上，人们经常遇到的问题是需求在整个软件开发工程中经常会改变。迭代式开发允许在每次迭代过程中需求可能有变化，通过不断细化来加深对问题的理解。迭代式开发不仅可以降低项目的风险，而且每个迭代过程都可以执行版本原型，这样可以鼓舞开发人员。

RUP 的开发过程建立在一系列迭代之上，每次迭代都有一个固定的时间限制（如四个星期），称为时间盒，每次迭代结束的时候都发布一个稳定的小版本，该版本是最终系统的子集。时间盒是迭代开发中的关键概念，它意味着迭代周期的期限是固定的，如果目标没有完成，则放弃本次迭代的需求，而不是延长迭代的时间。

2）管理需求

确定系统的需求是一个连续的过程，开发人员在开发系统之前不可能完全详细地说明一个系统的真正需求。RUP 描述了如何提取、组织系统的功能和约束条件并将其文档化，用例和场景的使用已被证明是捕获功能性需求的有效方法。

3）体系结构

组件使重用成为可能，系统可以由组件组成。基于独立的、可替换的、模块化组件的体系结构有助于降低管理复杂性，提高重用率。RUP 描述了如何设计一个有弹性的、能适应变化的、易于理解的、有助于重用的软件体系结构。

4）可视化建模

RUP 往往和 UML 联系在一起，对软件系统建立可视化模型，帮助人们提供管理软件复杂性的能力。RUP 告诉人们如何可视化地对软件系统建模，获取有关体系结构中组件的结构和行为信息。

5）验证软件质量

在 RUP 中，软件质量评估不再是事后进行或单独小组进行的分离活动，而是内建于过程中的所有活动，这样可以及早发现软件中的缺陷。

6）控制软件变更

迭代式开发中如果没有严格的控制和协调，整个软件开发过程很快就会陷入混乱之中，RUP 描述了如何控制、跟踪、监控、修改软件，以确保成功地迭代开发。RUP 通过软件开发过程中的工件隔离来自其他工作空间的变更，以此为每个开发人员建立安全的工作空间。

4.6.3　RUP 的优势与不足

RUP 具有很多优势：提高了团队生产力，在迭代的开发过程、需求管理、基于组件的体系结构、可视化软件建模、验证软件质量及控制软件变更等方面，针对所有关键的开发活动为每个开发成员提供了必要的准则、模板和工具指导，并确保全体成员共享相同的知识基础。它建立了简洁和清晰的过程结构，为开发过程提供较大的通用性。

它也存在一些不足：RUP 只是一个开发过程，并没有涵盖软件过程的全部内容，例如，它缺少关于软件运行和支持等方面的内容。此外，它没有支持多项目的开发结构，这在一定程度上降低了在开发组织内大范围实现重用的可能性。可以说 RUP 是一个非常好的开端，但并不完美，在实际应用中可以根据需要对其进行改进，并可以用 OPEN 和 OOSP 等其他软件过程的相关内容对 RUP 进行补充和完善。

第 5 章 Enterprise Architect 建模工具

工欲善其事，必先利其器。在软件开发过程中好的开发工具可以节省软件开发人员的时间，提高效率。UML 可以帮助软件系统建模，但建模过程烦琐，产生的文档也数量可观，Enterprise Architect 等建模工具可以帮助用户画图、整理文档，甚至能自动产生 Java/C++等伪代码。

本章知识要点

（1）建模工具产生的原因有哪些？

（2）不同建模工具应如何选择？

兴趣实践

开源工具有哪些？

探索思考

自己可以尝试做画图工具吗？需要考虑哪些因素？

预习准备

复习传统软件工程方法所使用的画图工具。

5.1 常用的 UML 建模工具概述

使用建模语言需要相应的工具支持，即使人工在白板上画好了模型的草图，建模者也需要使用工具支持，因为模型中很多图的维护、同步和一致性检查等工作，人工做起来几乎是不可能的。

建模工具又称 CASE 工具，其中许多 CASE 工具几乎和画图工具一样，仅提供了建模语言和很少的一致性检查。经过人们不断地改进，今天的 CASE 工具正逐步接近图的原始视觉效果，Enterprise Architect 工具就是一种比较现代的建模工具。

市场上大量商业的或开源的 UML 计算机辅助软件工程工具有 Enterprise Architect、Rational Rose、Rational Software Architect、PowerDesigner、Visio、NetBeans UML、Visual Paradigm for UML、starUML、Together、ArgoUML、Eclipse UML、Draw UML 等。

大部分 CASE 工具都给软件开发者提供了一整套可视化建模工具，包括系统建模、模型集成、软件系统测试、软件文档的生成、从模型生成代码的正向工程、从代码生成模型的逆向工程、软件开发的项目管理、团队开发管理等，为关于客户机/服务器、分布式、实时系统环境等真正的商业需求提供了稳健的、有效的解决方案。本章主要介绍 Enterprise Architect。

5.1.1 Rational Rose

Rational Rose 是 IBM 公司开发的直接从 UML 发展而来的设计工具，是一种基于 UML

的建模工具。在面向对象应用程序开发领域，Rational Rose 是影响其发展的一个重要因素。Rational Rose 自推出以来就受到了业界的广泛关注，并一直引领着可视化建模工具的发展。越来越多的软件公司和开发团队开始或者已经采用 Rational Rose，用于大型项目开发的分析、建模与设计等方面。

从使用的角度分析，Rational Rose 易于使用，支持使用多种组件和多种语言的复杂系统建模；利用双向工程技术可以实现迭代式开发；团队管理特性支持大型、复杂的项目和大型而且通常队员分散在各个不同地方的开发团队。同时，Rational Rose 与微软 Visual Studio 系列工具中 GUI 的完美结合所带来的方便性，使得它成为绝大多数开发人员的首选建模工具；Rose 还是市场上第一个提供对基于 UML 的数据建模和 Web 建模支持的工具。此外，Rose 还为其他一些领域提供了支持，如用户定制和产品性能改进。

在 Rational Rose 中，从 UML 模型生成 Java 源代码很方便，步骤如下。

（1）将 Java 类分配给模型中的 Java 组件。

（2）检查语法（可选）。

（3）检查类路径。

（4）设置影响代码生成的项目属性（可选）。

（5）备份源代码。

（6）从模型生成 Java 源代码。

（7）查看并编辑所产生的源代码。

从 Java 代码生成 UML 模型的步骤如下。

（1）如果是更新一个已经存在的模型，应先打开模型。

（2）选择 Tools→Java→Reverse Engineer Java 菜单命令。

（3）从目录结构选择包含要进行逆向工程的文件的目录。

（4）设置 Filter 域，显示需要进行逆向工程的 Java 文件的类型。

（5）将所选类型的 Java 文件添加到所选文件列表中。

（6）确认需要进行逆向工程的文件。

（7）从所规定的 Java 文件生成模型或更新已有的模型。

（8）打开日志窗口检查发生的错误列表。

5.1.2　Rational Software Architect

RSA 是一个基于 UML 2 的可视化建模和架构设计工具。RSA 构建在 Eclipse 开源框架之上，它具备了可视化建模和模型驱动开发的能力。无论普通的分布式应用还是 Web 服务，这个工具都是适用的。

它主要用于设计、编写、构建并管理以目标为导向的软件系统，支持用户案例、商务流程模式以及动态的图表、分类、界面、协作、结构以及物理模型。此外，它还支持 C++、Java、Visual Basic、Delphi、C#及 VB.NET。

5.1.3　PowerDesigner

PowerDesigner 是对数据库建模而发展起来的一种数据库建模工具。直到 7.0 版本才开始了对面向对象的开发支持，后来又引入了对 UML 的支持。但是由于 PowerDesigner 侧重点不一样，所以它对数据库建模的支持很好，支持市面上 90%左右的数据库，对 UML 的建模各种图的支持比较滞后，但是最近得到了加强。所以使用它来进行 UML 开发的并不多，很多人都是用它来进行数据库建模。如果使用 UML 分析，它的优点是生成代码时对 Sybase 的产品 PowerBuilder 的支持很好（其他 UML 建模工具则没有或者需要一定的插件），对其他面向对象语言（如 C++、Java、VB、C#等）的支持也不错，对中文的支持还存在一些问题。

5.1.4 Visio

UML 建模工具 Visio 是 Microsoft Office 的产品之一，原来只是一种画图工具，能够用来描述各种图形（从电路图到房屋结构图），也是到 Visio 2000 才开始引进软件分析设计功能到代码生成的全部功能，它可以说是目前最能够用图形方式来表达各种商业图形用途的工具（对软件开发中的 UML 支持只是其中很少的一部分）。它与微软的 Office 产品能够很好地兼容，能够把图形直接复制或者内嵌到 Word 文档中。但是对于代码的生成更多的是支持微软的产品，如 VB、VC++、MS SQL Server 等，用于图形语义的描述比较方便，但是用于软件开发过程的迭代开发方面比较简单。

5.1.5 免费的 ArgoUML

ArgoUML 是当今最受欢迎的免费 UML 开发工具，支持 UML 2 和 MDA，提供 Code Generation 及逆向（Reverse）功能。用户可以在网上免费下载，这为初学 UML 设计的用户提供了一项免费、好用又完整的学习环境。

5.2 Enterprise Architect 13.0 说明

1. Enterprise Architect 简介

Enterprise Architect（以下简称 EA）是一个对于软件系统开发有着极好支持的 CASE（Computer Aided Software Engineering）软件。EA 不同于普通的 UML 画图工具（如 Visio），它支撑系统开发的全过程。在需求分析、系统分析与设计、系统开发及部署等方面有着强大的支持，同时加上对 10 种编程语言的正反向工程、项目管理、文档生成、数据建模等方面功能，可以让系统开发中各个角色都获得最高的开发效率。

2. 创建新项目

安装好 EA 13.0 汉化版后，启动软件，如图 5-1 所示。单击“创建新的项目”按钮，打开创建新项目对话框，可输入自己的项目名，如图 5-2 所示，单击“保存”按钮。

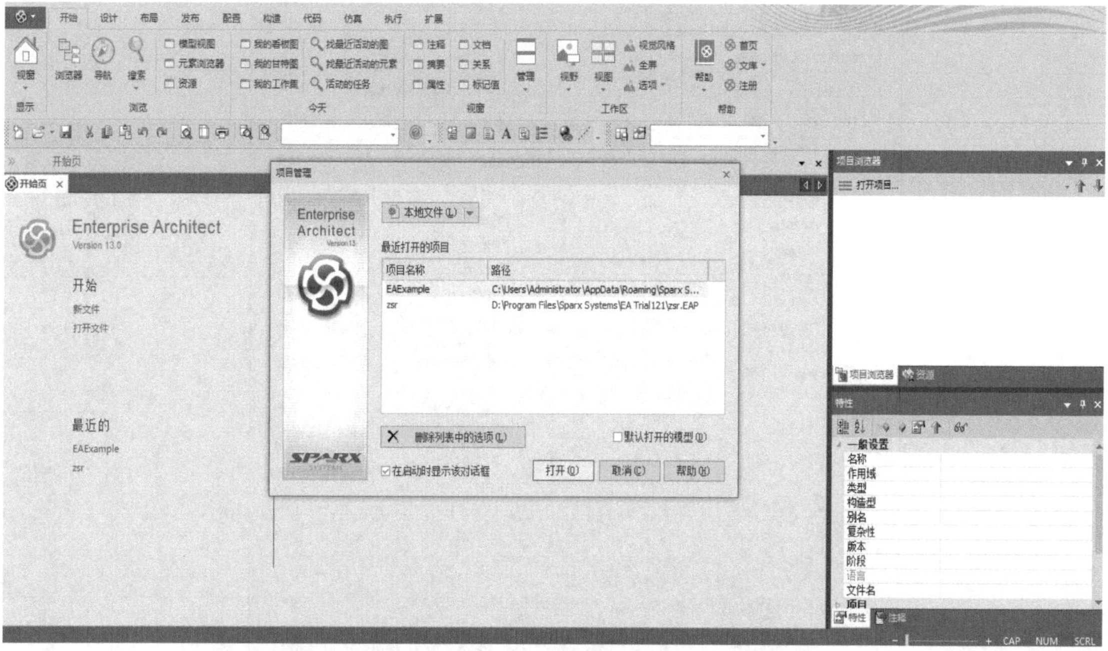

图 5-1　创建新项目

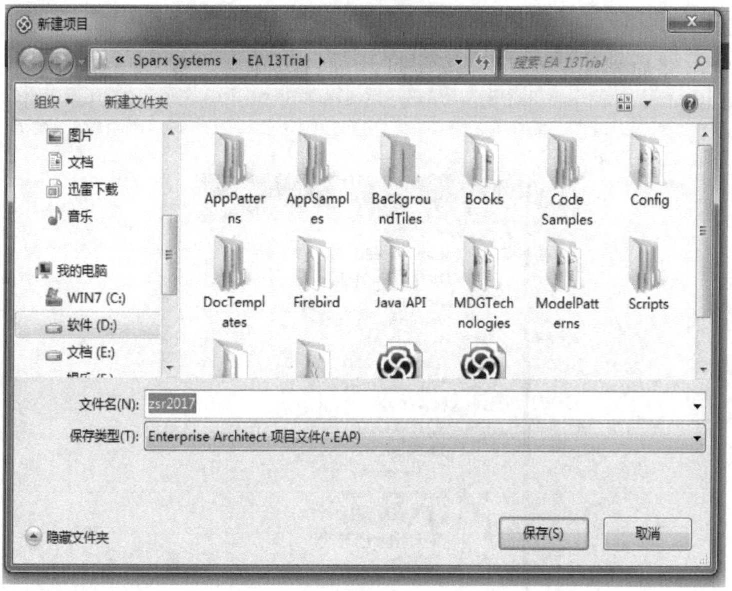

图 5-2　输入项目名

可以选择各种初始的模板包，如图 5-3 所示。

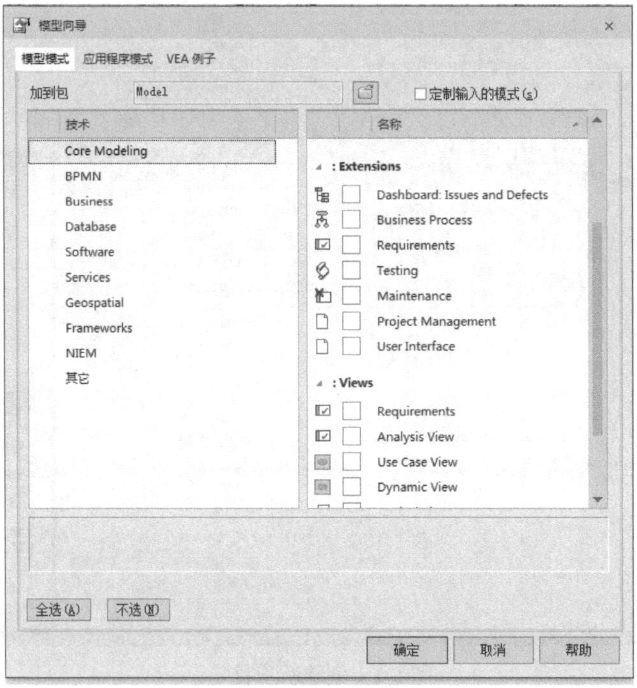

图 5-3　选择各种模板包

选择其中几个，然后单击“确定”按钮打开项目浏览器，如图 5-4 所示。我们的项目将从这里开始。

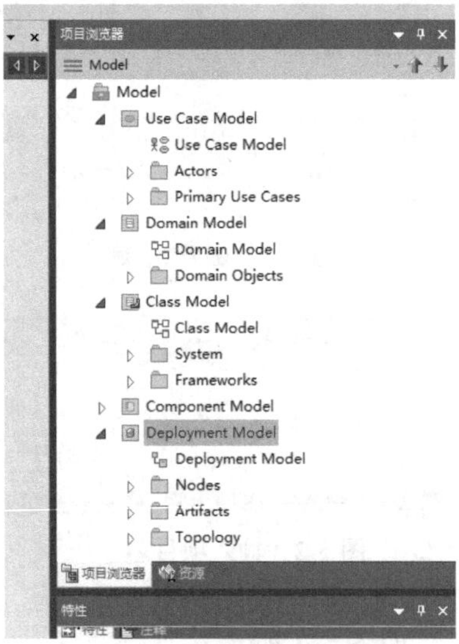

图 5-4　项目浏览器

3. EA 软件配置

在使用软件之前，我们可先进行配置。打开“配置”选项卡选择相应命令完成操作，如图 5-5 所示。

图 5-5　项目配置

在源代码工程中，最好把文件编码设置成 UTF8 或者是 GB 中文。

其他方面的配置，因为都是中文的，比较容易理解。有些不明的地方，可以多琢磨。

另外，对于最下面的各编程语言，可以根据自己的需要进行一些配置。如 PHP，可以配置 PHP 5.6，那么生成的代码也会有所不同，如图 5-6 所示。还可以隐藏其他没有用到的语言。

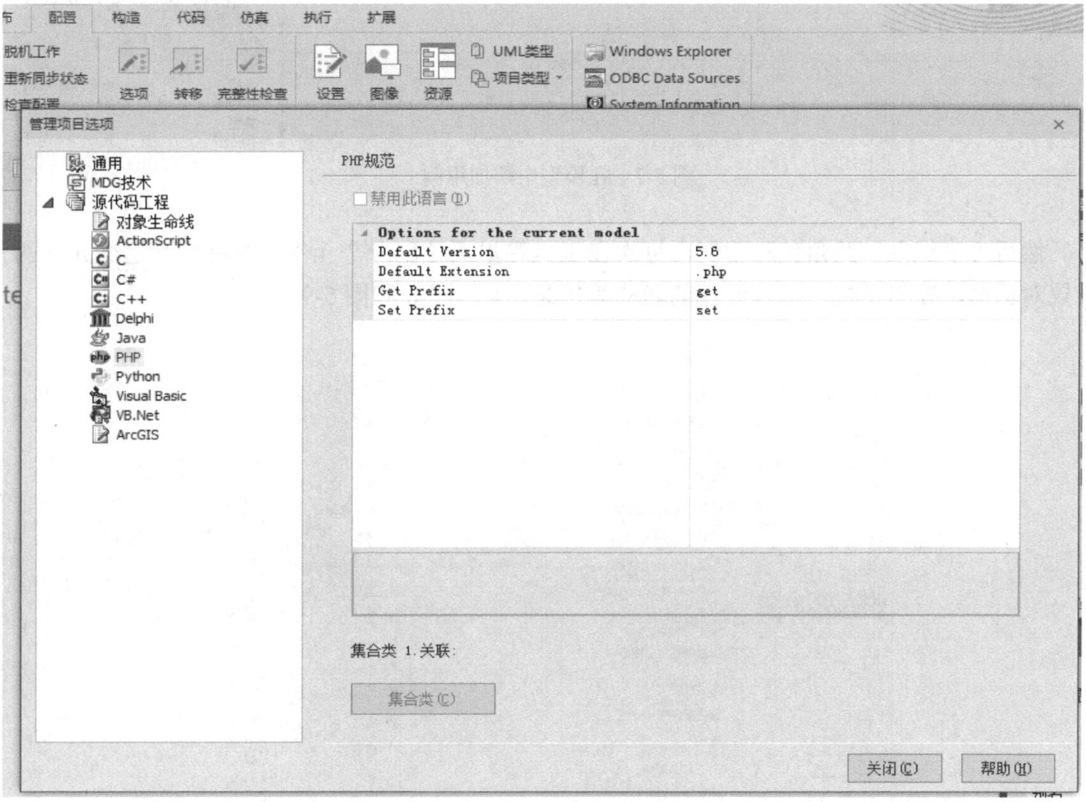

图 5-6　项目配置的“管理项目”选项

4. 用例图、类图的使用

1）用例图的使用

用例图是我们通常进行系统分析的第一步，是非常重要的。毕竟大部分开发流程都将需求分析作为首要步骤，也是必要步骤。将系统需求化作图形表达出来。首先是在项目浏览器中右击，选择“添加”→“添加图”命令，打开如图 5-7 所示界面。

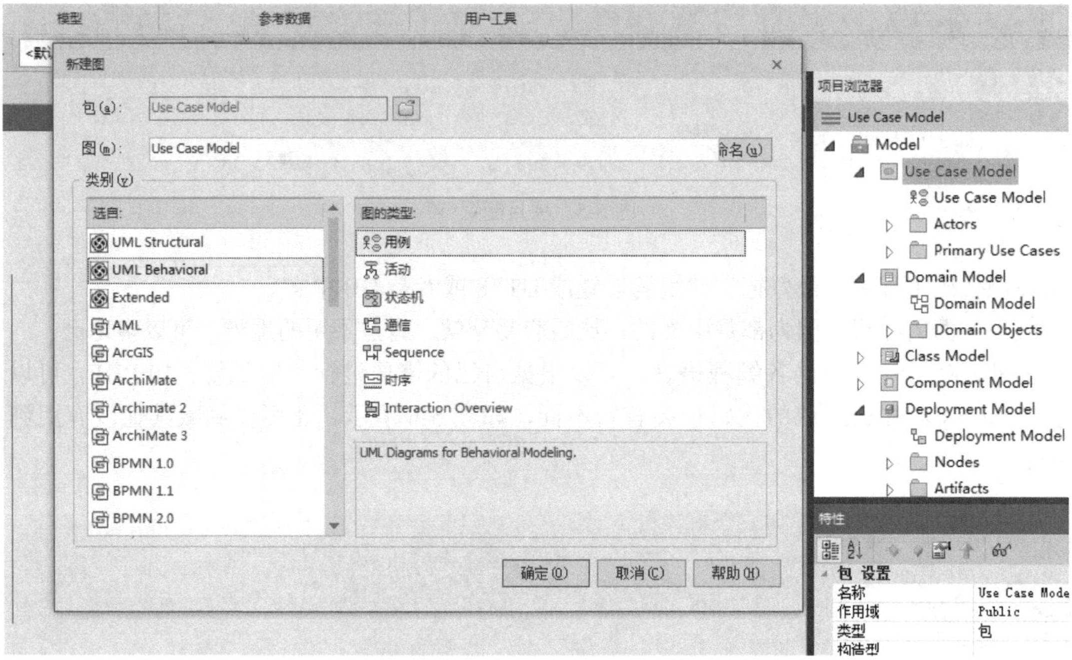

图 5-7　在模型中添加用例

然后可以加入一些角色和用例，每次在工具箱里面拉出一个元件，都将打开这个元件的设置对话框，在对话框内填入元件的名称等信息，如图 5-8 和图 5-9 所示。

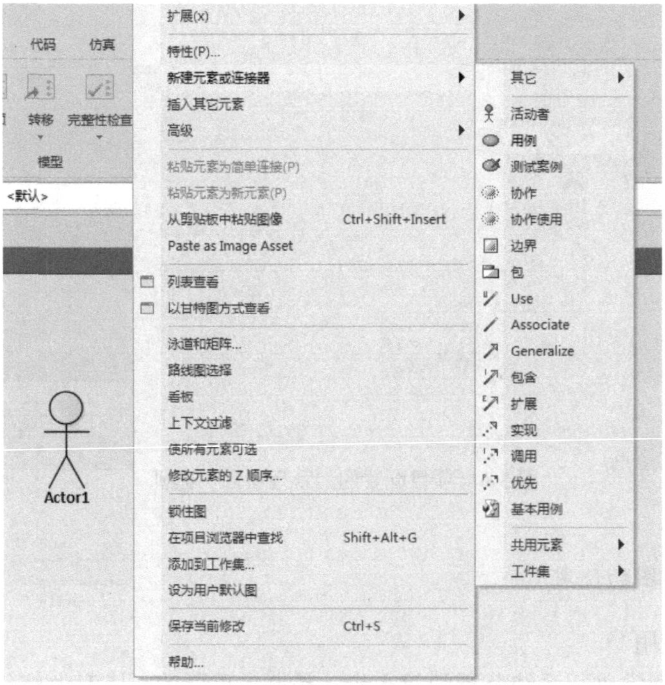

图 5-8　用例图中新建用例等元素

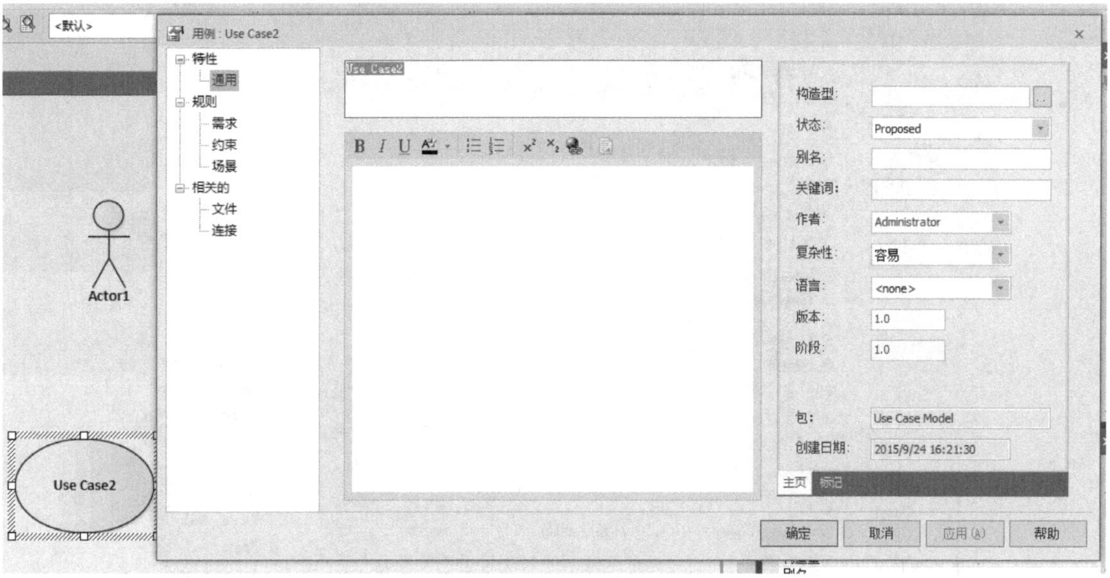

图 5-9　对新建的用例进行设置

2）类图的使用

制作类图是代码工程的基础，也是系统设计部分的主体工作。类图主要体现了系统详细的实现架构。首先新建一个类图，如图 5-10 所示。在类图中新建一个类，并对新建类进行设置，如图 5-11 和图 5-12 所示。

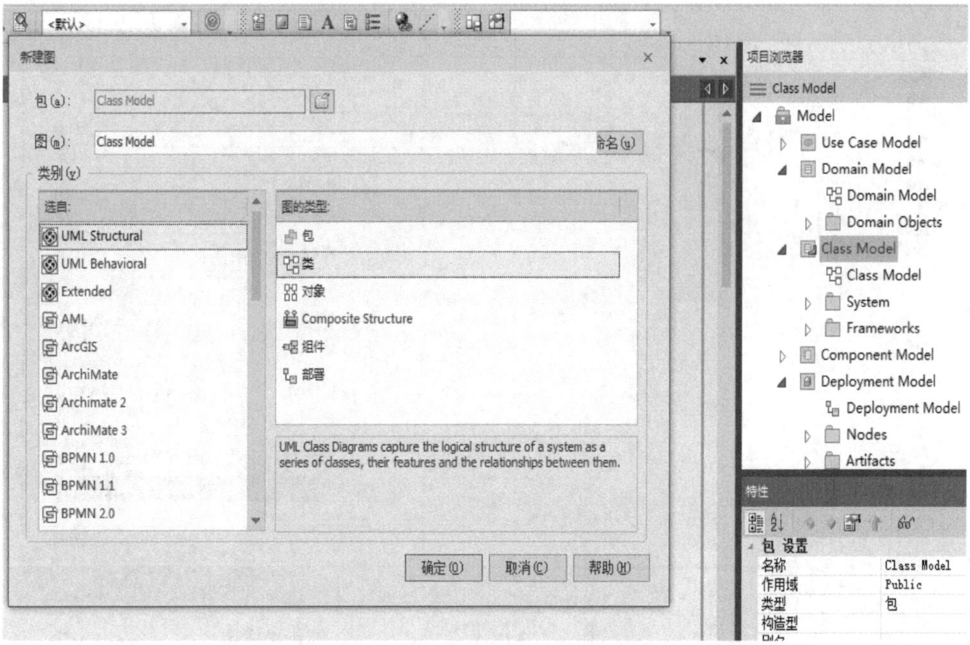

图 5-10　模型中新建一个类图

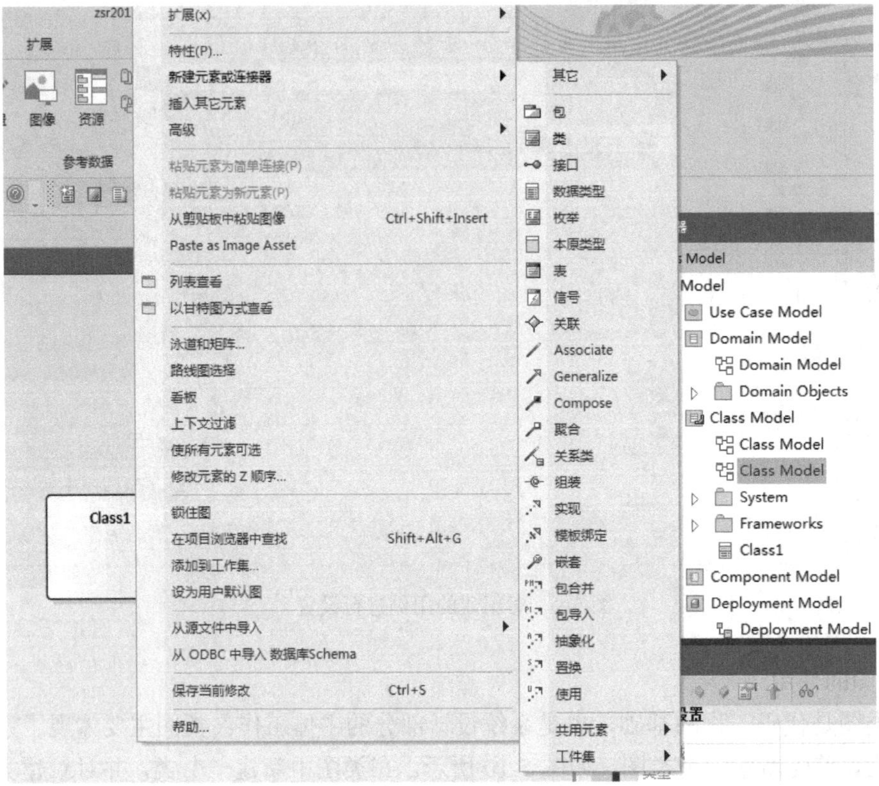

图 5-11　类图中新建一个类元素

图 5-12　对新建的类进行设置

在生成类后，我们可以加入一些属性（在类元件上右击，选择“功能与属性”→“属性”命令），如图 5-13 所示。

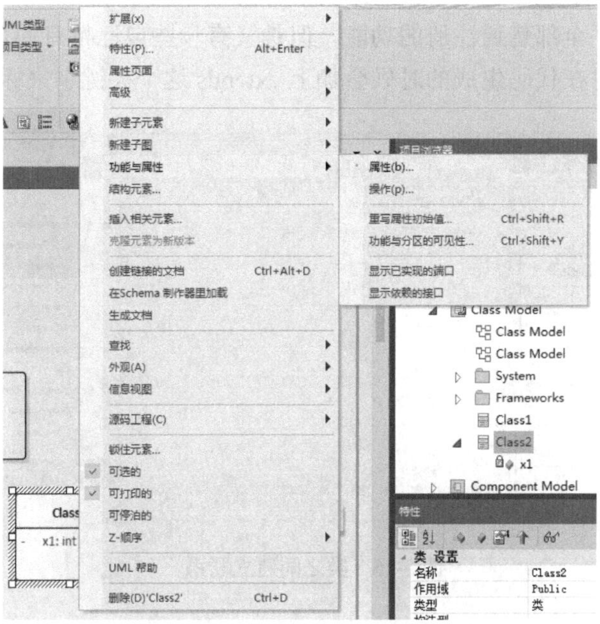

图 5-13　类图中增加属性

类还需要加入方法（和加属性一样，也可在项目浏览器类上右击，选择“操作”命令）。在类的方法里面，我们还可以设置每个方法的参数、参数类型，还有参数的备注，这将在代码工程内直接作为参数和方法的注释生成到代码文件内，如图 5-14 所示。

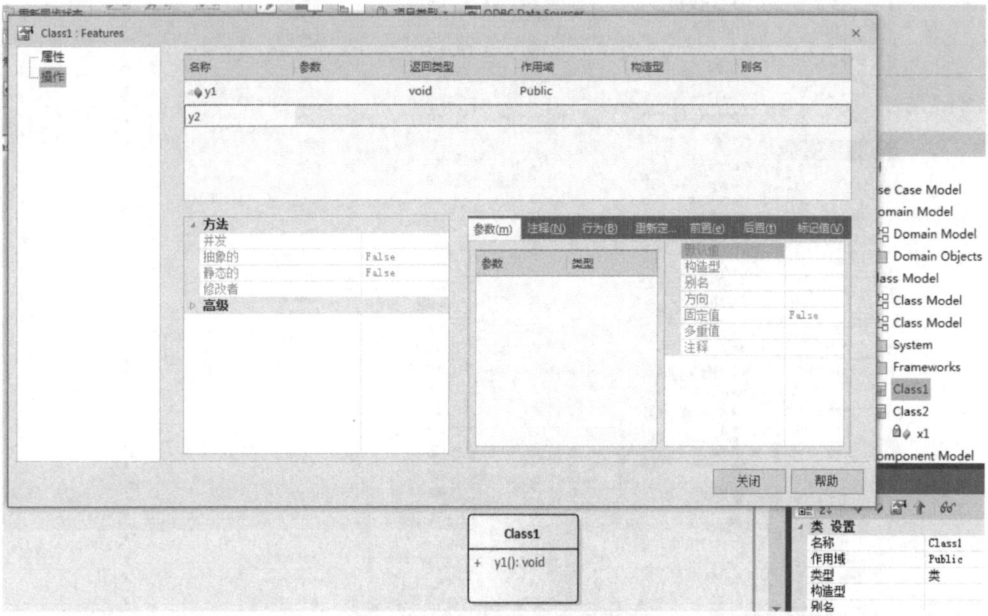

图 5-14　类图中增加操作

各个类之间可能存在一些关系，那么我们使用关联来表达这些关系，如图 5-15 所示。常用的有继承关系。例如，注册的时候我们可能有些特殊的注册方式，如接受了 VIP 卡号的人员注册。VIP 注册比普通注册多了一些步骤，如验证 VIP 卡号有效性等。这个 VIP 注册类就继承了注册类，拥有了全部普通注册的功能，但是又有一些自己特有的功能，这样就能体现代码的可重用性。同时在代码生成的时候会加上 extends 这个关键字来标识它们的关系。

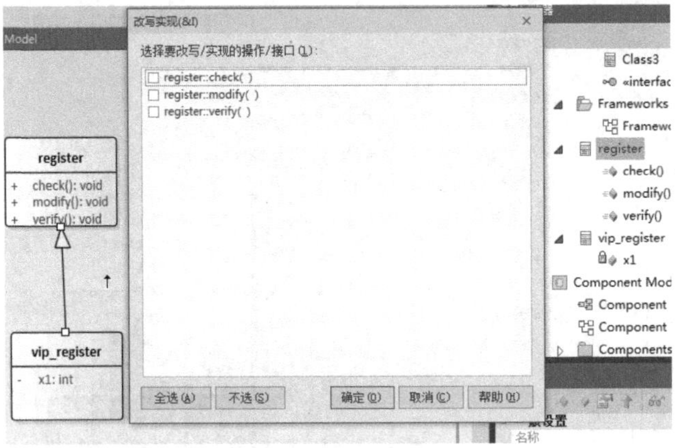

图 5-15　类之间建立联系

5. 其他图形的使用

要使用其他图形，可单击项目浏览器类，选择“新建元素或连接器”→“其它”命令，再选择相应的命令即可，如图 5-16 所示。

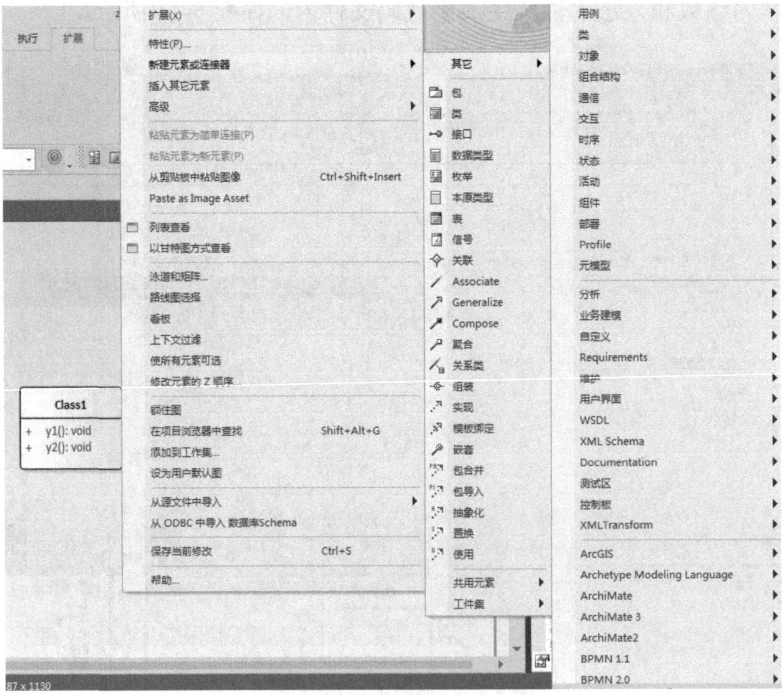

图 5-16　增加其他 UML 图

第 6 章　UML 2.5 标准

UML 在产生后得到了广泛的认可和应用，对于一般小型系统来说，用例图和类图最重要，但对于大中型系统开发而言，还有更多的图及细节需要掌握并完善，才能更好地使用 UML。本章介绍 UML 2.5 标准，更专业的软件开发还要参考 UML 最新手册、说明及网站最新资源。

本章知识要点

（1）UML 的发展。

（2）更多的 UML 2.5 标准技术细节。

兴趣实践

到 UML 网站看 UML 的发展方向。

探索思考

有哪些软件系统不适合用 UML 表达或者 UML 不能完全描述？

预习准备

Java 和 C++中类表示的异同。

统一建模语言是一种通用的可视化建模语言，用于对软件进行描述、可视化处理、构造和建立软件系统工件的文档。UML 适用于各种软件开发方法、软件生命周期的各个阶段、各种应用领域以及各种开发工具。UML 是一种总结了以往建模技术的经验并吸收当今优秀成果的标准建模方法。UML 包括概念的语义、表示法和说明，提供了静态、动态、系统环境及组织结构的模型。它可被交互的可视化建模工具所支持，这些工具提供了代码生成器和报表生成器。UML 并没有定义一种标准的开发过程，它适用于迭代式的开发过程。它是为支持大部分现存的面向对象开发过程而设计的。

6.1　相关行业标准协会 OMG

OMG 是一个国际化的、开放成员的、非营利性的计算机行业标准协会，该协会成立于 1989 年。任何组织都可以加入 OMG 并且参与标准制定过程。OMG 标准由供应商、最终用户、学术机构和政府机构共同驱动。OMG 还主持一些组织的活动，如用户驱动信息共享云标准客户委员会（CSCC）和具有信息技术软件质量（CISQ）的信息技术行业的软件质量标准化联盟。OMG 的 OOOV（One-Organization-One-Vote）原则，保证每个组织无论大小都拥有有影响力的发言权。

在各个科技领域 OMG 都在进行企业集成标准的制定，这些科技领域包括实时、嵌入式和定制化系统、分析和设计、架构驱动现代化和中间件、商业建模和集成、政府、医疗、生命科学研究、制造业等。

OMG 制定了统一的建模语言，以及模型驱动架构等建模标准。使强大的视觉设计、执行和维护软件等工序成为可能。OMG 还制定了广为人知的中间件标准 CORBA。

OMG 的标准制定过程从需求文档（提议请求）开始，所有的关键文档均开放给所有人阅读，无论是否是会员。而标准制定的其他过程，如电子邮件讨论、参与会议及投票决定等只有会员能够参与。

6.2 UML 规则

不能简单地把 UML 的构造块（建模元素、关系和图）按随机的方式放在一起，代表事物的构造块在使用时应遵守一系列规则。一个结构良好的模型应该在语义上是前后一致的，并且与所有的相关模型协调一致。

UML 规则包含命名、范围、可见性、完整性、执行五部分。它们非常容易理解，下面简单进行说明。

1. 命名

通俗地讲，命名就是为模型元素、关系和图起名字。与任何编程语言一样，名字都是一个标识符。为模型元素、关系和图命名时，需要注意三个方面：所取的字符集、长度，以及在命名空间（如类）中的唯一性。

2. 范围

范围与类的作用域很相似，用于说明是实例成员还是类成员。

3. 可见性

可见性表示模型元素是否在命名空间外部可见。常用的可见性修饰有 Public、Private、Protected 和 Package 四种。

Public：公有的，在整个系统内可见。被 Public 修饰的元素可以被任何拥有该元素的命名空间的模型元素访问。

Private：私有的，在一个类之内可见。被 Private 修饰的元素只在拥有它的命名空间内是可见的。

Protected：受保护的，在一个继承树之内可见。被 Protected 修饰的元素可以被与它隶属的命名空间有泛化关系的元素访问。

Package：在相同的包内可见。被 Package 修饰的元素被一个不是包的命名空间所拥有，它对于该包当中作为它的命名空间的元素是可见的。

4. 完整性和执行

完整性确保模型元素如何正确、一致地相互联系。执行表示运行或者模拟动态模型的含义是什么。

UML 的规则鼓励专注于最重要的分析、设计和实现问题，这些问题将促使模型随时间的推移而具有良好的结构。

6.3　通用机制

通用机制通过与具有公共特征的模式取得一致性，使模型更为简单和协调。UML 中有 4 种贯穿整个语言并且一致应用的通用机制：规格说明、修饰、通用划分、扩展机制。下面分别对这 4 种通用机制进行说明。

1. 规格说明

UML 不只是一种图形语言，实际上，在每个模型元素的图形表示法背后都有一个规格说明，它提供了对构造块的语法和语义的文字叙述。例如，在类的图符之后就有一个全面描述该类所拥有的属性、操作和行为的规格说明；在视图上，类的图符可能仅展示了部分规格说明。

事实上，UML 的图形表示法用来可视化地描述系统，而 UML 的规格说明则用来描述系统的细节。

2. 修饰

图形元素的某些规格说明的细节通过标准图形的变化来反映。UML 中的大多数模型元素都可以用唯一的和直接的图形符号来表示，这些图形符号可视化地表示模型元素最重要的信息。例如，类的图形符号展示了类名、操作和属性这些最重要的信息。但是，也可以给类增加修饰符以给出类规格说明的细节。例如，抽象类名和抽象方法名用斜体，属性和方法前添加“+”“-”和“#”等符号。

3. 通用划分

通用划分是指元素/元素实例、接口/实现这样的划分方法。在面向对象系统建模中，通常有以下几种划分方法。

1）对类和对象的划分

类是一种抽象，对象是这种抽象的一个具体表现。在 UML 中，可以对类和对象建立模型。在图形上，UML 用与类同样的图形符号来表示对象，并且在对象名的下面画一条线，如图 6-1 所示。

在图 6-1 中，有一个名称为 Customer 的类，它有三个对象，分别是 Jack（它被明确地标记为 Customer 对象）、Customer（匿名的 Customer 对象）和 Lucy（它在规格说明中被说明为一种 Customer 对象，尽管在这里没有明确地表示出来）。

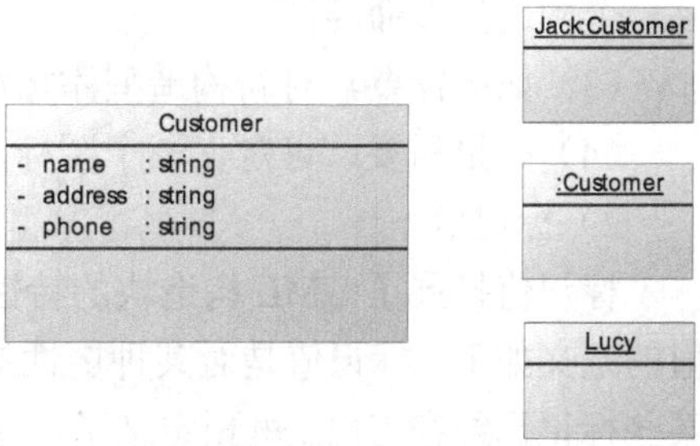

图 6-1　类和对象

2）接口和实现的分离

接口声明了一个合约，而实现则表示对该合约的具体实施，它负责如实地实现接口的完整语义。在

UML 中，既可以对接口建模，又可以对它们实现建模。

3）类型和角色的分离

类型声明了实体的种类（如对象、属性或者参数），角色描述了实体在语义中的含义（如类、组件或者协作等）。任何作为其他实体结构的一部分的实体（如属性）都具有两个特性：从它固有的类型派生出一些含义；从它在语境中的角色派生出一些含义。

4. 扩展机制

即使一种语言的表达能力再强，它也难以表示出各种领域中的各种模型在不同时刻所有可能的细微差别。因此，UML 提供了扩展机制，使得它可以以受控的方式进行扩展。UML 的扩展机制包括构造型、标记值和约束。

1）构造型

构造型是对 UML 词汇的扩展，它允许创建新的构造块，这个新的构造块既可以从现有的构造块中派生，又专门针对要解决的问题。在有些资料中称为衍型。

构造型的表示方法是将标记放在尖括号中，如«user interface»或«controller»，然后把构造型加到模型元素的描述中。

例如，图 6-2 和图 6-3 分别显示了类的构造型和包依赖关系的构造型。

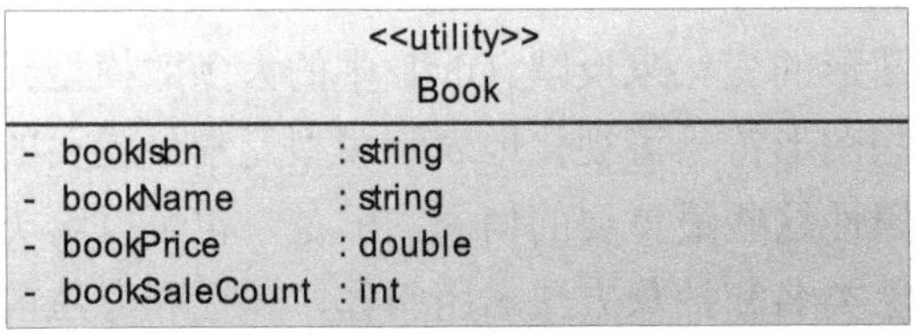

图 6-2　类的构造型

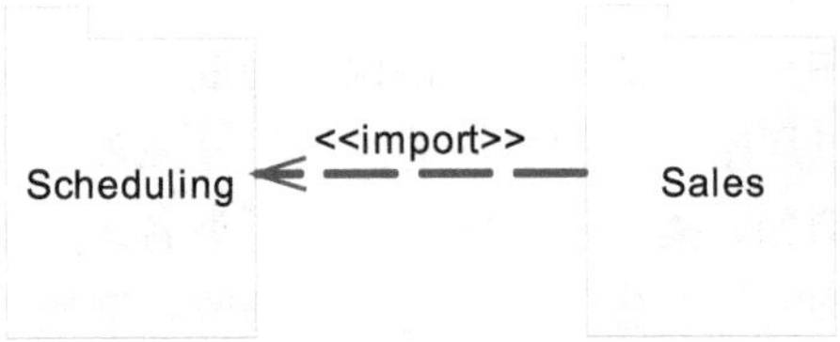

图 6-3　包依赖关系的构造型

为了方便区分，UML 预定义的构造型一般以小写字母开头，而用户自定义的构造型一般以大写字母开头。构造型的定义是在元模型级别上进行的，而不是在用户模型级别上，只能扩展 UML 元模型，而不能改变它。

如果在特定领域中或者特定平台上发现一种重要的概念需要特别描述，而已有的元类和构造型都不能确切表达，这时就需要自定义一个构造型，以支持用户建模。其创建步骤如下。

（1）确认已有的 UML 类、UML 预定义和用户定义的构造型能否表达这种新元素。

（2）如果不能，则选择一个或者几个与要表达的元素的特征最相近的 UML 类，扩展建立一个构造型并命名。

（3）如果需要，对新构造型添加性质或者约束，以规范其特征和语义。

（4）如果需要，可定义一个图标，以形象直观地表示该构造型的实例。

2）标记值

标记值扩展了 UML 构造块的特性，可以用来创建构造块的新信息。UML 2 规范对标记值的定义如下：标记值是对某种属性的“名称-值”对的明确定义。在标记值中，名称即标记，某些标记已经在 UML 里预定义了，还有一些可以由用户定义。自定义标记值的步骤如下。

（1）确定要定义标记值的目的。

（2）定义需要标记值的元素。

（3）为标记进行命名。

（4）定义值类型。

（5）根据使用标记值对象（人或机器）的不同，适当定义标记值。

（6）在文档中给出一个使用该标记值的例子。

标记值的作用是赋予某个模型元素新的特征，而且这个特征是不包含在元模型已经定义的特征里面的。这使得开发者可以对某个模型元素进行裁剪或者增强，同时仍然忠实于 UML 元模型的定义。标记值不能和已有的元模型定义抵触或者改变它们的定义，而只能向其中添加定义。

标记值使用“名称=值”的方式表达，例如，author="Tome"、project_phase=2，或者 last_update="2017-12-12"。在某些图中会将它们用大括号括起来，如{author="Tome"，project_phase=2}。

3）约束

约束扩展了 UML 构造块的语义，可以用来增加新的规则或修改现有的规则（通过文本和 OCL 两种表示方法表示约束）。UML 2.5 规范对约束的定义如下：约束是一个语义条件或限制，某些约束在 UML 中已经预定义了，其他的可以由用户定义。自定义约束时需要做好以下工作。

（1）描述需要约束的元素。

（2）分析该元素的语义影响。

（3）列举出一个或多个使用该约束的例子。

（4）说明如何实现约束。

约束被放到大括号里表示。例如，一场戏剧演出的属性叫作 name，它的长度不能大于 50 个希腊字母，该约束可以写成{最多 50 个希腊字母}。

又如，图 6-4 显示了一个约束的例子。在图 6-4 中，SalesAgreement 类中包含一个 endDate 属性的约束，在该约束中定义 endDate 的值不能小于起始日期。另外，在关联关系上还包含一个约束，该约束表明对每一份合同来说，可以有任意数量（零个或者多个）的销售协议。

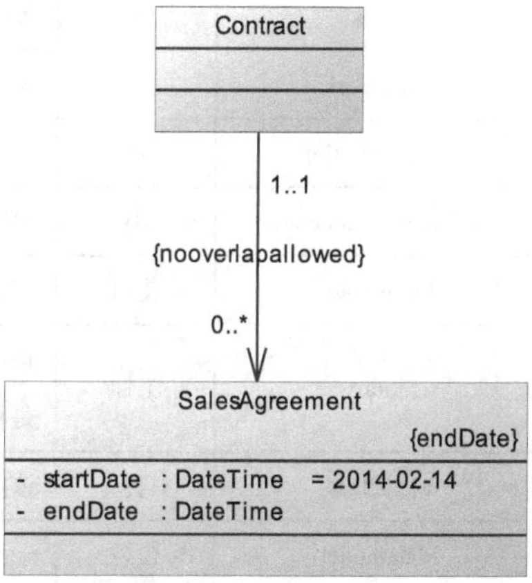

图 6-4　约束的例子

6.4　UML 标准通用机制

在介绍通用机制时提到了构造型、标记值和约束，实际上，UML 中已经预定义了多种标准的构造型、标记值和约束。

1. UML 标准的构造型

开发者可以在 UML 提供的标准的构造型基础上定义自己的构造型，表 6-1 给出了 UML 中的标准构造型。

表 6-1　UML 中预定义的标准构造型

构造型名称	应用元素	说明
Auxiliary	类	支持另一个更加重要或基本的类，通常是通过实现次要的逻辑或控制流来实现。Auxiliary类通常与Focus类一起使用，尤其是在设计阶段指定构件的次要业务逻辑或控制流。参见“Focus”
BuildComponent	组件	为系统层开发活动定义的一组元素，例如编译和版本控制
Call	使用	该依赖存在于源类和目标操作之间，它指定源操作激活目标操作。目标必须是可访问的，或者目标操作在源操作的作用域内
Create	使用	该操作创建一个它所附属的类目实例
	事件	该事件表明创建了封装状态机的一个实例
Derive	抽象	该依赖存在于源元素和目标元素之间，它指定源元素是从目标元素派生的
Destroy	事件	事件表明销毁封装状态机类的一个实例
Document	工件	代表文档
Entity	组件	商业模型中的实体类
Executable	工件	代表能够在节点上运行的可执行程序
File	工件	该组件代表包含源代码或数据的文档或文件
Focus	类	设计过程中焦点类用来确定核心商业逻辑和控制流
Framework	包	该包主要由模式构成
Implementation	组件	specification 的实现
Implementation class	类	该类定义另一个类的实现，但这种类并非类型
Instantiate	使用	使用关联中的类目操作实例化
Library	工件	该组件代表静态或动态库，静态库是程序开发时使用的库，该库连接到程序；动态库是程序运行时使用的库，程序在执行时访问该库
Metaclass	类	该类是某个其他类的元类
Metamodel	模型	一些模型语言的模型概念
Modellibrary	包	关联端的实例是操作中的参数变量
Process	组件	基于组件的事务
Realization	类目	该类目存在于源元素和目标元素之间，它指定源元素实现目标元素。如果目标元素是实现类，那么该关系暗示操作继承，而不是结构的继承；如果目标元素是接口，那么源元素支持接口的操作
Refine	抽象	该依赖存在于源元素和目标元素之间，它指定这两个元素位于不同的语义抽象级别。源元素精化目标元素或由目标元素派生
Responsibility	使用	关系中对其他元素的职责或义务
Script	工件	可以被计算机系统解释的脚本文件

续表

构造型名称	应用元素	说明
Send	使用	该依赖存在于源操作和目标信号类之间，它指定操作发送信号
Service	组件	无状态的功能组件
Source	工件	源文件可以被编译成可执行文件
Specification	类目	包含提供和实现的接口，不包含实现类目
Subsystem	组件	大型系统的层次化分解，子系统可以有规格说明和实现
Systemmodel	模型	类似系统的模型集合，包含了模型元素间的关系和约束
Trace	抽象	该依赖存在于源元素和目标元素之间，指定这两个元素代表同一概念的不同语义级别
Type	类	该类指定一组实例以及适用于对象的操作，类可以包括属性、操作和关联，但不能有方法
Utility	类	该类没有实例，而是指示了一组命名的属性和操作，它们都是静态的

2. UML 标准的标记值

与构造型扩展机制一样，UML 中也预定义了多种标准标记值，如 Documentation、Location 和 Semantics 等，其说明如表 6-2 所示。

表 6-2　UML 标准标记值

标记值名称	应用元素	说明
Documentation	任何建模元素	指定元素的注解、说明和注释
Location	类目	指定类目所有组件
	组件	指定组件所在节点
Persistence	属性	指定模型元素是持久的，如果模型元素是暂时的，当它或它的容器销毁时，它的状态同时被销毁；如果模型元素是持久的，当它的容器被销毁时，其状态保留，仍可以被再次调用
	类目	
	实例	
Responsibility	类目	指定类目的义务
Semantics	类目	指定类目的意义和用途
	操作	指定操作的意义和用途

3. UML 标准的约束

与构造型和标记值一样，UML 同时提供了一些预定义的约束，其说明如表 6-3 所示。

表 6-3　UML 标准约束

约束名称	应用元素	说明
Abstract	类	该类至少有一个抽象操作，且不能被实例化
	操作	该操作提供接口规范，但是不能提供接口的实现

续表

约束名称	应用元素	说明
Active	对象	该对象拥有控制线程并且可以启动控制活动
Add only	关联端	可以添加额外的链接，但是不能修改或删除链接
Association	关联端	通过关联，对应实例是可以访问的
Broadcast	操作信号	按照未指定的顺序将请求同时发送到多个实例
Class	属性	该属性有类作用域，类的所有实例共享属性的一个值
	操作	该操作有类作用域，可应用于类
Complete	泛化	对一组泛化而言，所有子类型均已指定，不允许有其他子类型
Concurrent	操作	从并发线程同时调用该操作，所有的线程可并发执行
Destroyed	类角色 关联角色	模型元素在用户执行期间被销毁
Disjoint	泛化	对一组泛化而言，实例最多只可以有一个给定子类型作为类型，派生类不能与多个子类型有泛化关系
Frozen	关联端	在创建和初始化对象时，不能向对象添加链接，也不能从对象中删除或移动链接
Guarded	操作	可同时从并发线程调用此操作，但只允许启动一个线程，其他调用被阻塞，直至执行完第一个调用
Global	关联端	关联端的实例在整个系统中可访问
Implicit	关联	该关联仅仅是表示法或概念形式，并不用于细化模型
Incomplete	泛化	对一组泛化而言，并未指定所有的子类型，其他子类型是允许的
Instance	属性	该属性具有实例作用域，类的每个实例都有该属性的值
	操作	该操作具有实例作用域，可应用于类的实例
Local	关联端	关联端的实例是操作的局部变量
New	类角色 关联角色	在交互执行期间创建模型元素
New destroyed	类角色 关联角色	在交互执行期间创建和销毁模型元素
Or	关联	对每个关联实例而言，一组关系中只有一个是显示的
Ordered	关联端	响应元素形成顺序设置，其中禁止出现重复元素
Overlapping	泛化	对一组泛化而言，实例可以有不只一个给定子类型，派生类可以与一个以上的父类型有泛化关系
Parameter	关联端	实例可以作为操作中的参数变量
Polymorphic	操作	该操作可由子类型覆盖

续表

约束名称	应用元素	说明
Private	属性	在类的外部，属性和操作不可访问，并且类的子类不可以访问这些特性
	操作	
Protected	属性	在类的外部，属性和操作不可访问，类的子类可以访问这些特性
	操作	
Public	属性	无论在类的外部还是该类的子类，都可以访问类的特性
	操作	
Query	操作	该操作不修改实例的状态
Self	关联端	因为是请求者，所以对应实例可以访问
Sequential	操作	可同时从并发线程调用操作，但操作的调用者必须相互协调，使得任意时刻只有一个对该操作的调用是显著的
Sorted	关联端	对应的元素根据它们的内部值进行排序，为实现指定了设计决策
Transient	类角色	在交互执行期间创建和销毁模型元素
	关联角色	
Unordered	关联端	相应的元素无序排列，其中禁止出现重复元素
Update	操作	该操作修改实例的状态
Vote	操作	由多个实例所有返回值中的多数来选择请求的返回值

6.5 UML 的体系结构

作为一种建模语言，UML 有严密的语法、语义规范。UML 建立在元模型理论基础上，UML 具有四层体系结构，每个层次是根据该层中元素的一般性程序划分的。从一般到具体，这四层结构分别是元元模型层（metametamodel）、元模型层（metamodel）、模型层（model）和用户模型层（usermodel），四层结构层层抽象，下一层是上一层的实例，上一层是下一层的抽象。图 6-5 展示了四层体系的结构关系。

在图 6-5 中，元元模型层依赖于元模型层，而元模型层依赖于用户模型层和模型层，模型层又依赖于用户模型层，它们的具体说明如下。

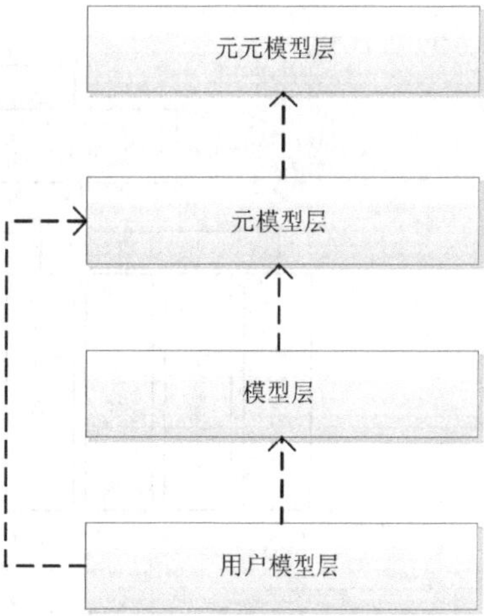

图 6-5 UML 的体系结构

1. 元元模型层

元元模型层通常称为 M3 层，位于四层体系结构的最上层。它是 UML 的基础，表示任何可以被定义的事物。该层具有最高的抽象级别，这一抽象级别用来形式化概念的表示，并指定元元模型定义语言。

元元模型层是为了描述元模型而定义的一种“抽象语言”。一个元元模型中可以定义多个元模型，而每个元模型也可与多个元元模型相关联。元元模型上的元元对象的例子有元类、元属性和元操作等。

2. 元模型层

元模型层通常称为 M2 层，它包括了所有组成 UML 的元素。元模型层中的每一个概念都是元元模型层中概念的实例，它的主要职责是描述模型层，是为此而定义的一种“抽象语言”。一般来说，元模型比元元模型更加精细，尤其表现在定义动态语义时。元模型上的元对象有类、属性、操作和组件等。

3. 模型层

模型层通常称为 M1 层，它由 UML 的模型构成。模型层主要用于解决问题、解决方案或系统建模，层中的每个概念都是元模型中概念的实例，这一抽象级别主要用来定义描述信息的语言。

4. 用户模型层

用户模型层通常又称为 M0 层，它位于所有层次的底部，该层的每个实例都是模型层和元模型层概念的实例。该抽象级别的模型通常叫作对象或实例模型，用户模型层的主要作用是描述一个特定的信息。

6.6 UML 2.5 概述

UML 2.5 一共定义了 14 种图示，为方便了解，其结构示于图 6-6。

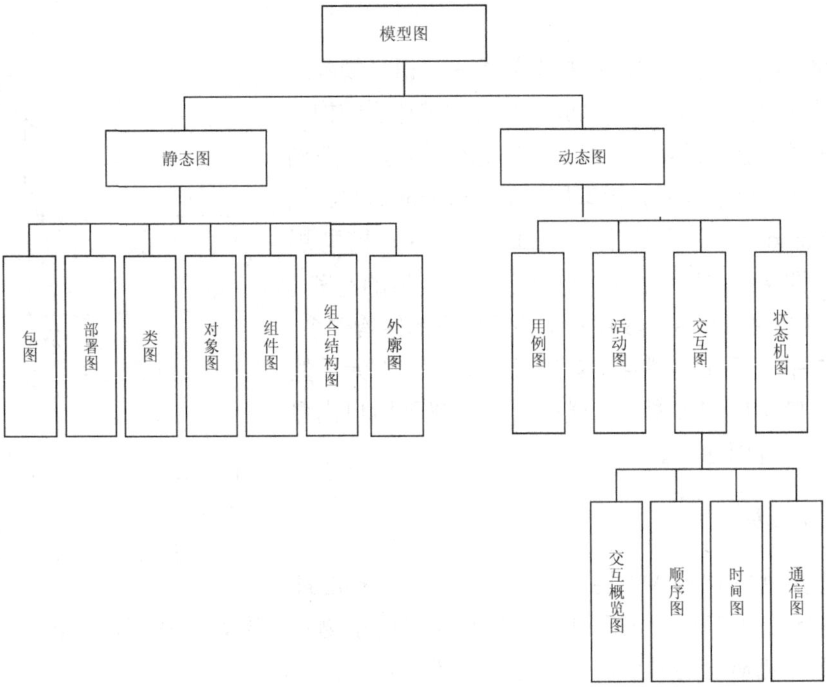

图 6-6　UML 2.5 的图

UML 2.5 为了符合模型驱动架构（Model Driven Architecture，MDA）的需求做了大幅度的修改，除在图形基础上扩充及变化了部分展现方式外，还增加了一些图形标准元件，比前一版本多出了由顺序图与交互图所混合而成的交互概览图、强调时间点的时间图与组合结构图。此外，在 UML 2.5 中，UML 1.4 协作图转变为通信图，且在顺序图中也添加了互动框（interaction frame）的概念，还增加了一些运算子（如 sd、loop、alt 等）。同时，UML 2.5 支持 MDA 倡议，提供稳定的基础架构，容许软件开发程序增添自动化作业。此外，MDA 把大型的系统分解成几个元件模型，并与其他模型保持连接，使得 UML 更加精确。

6.7　UML 2.5 图介绍

结构图定义了一个模型的静态架构。它们通常被用来对那些构成模型的元素建模，如类、对象、接口和物理组件。另外，它们还被用来对元素间的关联和依赖关系进行建模。结构图包括表 6-4 所示的图表类型。

表 6-4　结构图类型及其说明

图类型	详细
类图	捕获系统的逻辑结构，类和对象描述它存在哪些属性和行为
组合结构图	反映类、接口和组件的内部合作（和它们的属性）来描述它的功能
组件图	说明了软件块、嵌入的控制器等构成了一个系统，其组织和依赖关系
部署图	显示如何进行系统部署，部署在哪里，也就是说，它执行的体系结构
对象图	描绘类的对象实例和在一个时间点上它们之间的关系
包图	描绘模型元素在包内的组织结构和依赖关系
外廓图	是那些 在«Profile» 包中创建的扩展 UML 元素、连接器和组件

1. 包图

包图用来表现包和它所包含元素的组织。当用来代表类元素时，包图提供了命名空间的可视化。包图最常用于组织用例图和类图，尽管它不局限于这些 UML 元素。图 6-7 是一个包图的例子。

图 6-8 的包中的元素共享相同的命名空间，因此，一个特定命名空间内的元素必须有唯一的名称。包可以用来代表物理或逻辑关系。如果选择把一些类包括在指定的包里，有助于在同一个包里赋予这些类相同继承层次。强烈建议把通过复合相关联的类，以及与它们相互协作的类放在同一个包里。

在 UML 2.5 中，包用文件夹来表示，包中的元素共享同一个命名空间。包中所有元素必须是可识别的，因此要有唯一的名称或类型。包必须显示包名，可以在附属方框部分有选择地显示包内的元素。

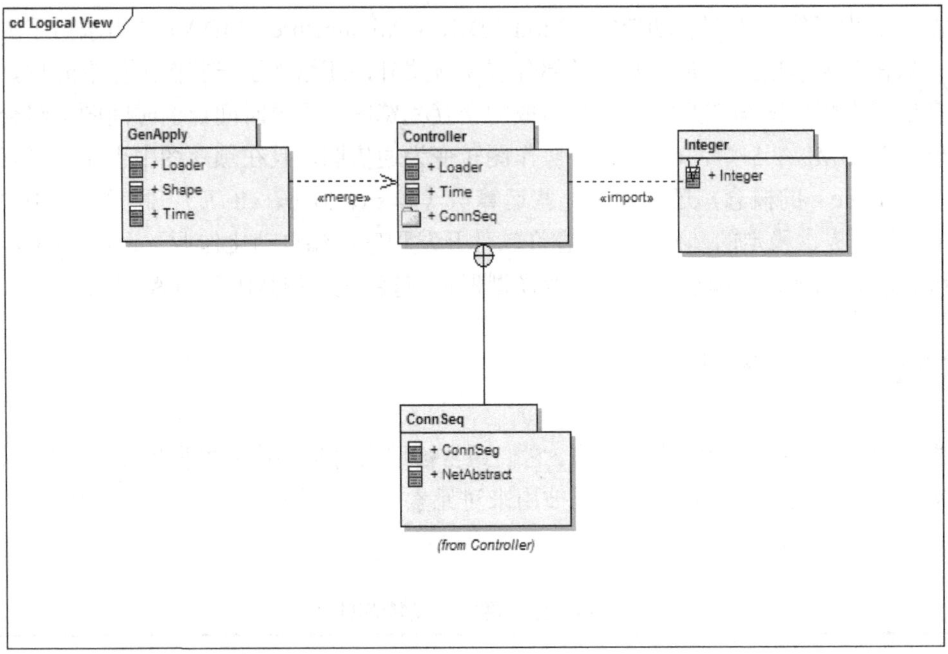

图 6-7　包图示例

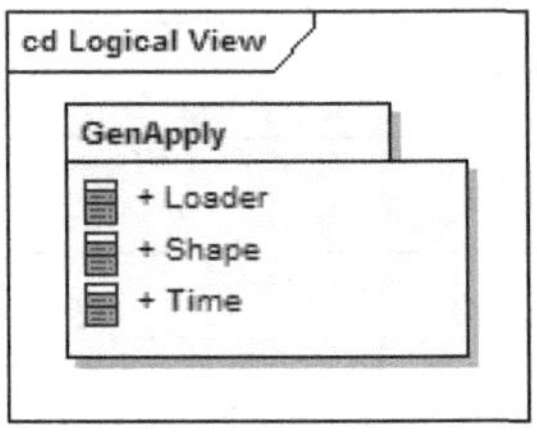

图 6-8　包中的元素

1）包的合并

包之间的合并连接符«merge»定义了源包元素与目标包同名元素之间的泛化关系。源包元素的定义被目标包元素定义扩展。当源包元素与目标包内没有同名元素时，目标包元素的定义不受影响。

2）包的导入

导入连接符«import»表明目标包的元素，在该图例中是一个类，在源包中被引用要用非限定修饰符。源包的命名空间获得目标类的访问接口，目标包的命名空间则不受影响。

3）嵌套连接符

源包和目标包间的嵌套连接符说明目标包完全包含源包。

2. 组件图

组件图描绘了组成一个系统的软件模块和嵌入控件等。组件图比类图具有更高层次的抽象，运行时刻的一个组件通常被一个或多个类（或对象）实现。它们像积木那样使得组件能最终构成系统的绝大部分。

图 6-9 演示了一些组件和它们的内部关系。装配连接器（assembly connectors）“连接”由“Product”和“Customer”的提供接口到由“Order”指定的需求接口。一个依赖关系映射了客户相关的账户信息到“Order”需要的“Payment”需求接口。

实际上，组件图同包图很相似，它们都有明确的边界，把元素分组到逻辑结构中。它们之间的不同是：组件图提供了语义更丰富的分组机制，在组件图中，所有的模型元素都是私有的，而包图只显示公有的成员。

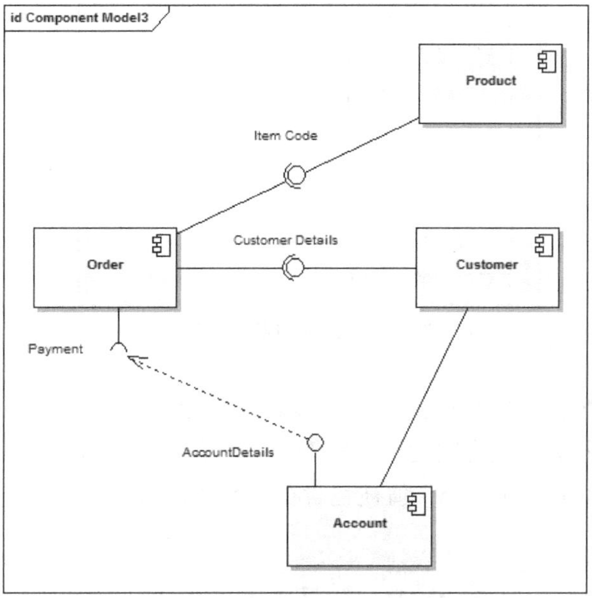

图 6-9　组件图示例

1）表现组件

组件可表示为带关键字 «component»的矩形类目，也可用右上角有组件图标的矩形表示，如图 6-10 所示。

2）装配连接器

装配连接器在组件“Component1”的需求接口和另一个组件“Component2”的提供接口之间建立桥梁；这个桥梁使得一个组件能提供另一个组件所需要的服务，如图 6-11 所示。

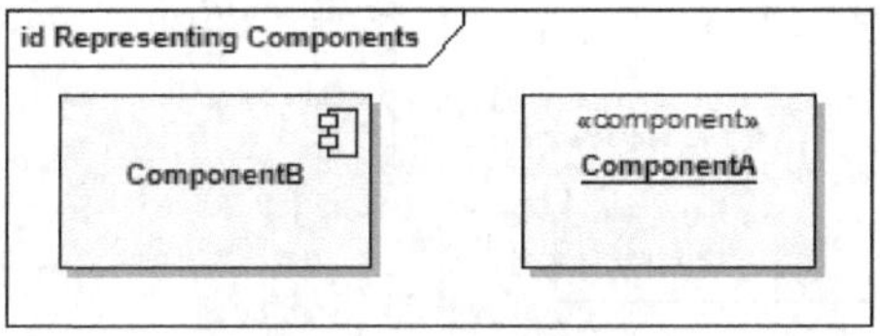

图 6-10　组件表示

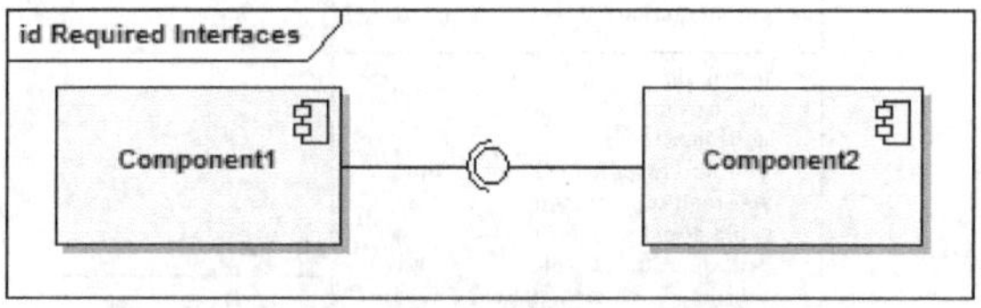

图 6-11　组件图中的装配连接器

3）带端口的组件

使用带端口的组件图允许向它的环境提供一个服务和行为，同时可以向环境需要某个服务和行为。当端口进行双向操作的时候，它可以指定输入和输出。图 6-12 详述了用于在线服务的带端口组件，它有两个提供接口“OrderEntry”和“Tracking”，也有一个“Payment”需求接口。

3. 类图

类图展示了面向对象系统的构造模块，描绘了模型或部分模型的静态视图，显示它包含的属性和行为，而不是详细描述操作的功能或完善方法。类图最常用来表达多个类和接口之间的关系。泛化、聚合和关联分别是类之间继承、复合或应用及连接的表现。

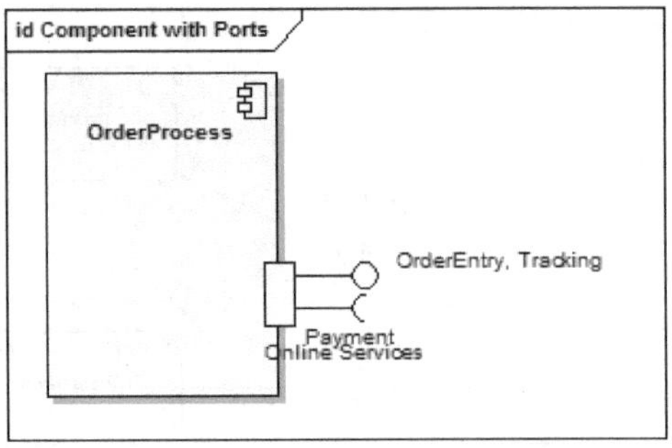

图 6-12　带端口的组件图

图 6-13 显示了类之间的聚合关系。弱聚合（浅色箭头）表现在类“Account”使用“AddressBook”，但是不必要包含它的一个实例。强聚合（黑色箭头）表示目标类包含源类，例如，“Contact”和“ContactGroup”值被包含在“AddressBook”中。

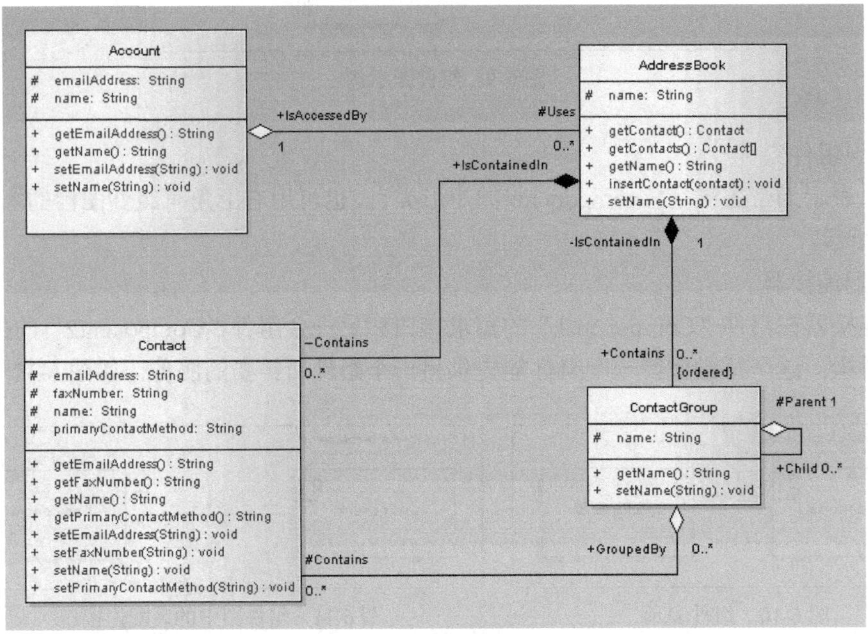

图 6-13　类图中的聚合关系

1）类

类是定义对象所具有的属性和行为的元素。行为用类能理解的合适消息和适合每条消息的操作来描述。类中也可能定义约束、标记值、构造型。

2）表

表不是基本 UML 的一部分，而是一个构造型例子。在右上角画一个表的小图标来表示，如图 6-14 所示。表属性用构造型«column»表示。绝大多数表单有一个主键，是由一个或几个字段组成的一个唯一的字码组合而成来访问表格，主键操作构造型为«PK»。一些表有一个或多个外键，使用一个或多个字段映射到相关表的主键上，外键操作构造型为«FK»。

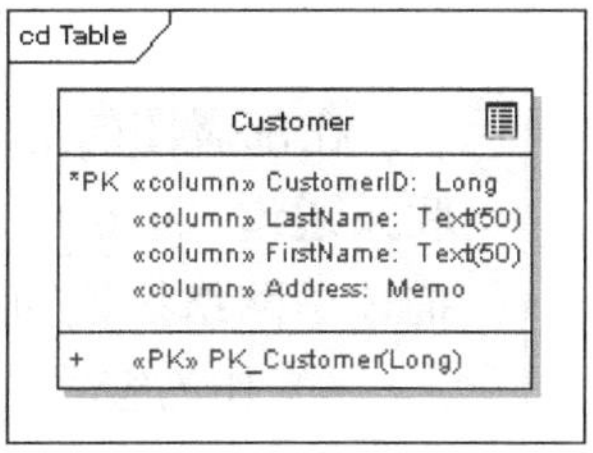

图 6-14　表的表示

4. 部署图

部署图对系统运行时的架构进行建模。它显示硬件元素（节点）的配置，以及软件元素与工件是如何映射到这些节点上的。

1）节点

节点既可以是硬件元素，也可以是软件元素。它显示为一个立方体，如图 6-15 所示。

2）节点实例

图可以显示节点实例，实例与节点的区分是：实例的名称带下划线，冒号放在它的基本节点类型之前。实例在冒号之前可以有名称，也可以没有名称。图 6-16 显示了一个计算机实例。

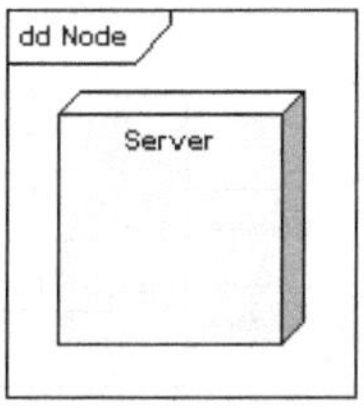

图 6-15　部署图中的节点

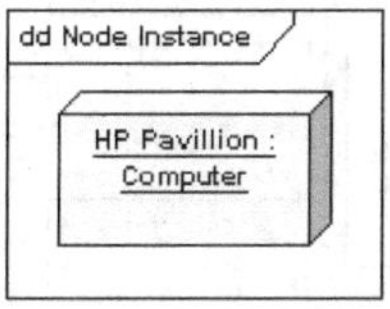

图 6-16　部署图中的计算机实例

3）节点构造型

为节点提供了许多标准的构造型，分别命名为«cdrom»«cd-rom»«computer»«disk array»«pc»«pc client»«pc server»«secure»«server»«storage»«unix server»«user pc»。并在节点符号的右上角显示适当的图标，如图 6-17 所示。

4）工件

工件是软件开发过程中的产品。包括过程模型（如用例模型、设计模型等）、源文件、执行文件、设计文档、测试报告、构造型、用户手册等。

工件表示为带有工件名称的矩形，并显示«artifact»关键字和文档符号，如图 6-18 所示。

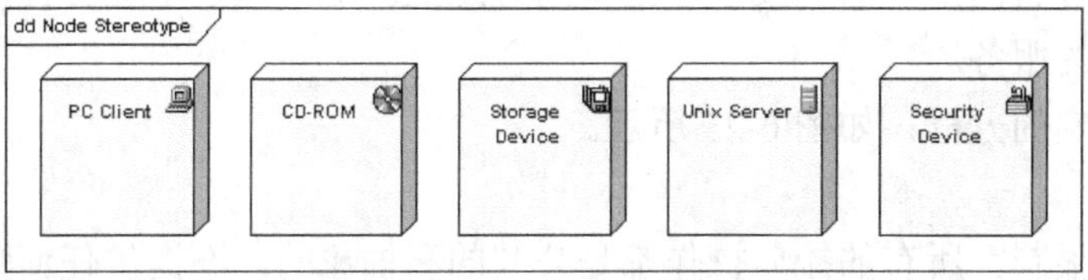

图 6-17　节点构造型示例

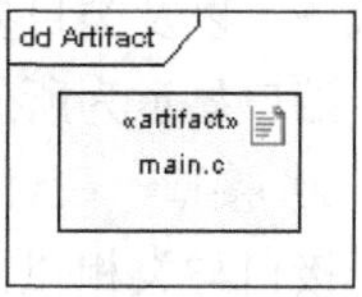

图 6-18　工件表示

5）关联

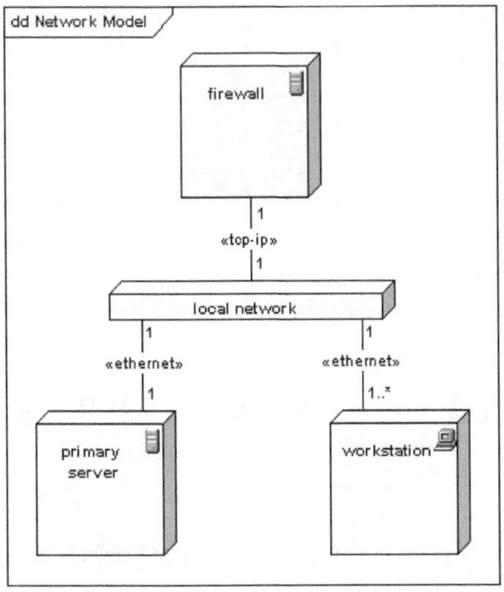

图 6-19　部署图中的关联

在部署图的上下文联系中，关联代表节点间的联系通道。图 6-19 显示了一个网络系统的部署图，描述了网络协议为构造型和关联终端的多重性。

6）作为容器的节点

节点可以包含其他元素，如组件和工件。图 6-20 显示了一个嵌入式系统某个部分的部署图，描写了一个被主板节点包含的可执行工件。

5. 组合结构图

组合结构图显示类目内部结构，包括它与系统其他部分的交互点。也显示各部分的配置与关系，这些部分一起执行类目的行为。

类元素已经在类图部分被详细地阐述，这部分用来说明类表现复合元素的方式，如图 6-21 所示，暴露接口、包含的端口和部件。

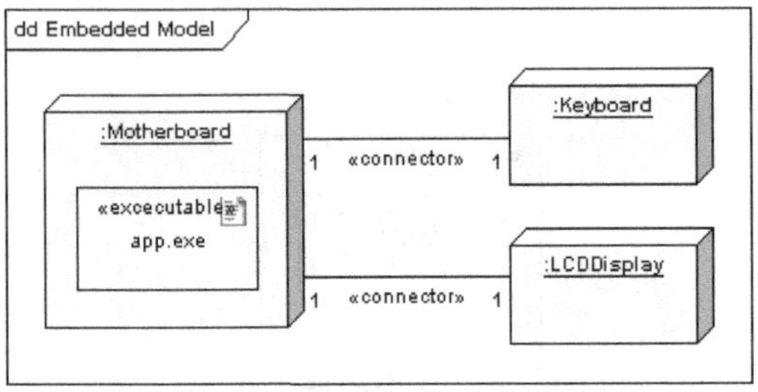

图 6-20　嵌入式系统某个部分的部署图

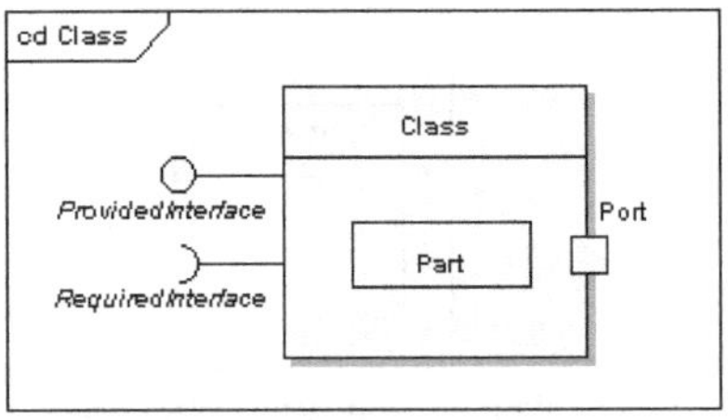

图 6-21　类表现复合元素的方式

1）部件

部件是代表一组（一个或多个）实例的元素，这组实例的拥有者是一类目实例，例如，如果一个图的实例有一组图形元素，则这些图形元素可以被表示为部件，并可以对它们之间的某种关系建模。注意：一个部件可以在它的父类被删除之前从父类中被去掉，这样部件就不会被同时删除了。

部件在类或组件内部显示为不加修饰的方框，如图 6-22 所示。

2）端口

端口是类型化的元素，代表一个包含类目实例的外部可视部分。端口定义了类目和它的环境之间的交互。端口显示在包含它的部件如类或组合结构的边缘上。端口指定了类目提供的服务，以及类目要求环境提供的服务。

端口显示为所属类目边界指定的方框，如图 6-23 所示。

3）接口

接口与类相似，但是有一些限制，所有的接口操作都是公共的和抽象的，不提供任何默认的实现。所有的接口属性都必须是常量。然而，当一个类从一个单独的超级类继承而来时，它可以实现多个接口。

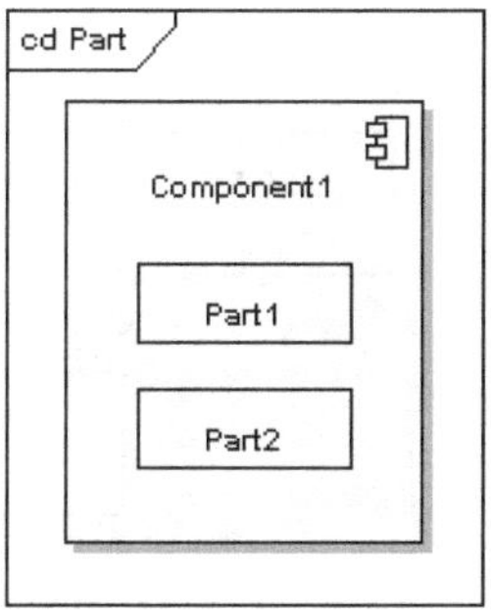

图 6-22　部件的表示

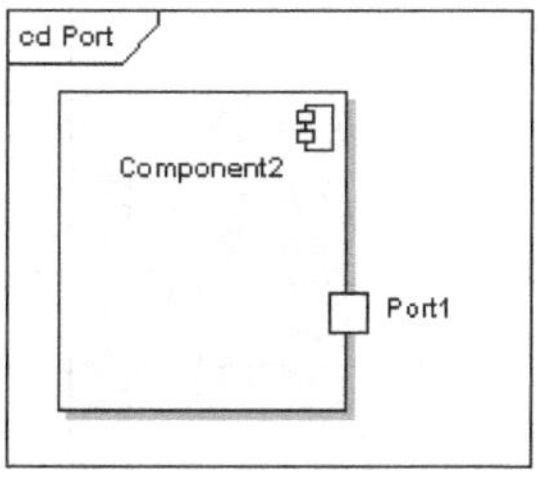

图 6-23　端口的表示

若一个接口在图中单列出来，则它既可以显示为类元素的方框，带«interface»关键字表明它是抽象的斜体名称，也可以显示为圆环，如图 6-24 所示。

注意：圆环标注不显示接口操作。当接口显示为类所有的接口时，它们会被当作暴露接口引用。暴露接口可以定义为是提供的还是需求的。提供接口确认包含它的类目提供指定接口元素定义的操作，可通过类和接口间实现的连接来定义。需求接口说明该类目能与其他类目进行通信，这些类目提供了指定接口元素所定义的操作。需求接口可通过在类和接口间建立依赖连接来定义。

提供接口显示为“带棒球体”，依附在类目边缘。需求接口显示为“带棒杯体”，也依附在类目边缘，如图 6-25 所示。

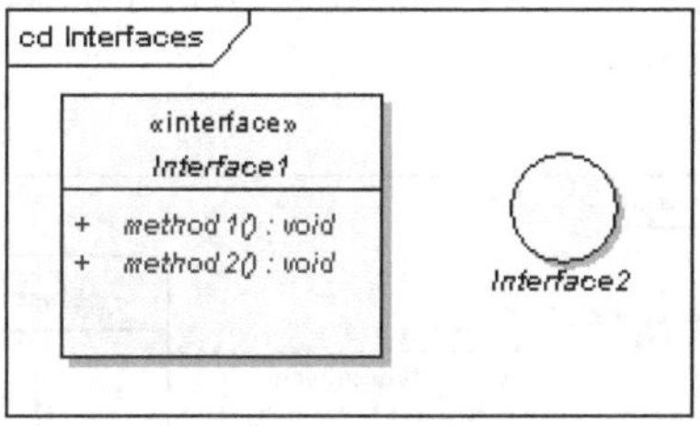

图 6-24　接口的表示

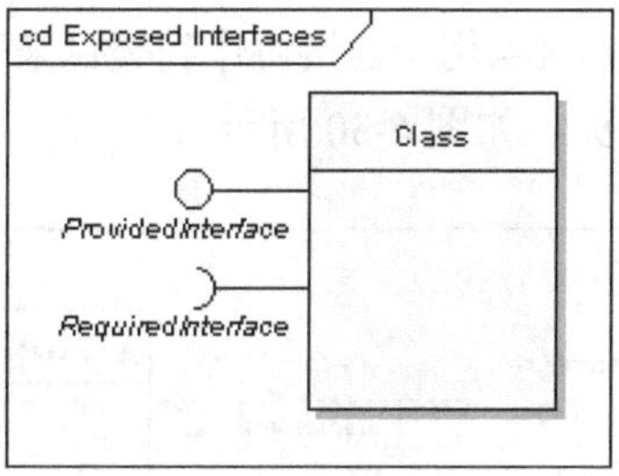

图 6-25　提供和需求接口

4）委托

委托连接器用来定义组件外部端口和接口的内部工作方式。委托连接器表示为带有«delegate»关键字的箭头。它连接了组件的外部约定（表现为它的端口）到组件部件行为的内部实现，如图 6-26 所示。

5）协作

协作定义了一系列共同协作的角色，它们集体展示一个指定的功能。通信图应仅仅显示完成指定任务或功能的角色与属性。隔离主要角色是用来简化结构和澄清行为，也可用于重用。一个协作通常实现一个模式。

协作元素显示为椭圆，如图 6-27 所示。

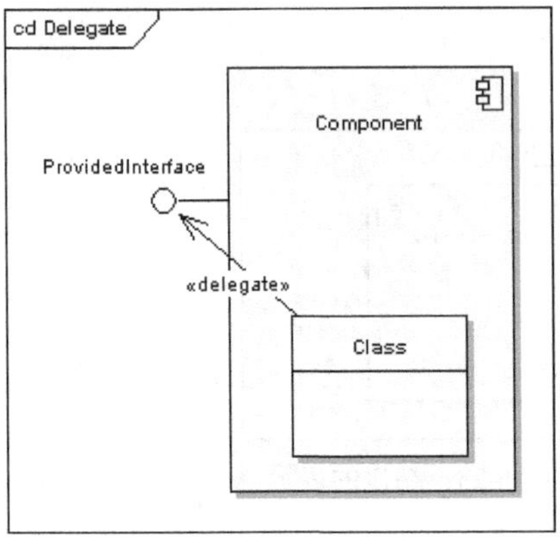

图 6-26　委托连接器

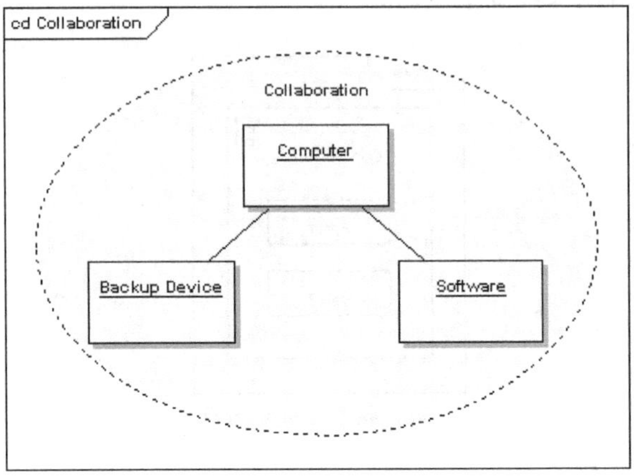

图 6-27　协作的表示

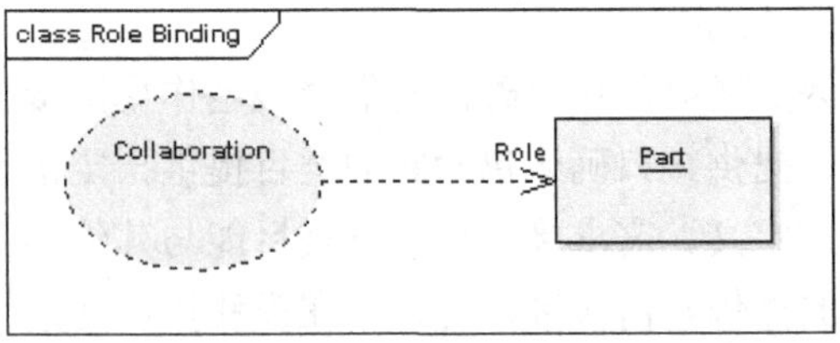

图 6-28　角色绑定连接器

6）角色绑定

角色绑定连接器是一条从连接协作到所要完成该角色任务类目的连线。它显示为虚线，并在类目端显示角色名，如图 6-28 所示。

7）表现

表现连接器用于连接协作到类目来表示此类目中使用了该协作。显示为带关键字«represents»的虚线箭头，如图 6-29 所示。

8）发生

发生连接器用于连接协作到类目来表示此协作表现了该类目，显示为带关键字«occurrence»的虚线箭头，如图 6-30 所示。

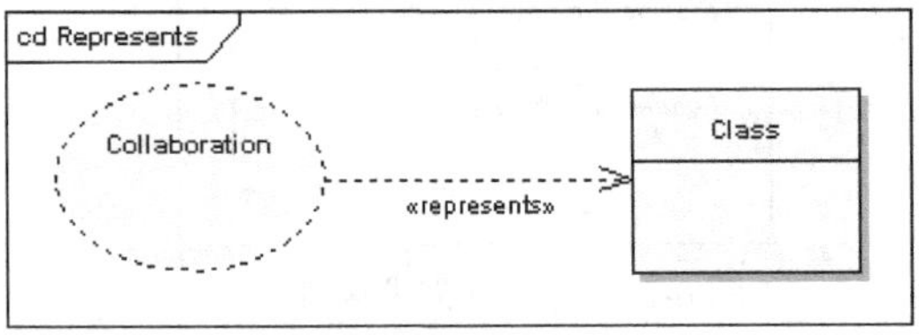

图 6-29　表现连接器

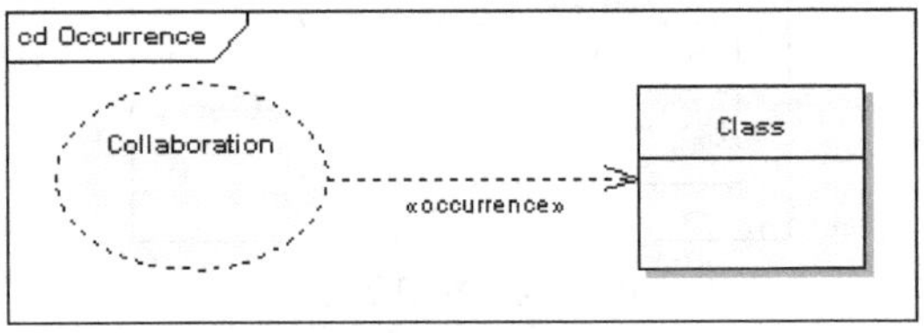

图 6-30　发生连接器

6. 对象图

对象图可以认为是类图的特殊情形，是类图元素子集，被用来及时强调在某些点，类的实例间的关系。这对理解类图很有帮助。它们在构造上与类图显示没有区别，但是反映出多样性和作用。

1）类和对象元素

图 6-31 显示了类元素和对象元素外观上的不同。注意：类元素包括三个部分，分别是名字栏、属性栏和操作栏；对象元素默认为没有分栏。名称显示也有不同：对象名称有下划线，并可能显示该对象实例化所用类目的名称。

2）运行状态

类目元素可以有任意数量的属性和操作，在对象实例中不会被显示出来，但可能定义对象的运行状态，显示特殊实例的属性设置值，如图 6-32 所示。

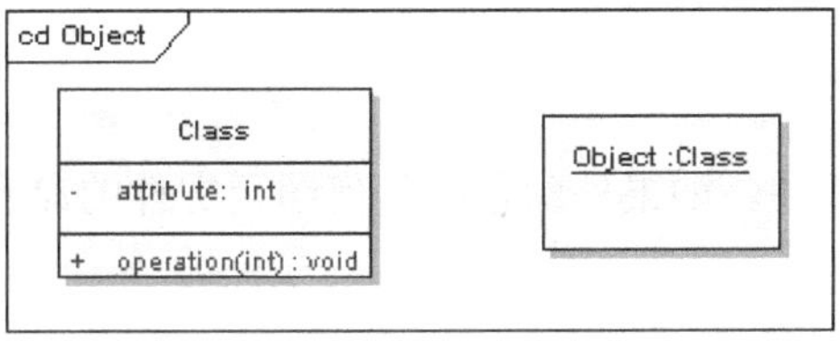

图 6-31　类和对象

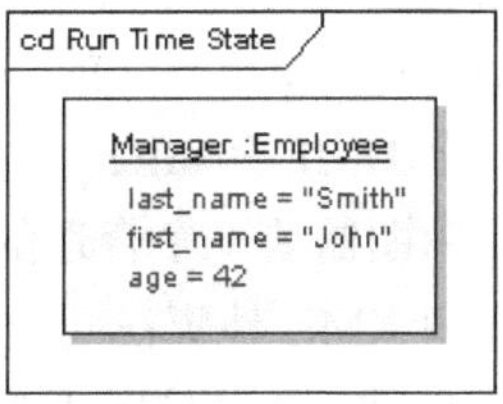

图 6-32　对象的运行状态

3）类和对象图示例

图 6-33 是一个对象图，其中插入了类定义图。它示例如何用对象图来测试类图中任务多重性的方法。“Car”类对“Wheel”类有一对多的多重性，但是如果已经选择用一对四来替代，就不会在对象图显示“三个轮子”的汽车。

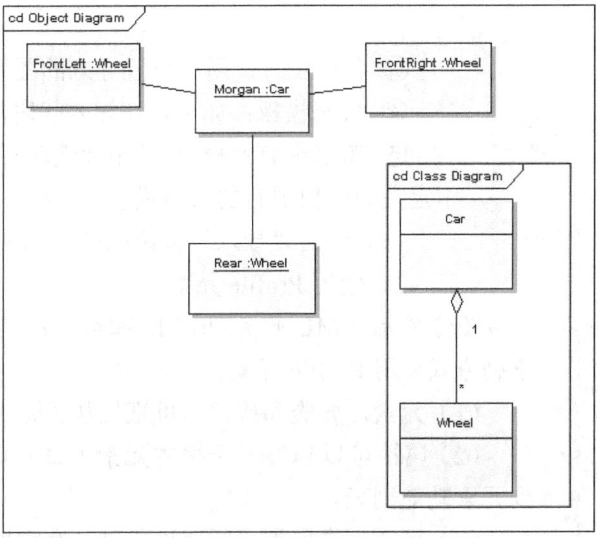

图 6-33　对象图的例子

7. 外廓图

UML Profiles 提供了一种通用的扩展机制，用于构建 UML 模型的特定领域。它们是基于附加的构造型和标记值，将之应用到元素、属性、方法、链接、链接终端及更多。Profile 是这些扩展的集合，同时描述了一些专有的建模问题，促进在该领域的建模构造。例如，XML 的 UML Profile 由大卫·卡尔森所定义，描述了一组扩展基本 UML 模型的元素，提供了 XSD 架构的精确建模。

Enterprise Architect 有一个通用的 UML Profile 机制加载和使用不同的 Profile 来工作。Enterprise Architect 的 UML Profiles 专门使用 XML 格式的文件，使用特定格式，具体见下面的实施。这些 XML 文件可以被导入到 EA 在项目浏览器的资源页面。导入后，可以拖放配置文件的元素到当前图。如果指定了一个新的元素，EA 将对其附加构造型、标记值和默认值、注释及图元文件，也可以拖放属性和操作到已经存在的类，并立即向它们加入专有构造型和标记值等。

为了便于开始，EA 提供以下一些用于下载的 Profile，可以导入到 EA。随着时间的推移，EA 将扩大 Profile 范围，扩大 Profile 的内容和定制的程度。用户总是可以创建自己的 Profile 来描述建模场景特有的开发环境。下面提供使用配置文件的更多细节。

1）Enterprise Architect 的 UML Profile

导入一个 UML Profile

导入外廓图需要一个合适的 XML 外廓文件。如果外廓包括任何图元文件的参考，那这些文件应该和 XML 外廓在同一个目录中。

要导入 Profile，请按照下列步骤操作。

（1）右击资源视图中的 UML Profile 树节点，选择“导入 Profile”命令。

（2）将打开导入 UML Profile 对话框。

（3）找到使用导入 XML Profile 的文件“浏览”按钮。

（4）在 Profile 中定义设置所需的所有构造型的导入选项，你可以选择导入：

① 元素大小：用于设置导入元素大小的属性。

② 颜色和外观：用于设置导入的颜色（背景、边框和字体）和外观（边框粗细）的属性。

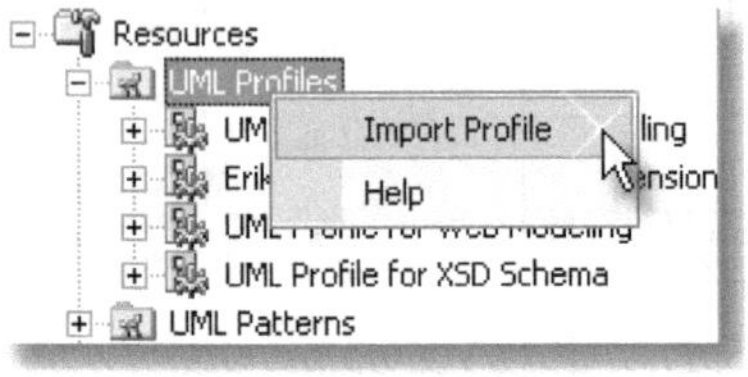

图 6-34　导入 Profile

③ 备用图片：用于设置导入的图元文件图像。

④ 代码模板：如果存在导入代码模板可选择。

⑤ 覆盖现有的模板：选中此选项后可覆盖在当前项目中定义的任何现有的代码模板。

（5）单击“导入”按钮如图 6-34 所示选择相应命令。

2）使用 Profile 元素

图像显示 UML 业务 Profile 和可用的构造型 UML 元素以下列方式使用 Profile 元素。

（1）元素，如类和接口，可直接从资源窗口拖动到当前图。

（2）属性可以拖过一个宿主元素（如类）它们将自动被添加到元素功能列表。

（3）操作可像属性一样通过拖过一个宿主元素添加操作。

（4）相关链接，如关联、泛化、依赖，通过在浏览器中选择它们添加，然后从一个图表单击起始对象，并拖动到最后的对象，并加入新构造型和标记值信息。

（5）关联端可以通过在图中拖动链接元素终端到关联关系的终端来增加，如图 6-35 所示。

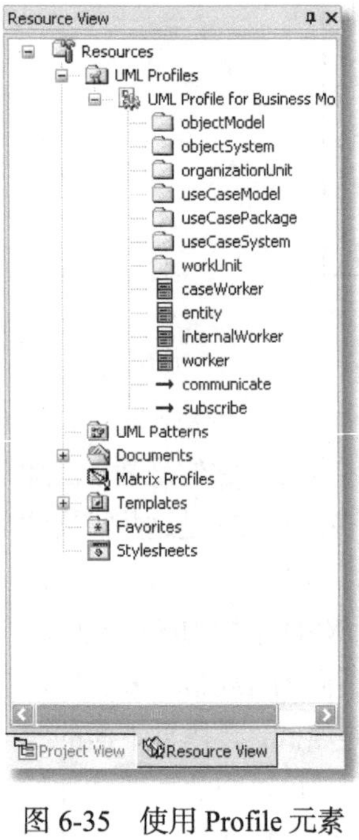

图 6-35　使用 Profile 元素

3）删除一个 Profile

要删除 Profile，右击 Profile，然后在快捷菜单选择“删除 Profile”命令。注意，这不会对已经使用此 Profile 定义的元素产生负面影响。如果用 Profile 导入的构造型正在使用中，也不会从模型时删除。

4）重新加载 Profile

重新加载 Profile 时，先删除上面的 Profile，然后再次导入。

由 Profile 元素构建出构造型和标记值示例图如图 6-36 所示。

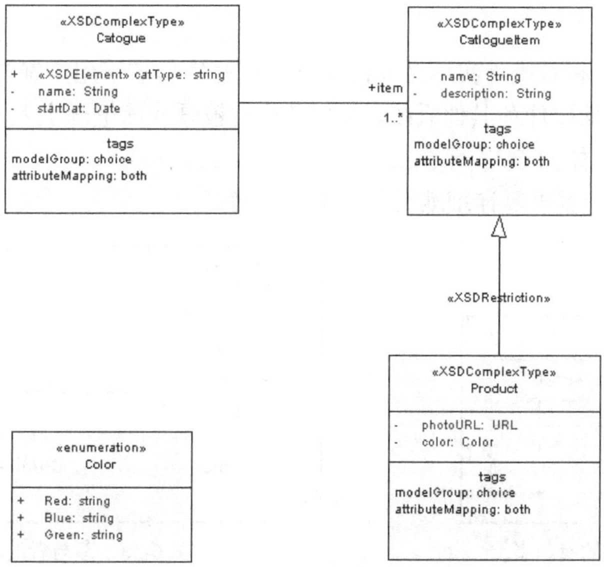

图 6-36　外廓图示例

行为图用来记录在一个模型内部，随时间的变化模型执行的交互变化和瞬间状态；并跟踪系统在真实环境下如何表现，以及观察系统对一个操作或事件的反应，以及它的结果。行为图包括下面的图类型，如表 6-5 所示。

表 6-5　行为图类型及其说明

图类型	详细
活动图	建模一个系统的行为。描述系统的整体流中这些行为是如何相关的
用例图	捕获用例以及系统和用户之间的关系。它们描述了系统的功能要求、使用者作用于系统边界的方法以及系统的反应
状态机图	说明了任何元素可以在状态之间移动、 根据状态转移触发器和制约条件来分类其行为
时间图	其中定义了不同对象的行为时间尺度内提供的更改状态，以及随着时间的推移进行交互的对象的可视化表示形式
顺序图	随着时间的推移，顺序图作为一系列有序步骤是行为结构化表示形式。它们用来描绘工作流程、 消息传递和元素一般合作随着时间达到的结果
通信图	显示了在运行时元素之间的互动关系，并可视化对象间关系
交互概览图	交互概览图用可视化方式说明其他交互图（时间、顺序、通信和交互概览图） 之间的合作，展示控制流的作用

8. 用例图

1）用例模型

用例模型用来记录系统的需求，它提供系统与用户及其他参与者的一种通信手段。

2）参与者

用例图显示了系统和系统外实体之间的交互。这些实体被引用为参与者。参与者代表角色，可以包括用户、外部硬件和其他系统。参与者往往被画成简笔画小人。也可以用带«actor»关键字的类矩形表示，如图 6-37 所示。

在图 6-38 中，参与者可以详细地泛化其他参与者。

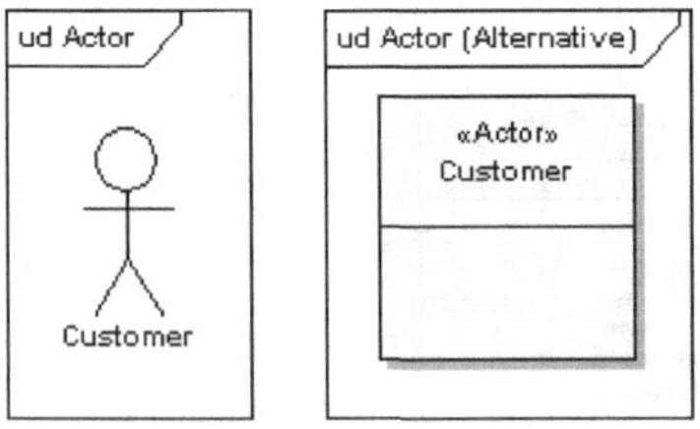

图 6-37　用例的参与者

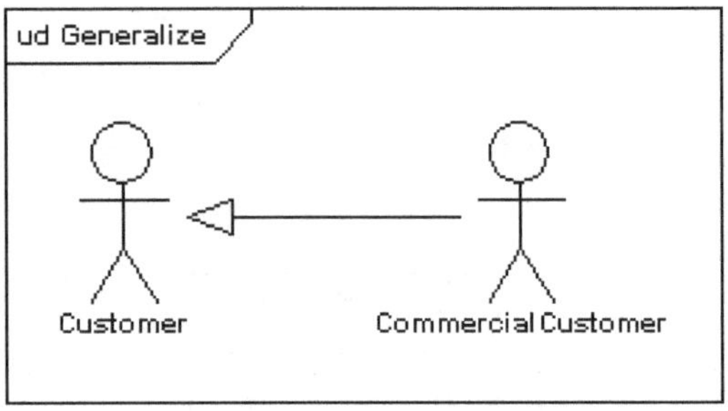

图 6-38　参与者的泛化

3）用例

用例是有意义的单独工作单元。它向系统外部的人或事提供一个易于观察的高层次行为视图。用例的标注符号是一个椭圆，如图 6-39 所示。

使用用例的符号是带可选择箭头的连接线，箭头显示控制的方向。图 6-40 说明参与者“Customer”使用“Withdraw”用例。

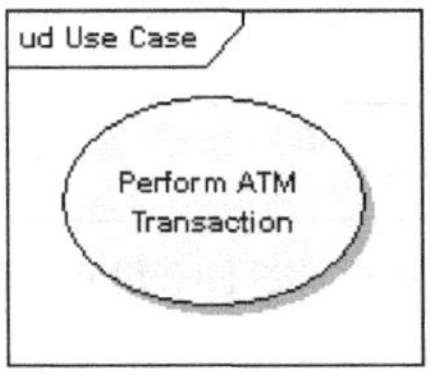

图 6-39　用例的表示

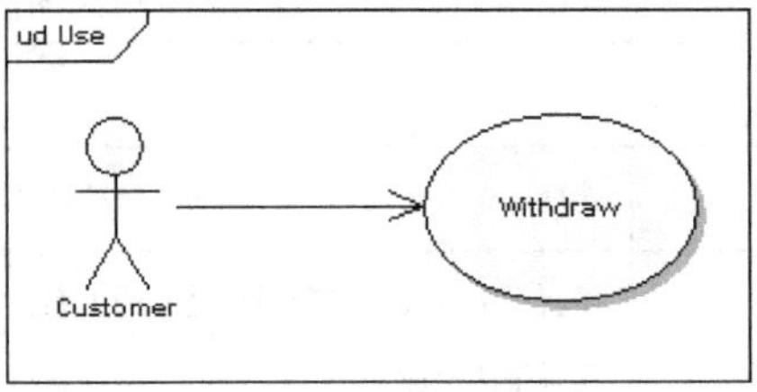

图 6-40　使用用例

用例连接器可以有选择性地在每一个端点有多重性值，图 6-41 显示客户一次可能只执行一次取款交易，但是银行可以同时执行许多取款交易。

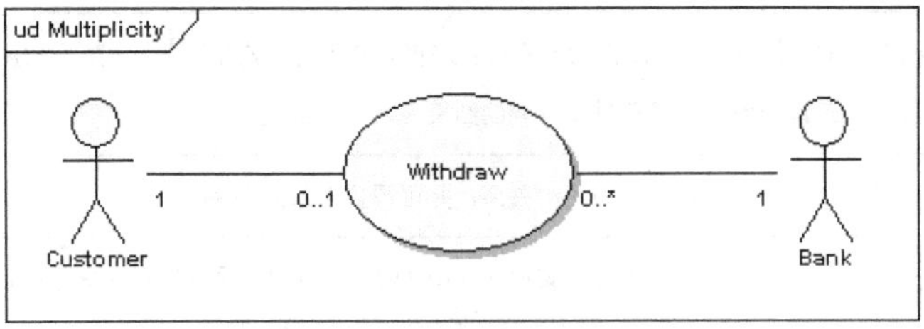

图 6-41　用例图例子

9. 顺序图

顺序图是交互图的一种形式，它显示对象沿生命线发展，对象之间随时间的交互表示为从源生命线指向目标生命线的消息。顺序图能很好地显示哪些对象与其他哪些对象通信，什么消息触发了这些通信，顺序图不能很好地显示复杂过程的逻辑。

1）生命线

一条生命线在顺序图中代表一个独立的参与者，表示为包含对象名的矩形，如果它的名字是“self”，则说明该生命线代表控制带顺序图的类目，如图 6-42 所示。

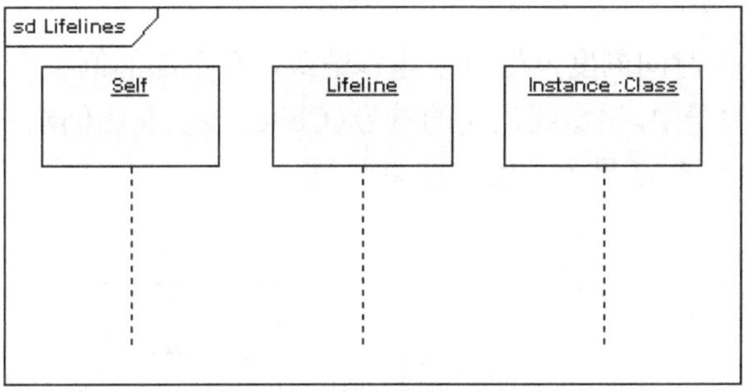

图 6-42　顺序图的生命线

有时，顺序图会包含一个顶端是参与者的生命线。这种情况说明掌握这个顺序图的是用例。图 6-43 中的边界、控制和实体元素也可以有生命线。

2）消息

消息显示为箭头。消息可以完成传输，也可能丢失和找回，它可以是同步的，也可以是异步的，即可以是调用，也可以是信号。在图 6-44 中，第一条消息是同步消息（标为实箭头）完成传输，并隐含一条返回消息；第二条消息是异步消息（标为实线箭头）；第三条是异步返回消息（标为虚线）。

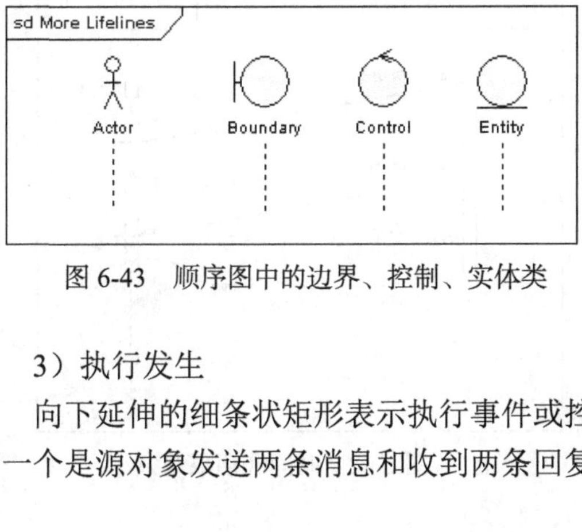

图 6-43　顺序图中的边界、控制、实体类

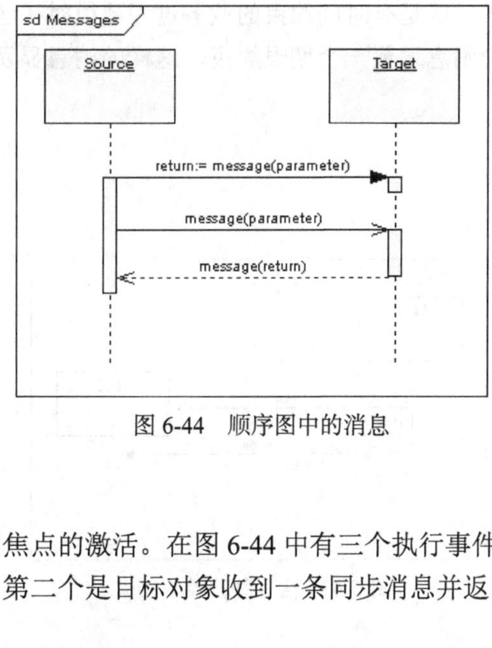

图 6-44　顺序图中的消息

3）执行发生

向下延伸的细条状矩形表示执行事件或控制焦点的激活。在图 6-44 中有三个执行事件；第一个是源对象发送两条消息和收到两条回复；第二个是目标对象收到一条同步消息并返回

一条回复；第三个是目标对象收到一条异步消息并返回一条回复。

4）内部消息

内部消息表现为一个操作的递归调用，或一个方法调用属于同一个对象的其他方法。显示为生命线上执行事件的嵌套控制焦点，如图 6-45 所示。

5）迷路消息和拾取消息

迷路消息是那些发送了却没有到达指定接收者，或者到达的接收者不在当前图中。拾取消息是收到来自那些未知的发送者，或者来自没有显示在当前图的发送者的消息。它们都表明是去往或来自一个终点元素，如图 6-46 所示。

6）生命线开始与结束

生命线可以在顺序图时间刻度范围内创建和销毁，在下面的例子中，生命线被停止符号（叉号）终止。在前面的例子中，生命线顶端的符号（Child）显示在比创建它的对象符号（parent）沿页面要低的位置上。图 6-47 显示开始与结束对象。

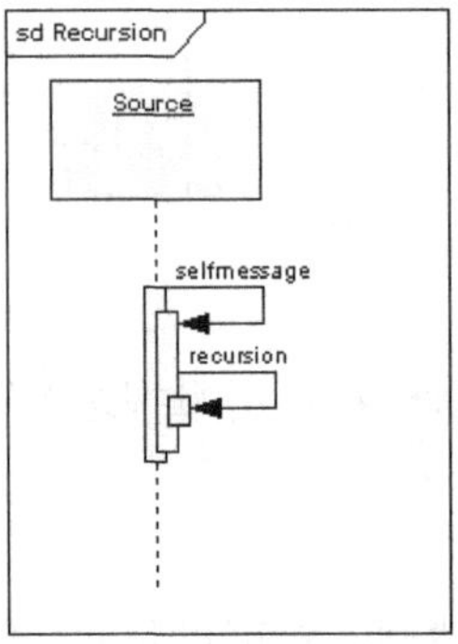

图 6-45　顺序图中的内部消息

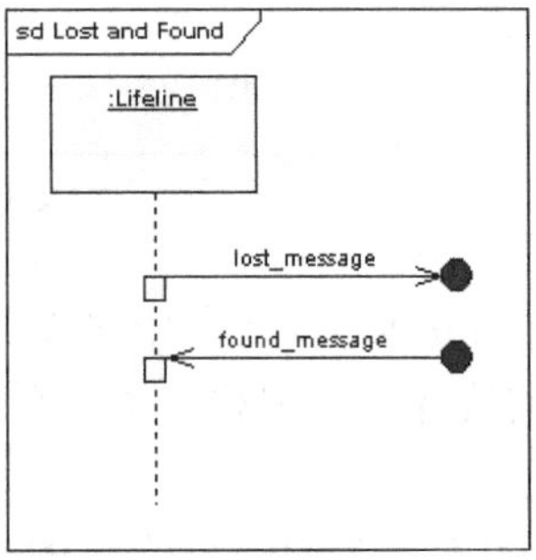

图 6-46　顺序图中的迷路消息和拾取消息

7）时间和期限约束

消息默认显示为水平线。因为生命线显示为沿屏幕向下的时间通道，所以当给实时系统建模，或是有时间约束的业务过程建模时，考虑执行动作所需时间长度是很重要的。因此可以给消息设置一个期限约束，这样的消息显示为下斜线，如图 6-48 所示。

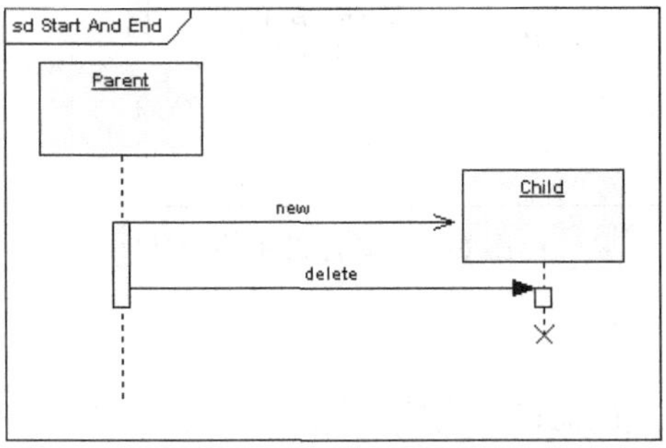

图 6-47　生命线开始与结束

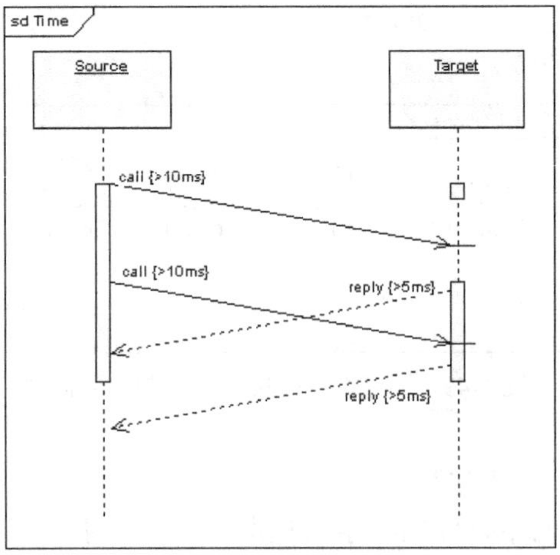

图 6-48　时间和期限约束

8）复合片段

如前面所述，顺序图不适合表达复杂的过程逻辑。在一种情况下，有许多机制允许把一定程度的过程逻辑加入到图中，并把它们放到复合片段的标题下。复合片段是一个或多个处理顺序被包含在一个框架中，并在指定名称的环境下执行。片段可以是：

① 选择性片段（显示“alt”）为 if…then…else 结构建模；

② 选项片段（显示“opt”）为“switch”（开关）结构建模；

③ 中断片段对被处理事件的可选择顺序建模，而不是该图的其他部分；

④ 并行片段（显示“par”）为并发处理建模；

⑤ 弱顺序片段（显示“seq”）包含了一组消息，这组消息必须在后续片段开始之前被处理，但不会把片段内消息的先后顺序强加到不共享同一条生命线的消息上；

⑥ 严格顺序片段（显示“strict”）包含了一系列需要按照给定顺序处理的消息；

⑦ 非片段（显示“neg”）包含了一系列不可用的消息；

⑧ 关键片段 包含关键部分；

⑨ 忽略片段 声明一个没有意义的消息，如果它出现在当前上下文中；

⑩ 考虑片段与忽略片段相反，不包含在考虑片段内的消息都应该被忽略；

⑪ 断言片段（显示“assert”）标明任何没有显示为声明操作数的顺序都是无效的；

⑫ 循环片段 包含一系列被重复的消息。

图 6-49 显示的是循环片段。

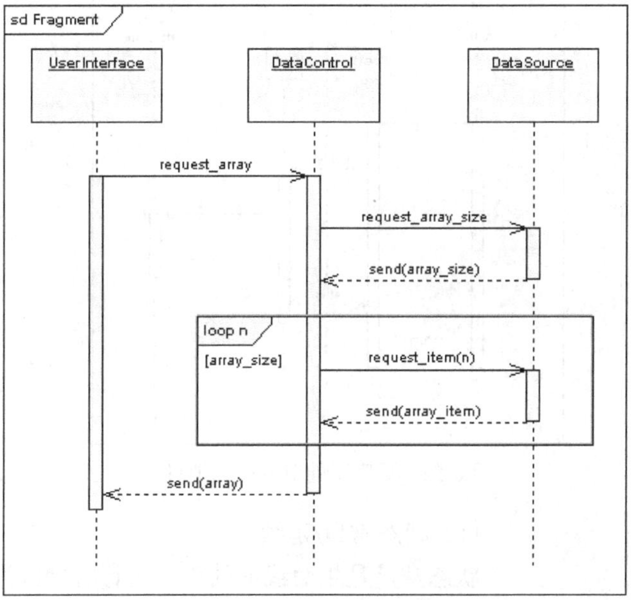

图 6-49 顺序图的循环片段

这也是一个类似于复合片段的交互发生。交互发生被其他图参考，显示为左上角带“ref”，将被参考图名显示在方框的中间。

9）门

门是连接片段内消息和片段外消息的连接点。在 EA 中，门显示为片段框架上的小正方形。作用为顺序图与页面外的连接器。用来表示进来的消息源，或者出去消息的终点。图 6-50 和图 6-51 显示了它们在实践中的应用。注意：“Top Level Diagram” 中的门用消息箭头指向参考片段，在这里没有必要把它画成方块。

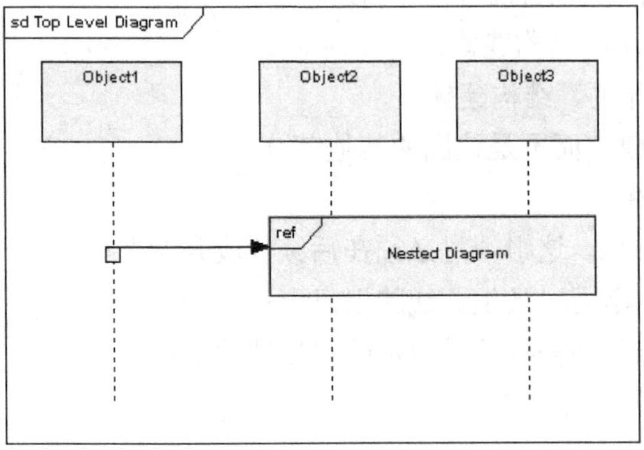

图 6-50　顺序图的门应用之一

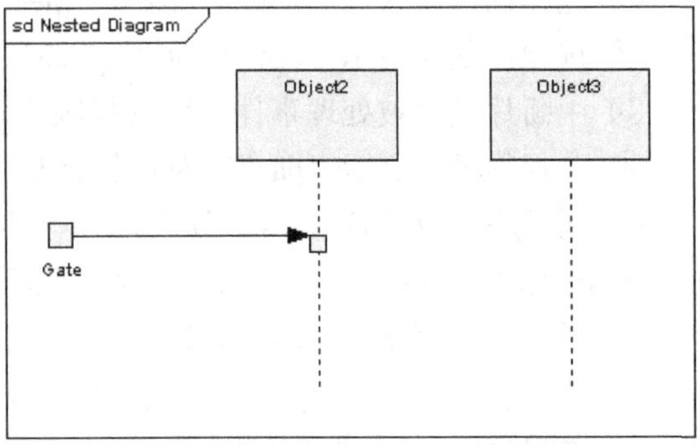

图 6-51　顺序图的门应用之二

10）部分分解

一个对象可以引出多条生命线，使得对象内部和对象之间的消息显示在同一图上，如图 6-52 所示。

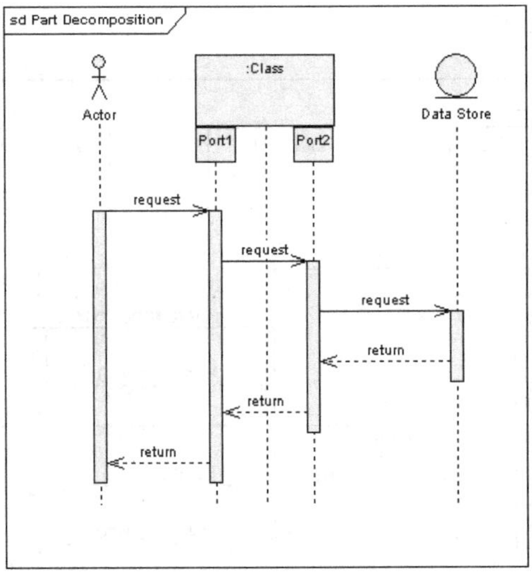

图 6-52　顺序图的对象内部消息

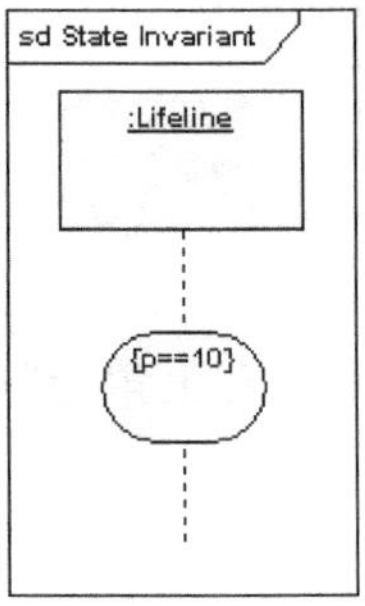

图 6-53　顺序图中的状态常量

11）状态常量/延续

状态常量是生命线的约束，运行时始终为真。显示为两侧半圆的矩形，如图 6-53 所示。

延续虽与状态常量有同样的标注，但是被用于复合片段，并可以延伸跨越多条生命线。

10. 活动图

UML 中，活动图用来展示活动的顺序，显示了从起始点到终点的工作流，描述了活动中事件进展的判断路径。活动图可以用来详细阐述某些活动执行中发生并行处理的情况。活动图对业务建模也比较有用，用来详细描述发生在业务活动中的过程。

一个活动图的示例如图 6-54 所示。

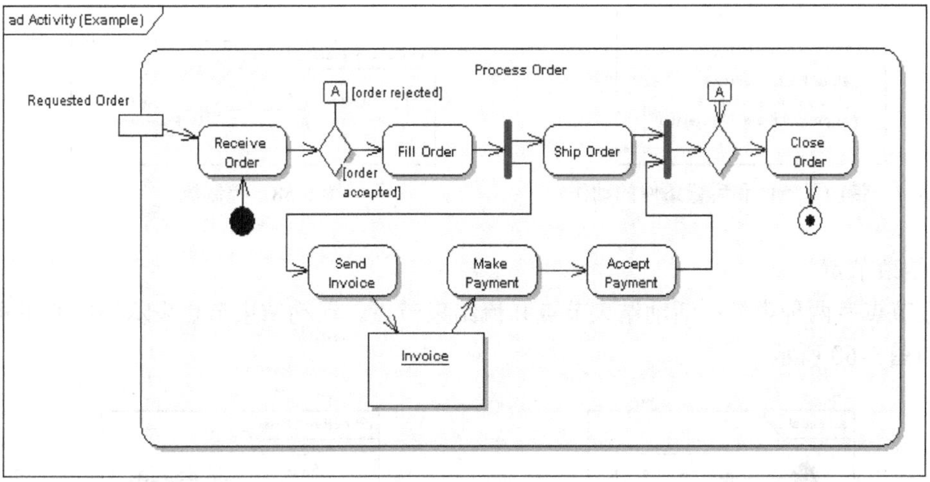

图 6-54　活动图的示例

下面描述组成活动图的元素。

1）活动

活动是行为参数化顺序的规范。活动被表示为圆角矩形，内含全部动作、控制流和其他组成活动的元素，如图 6-55 所示。

2）动作

一个动作代表活动中的一个步骤。动作用圆角矩形表示，如图 6-56 所示。

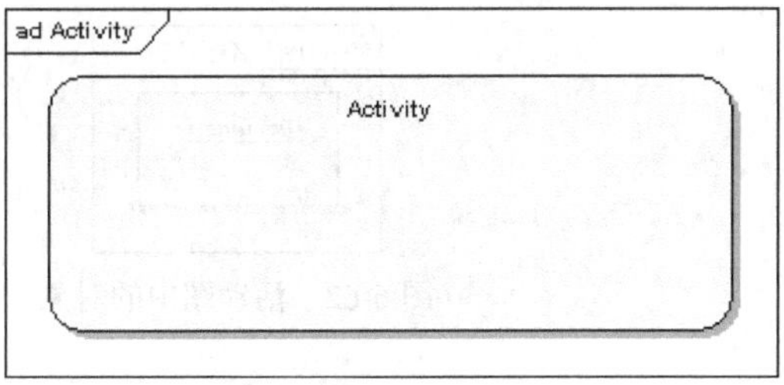

图 6-55　活动图中的活动

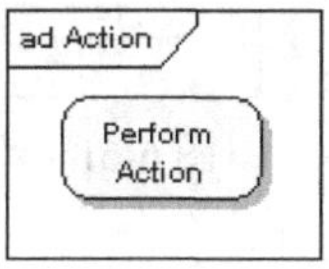

图 6-56　活动图中的动作

3）动作约束

动作可以附带约束，图 6-57 显示了一个带前置条件和后置条件的动作。

4）控制流

控制流显示一个动作到下一个动作的流，表示为带箭头实线，如图 6-58 所示。

5）初始节点

一个开始或起始点用大黑圆点表示，如图 6-59 所示。

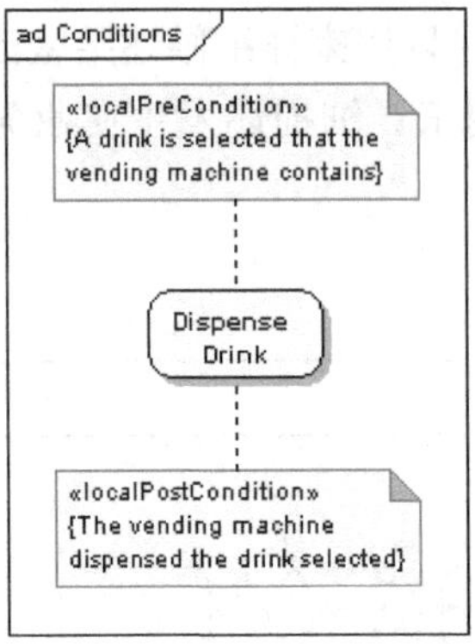

图 6-57　带前置条件和后置条件的动作

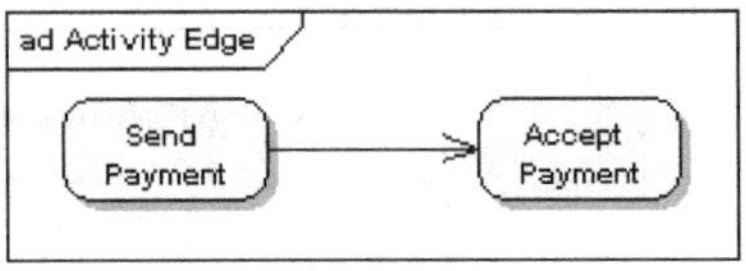

图 6-58　控制流

6）结束节点

结束节点有两种类型：活动结束节点和流结束节点。活动结束节点表示为中心带黑点的圆环，如图 6-60 所示。

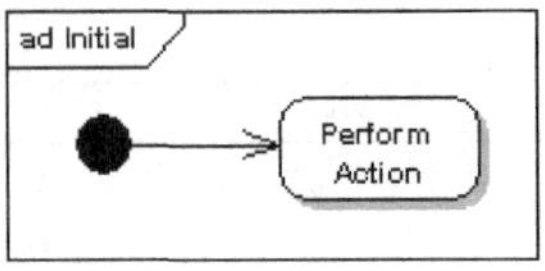

图 6-59　初始节点

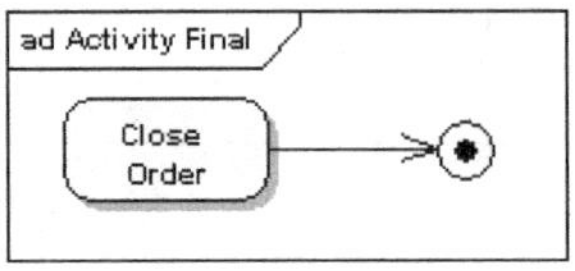

图 6-60　结束节点

流结束节点表示为内部为叉号的圆环，如图 6-61 所示。

这两种不同类型节点的区别为：流结束节点表明单独的控制流的终点；活动结束终点是活动图内所有控制流的结束。

7）对象和对象流

对象流是对象和数据传递的通道。对象显示为矩形，如图 6-62 所示。

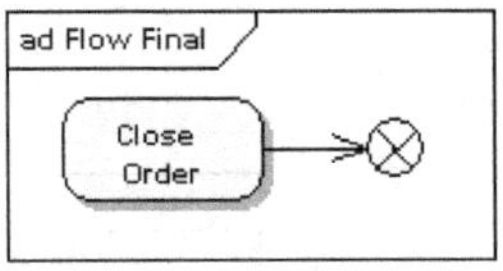

图 6-61　流结束节点

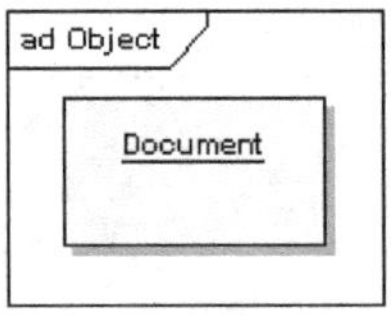

图 6-62　活动图中的对象

对象流显示为带箭头的连接器，表明方向和通过的对象，如图 6-63 所示。

一个对象流在它的至少一个终端有一个对象。在图 6-64 中，可以采用带输入/输出的标记表示。

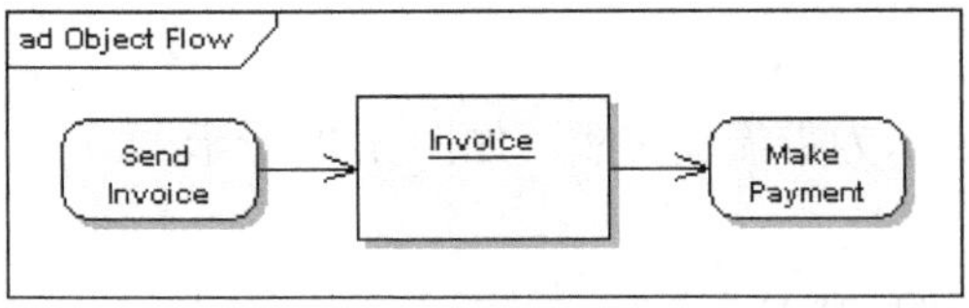

图 6-63　活动图中的对象流

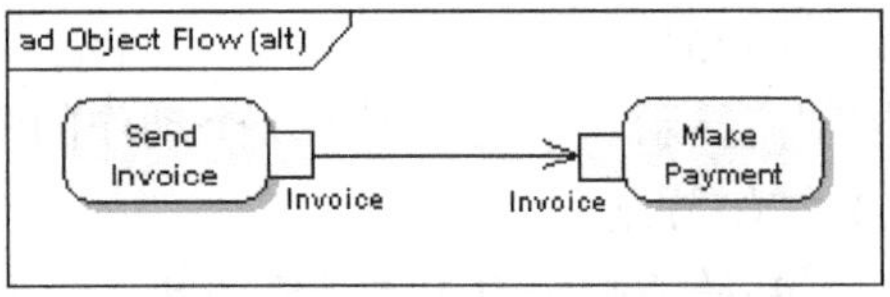

图 6-64　带输入/输出的标记

数据存储显示为带«datastore»关键字的对象，如图 6-65 所示。

8）判断节点和合并节点

判断节点和合并节点采用相同菱形符号标记，它们可以被命名。从判断节点出来的控制流有监护条件，当监护条件满足时，可以对流进行控制。图 6-66 显示了判断节点和合并节点的使用。

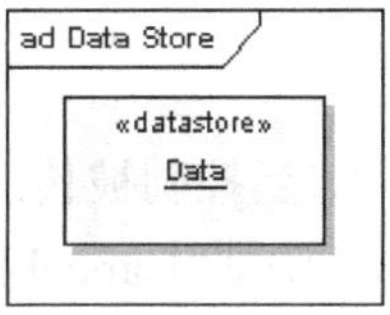

图 6-65　数据存储

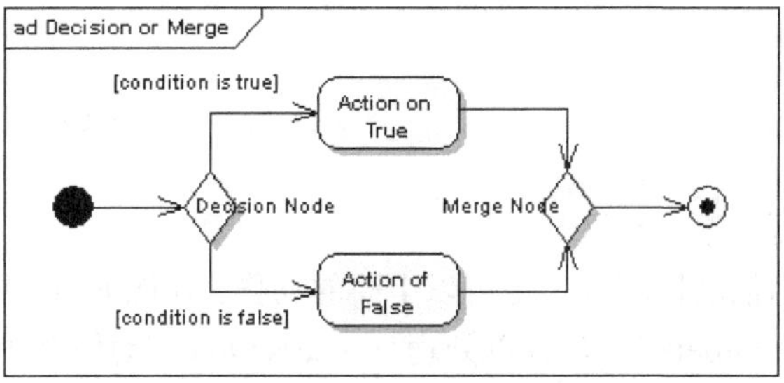

图 6-66　判断节点和合并节点

9）分叉和结合节点

分叉和结合节点采用相同的符号标柱：垂直或水平条（方向取决于工作流从左到右，还是从上到下）。它们说明了控制的并发线程的起始和终点，图 6-67 显示它们的使用示例。

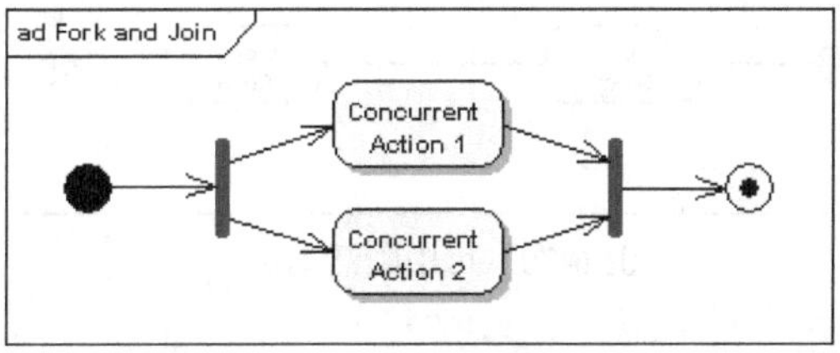

图 6-67　分叉和结合节点

结合节点与合并节点的不同之处在于：结合节点同步两个输入量，产生一个单独的输出量。来自结合节点的输出量要接收到所有的输入量后才能执行。合并节点直接将控制流传递通过。如果两个或更多的输入量到达合并节点，则它的输出流指定的动作会被执行两次或更多次。

10）扩展域

扩展域是会执行多次的结构活动域，如图 6-68 所示。输入/输出扩展节点表示为一组“3 厢”，代表多个选项。关键词“iterative”“parallel”或“stream”显示在区域的左上角。

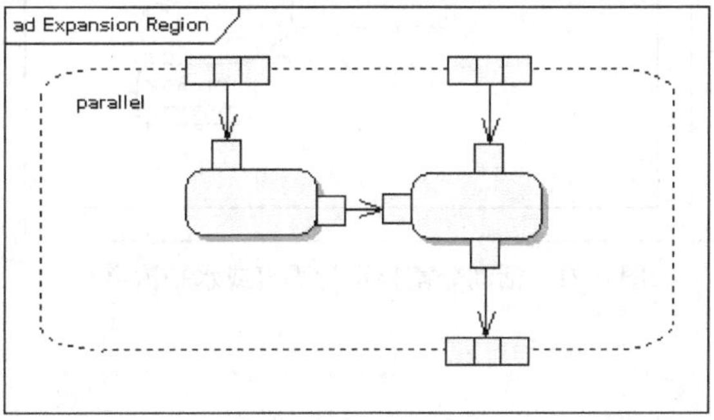

图 6-68　扩展域

11）异常处理器

异常处理器在活动图中可以建模，如图 6-69 所示。

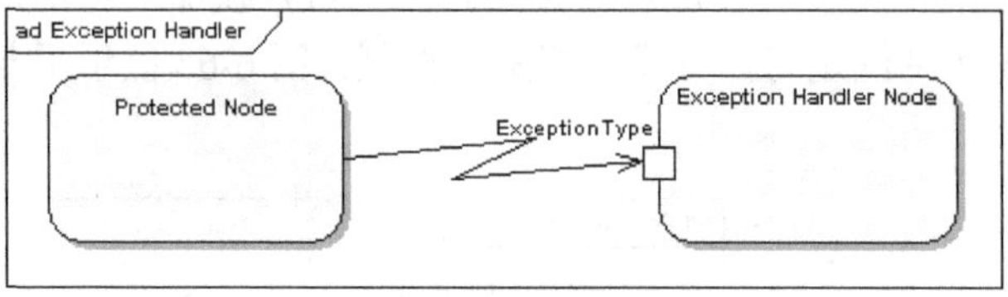

图 6-69　异常处理器

12）可中断活动区

可中断活动区环绕一组可以中断的动作。在图 6-70 的简单例子中，当控制被传递到结束订单“Close Order”动作，订单处理“Process Order”动作会执行直到完成，除非“Cancel Request”取消请求中断被接受，这会将控制传递给“Cancel Order”的动作。

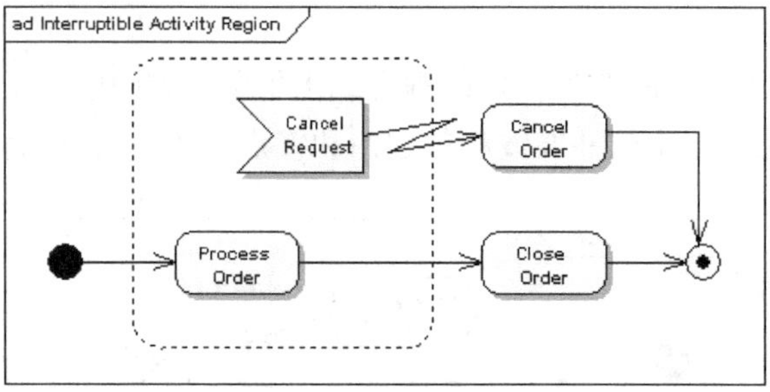

图 6-70　可中断活动区

13）分割

一个活动分割显示为垂直或水平泳道。在图 6-71 中，分割被用来在活动图中分隔动作，有在“Accounting Dept”中执行的，也有在“Customer”中执行的。

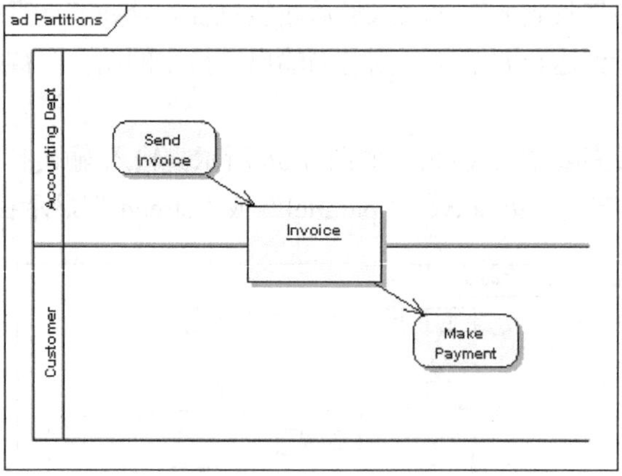

图 6-71　活动分割显示为垂直或水平泳道

11. 时间图

UML 时间图被用来显示随时间变化，一个或多个元素的值或状态的更改，也显示时控事件之间的交互和管理它们的时间和期限约束。

1）状态生命线

状态生命线显示随时间变化，一个单项状态的改变。不论时间单位如何选择，X 轴显示经过的时间，Y 轴被标为给出状态的列表。状态生命线如图 6-72 所示。

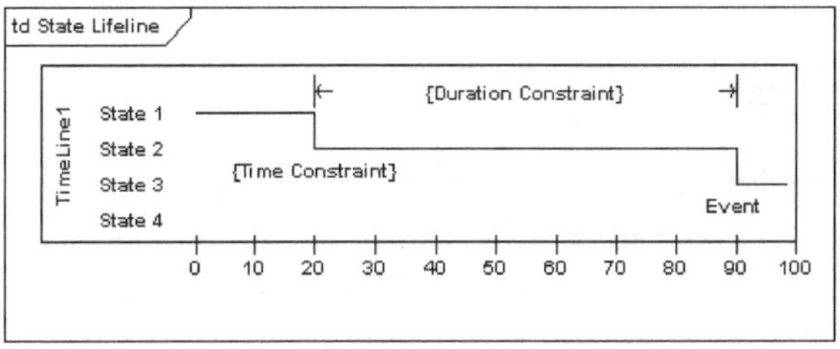

图 6-72　状态生命线

2）值生命线

值生命线显示随时间变化，一个单项的值的变化。X 轴显示经过的时间，时间单位任意，和状态生命线一样。平行线之间显示值，每次值变化，平行线交叉，如图 6-73 所示。

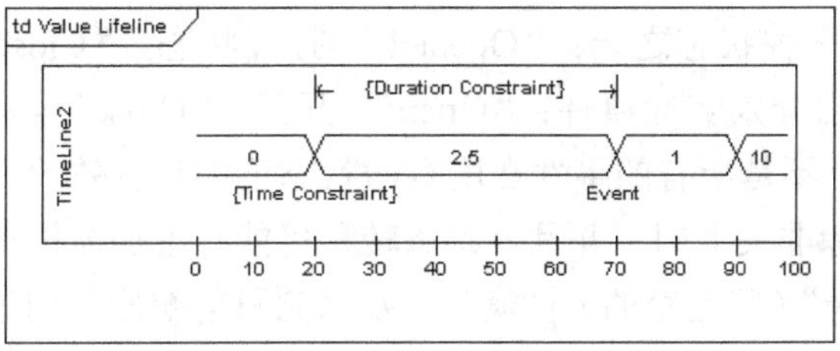

图 6-73　值生命线

将它们放在一起状态和值的生命线能叠加组合。它们必须有相同的 X 轴。消息可以从一个生命线传递到另一个。每一个状态和值的变换能有一个定义的事件，一个时间限制是指一个事件何时必须发生，以及一个期限限制说明状态或值多长时间必须有效。一旦这些被应用，其时间图可能显示如图 6-74 所示。

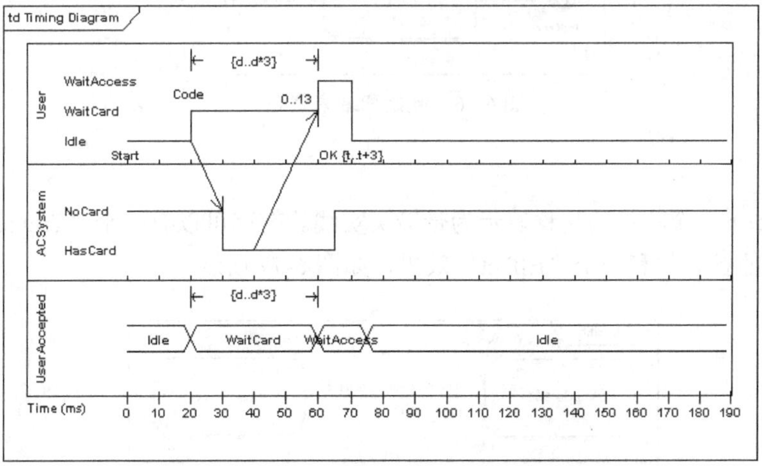

图 6-74　时间图的例子

12. 状态机图

状态机图对一个单独对象的行为建模，指明对象在它的整个生命周期里，响应不同事件时，执行相关事件的顺序。

如图 6-75 所示，下列状态机图显示了大门在整个生命周期里如何运作。

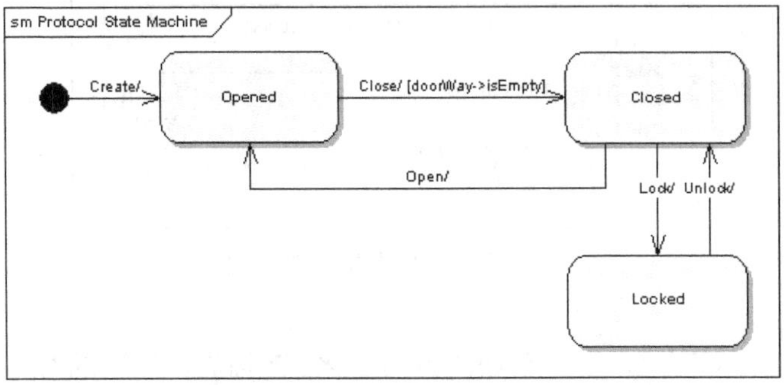

图 6-75　大门的状态机图

大门可以处于以下三种状态之一："Opened"-打开状态，"Closed"-关闭状态，或者"Locked"-锁定状态。它分别响应事件："Open"-开门，"Close"-关门，"Lock"-锁门和"Unlock"-解锁。注意：不是所有的事件在所有的状态下都是有效的。例如，一个门打开的时候是不可能锁定的，除非关上门。并且，状态转移可能有附加监护条件：假设门是开的，如果"doorWay->isEmpty"（门是空的）被满足，那么它只能响应关门事件。状态机图使用的语法和约定将在下面的部分进行讨论。

1）起始和结束状态

初始状态表示为实心黑圆，可以标注名称。结束状态表示为中心带黑点圆环，也可以被标注名称，如图 6-76 所示。

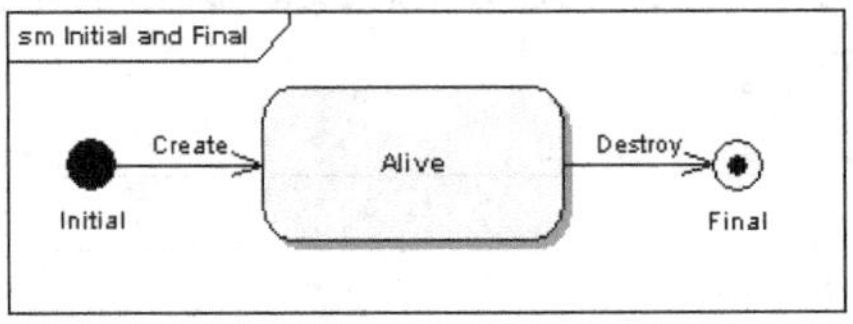

图 6-76　起始和结束状态

2）转移

一个状态到下一个状态的转移表示为带箭头实线。转移可以有一个"Trigger"触发器，一个"Guard"监护条件和一个"Effect"效果，如图 6-77 所示。

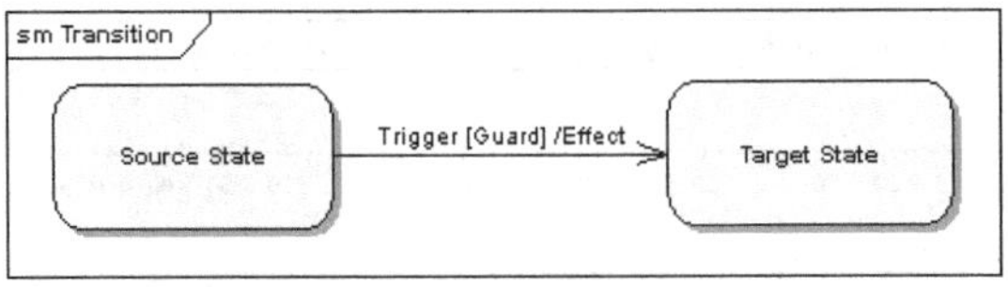

图 6-77　状态转移

“Trigger”触发器是转移的起因，它可以是某个条件下的一个信号、一个事件、一个变化或一个时间通路。“Guard”监护是一个条件，而且必须为真，以便于让触发器引起转移。效果“Effect”是直接作用到对象上的一个动作，该对象具有作为转移结果的状态机。

3）状态活动

在上面的状态转移示例中，一个效果与该转移相关联。如果目标状态有多个转移到达，并且每一个转移都有相同的效果与它相关联，那么最好将该效果与目标状态相关联，而不与转移相关联。可以通过为这个状态定义初始动作来实现。图 6-78 显示了一个带入口动作和出口动作的状态。

可以定义发生在事件上的动作或一直发生的动作。每一种类型的动作是可以定义任意数量的。

4）自转移

一个状态可能有一个返回到自身的转移，如图 6-79 所示。效果与转移关联十分有帮助。

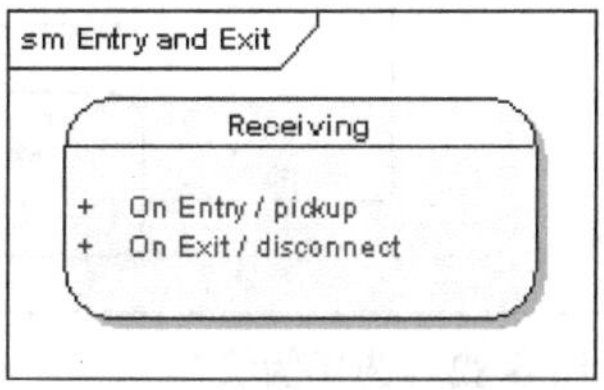

图 6-78　带入口动作和出口动作的状态

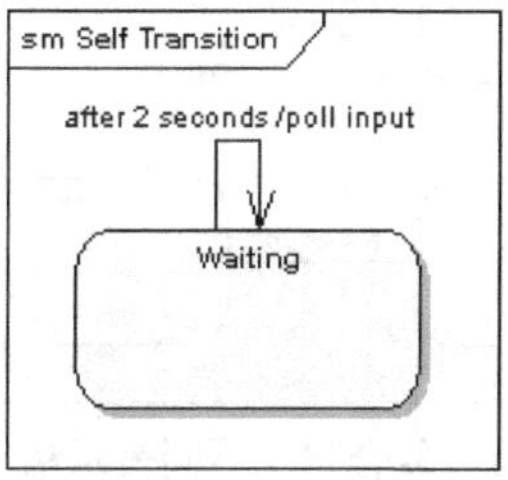

图 6-79　自转移

5）复合状态

一个状态机图可以有子状态机图，如图 6-80 所示。

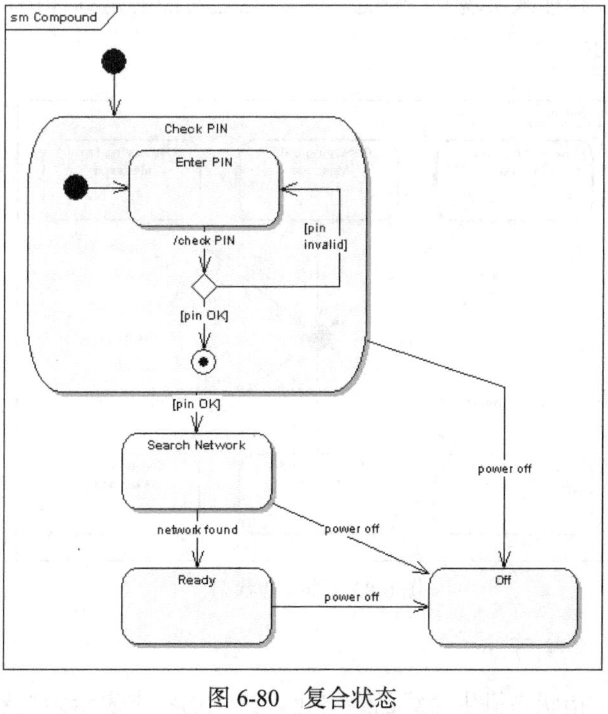

图 6-80　复合状态

可选择不同方式显示相同信息，如图 6-81 所示。

6）选择伪状态

选择伪状态显示为菱形，有一个转移输入，两个或多个输出。图 6-82 显示不管到达哪一个状态，经过选择伪状态后的去向，取决于在伪状态中执行时所选择的消息格式。

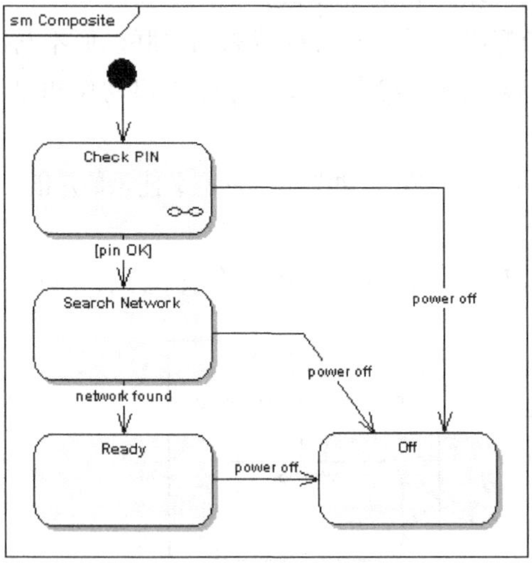

图 6-81　复合状态不同表示法

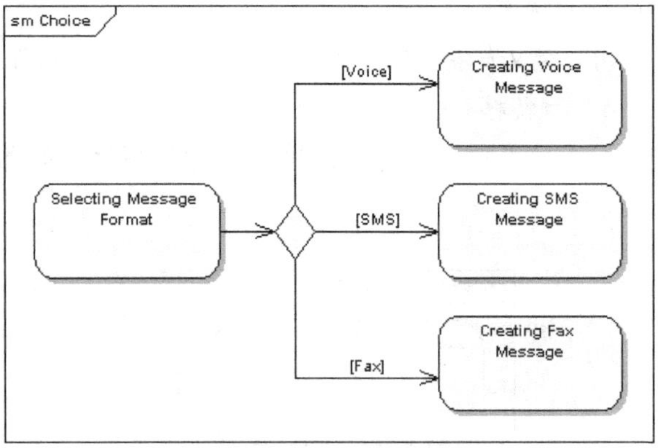

图 6-82　选择伪状态

7）连接伪状态

连接伪状态用来将多个状态转移连接在一起。一个单独的连接伪状态可以有一个或多个输入和一个或多个输出，监护可能应用于每一个转移，连接是没有语义的。连接可以把一个输入转移分成多个输出转移来实现一个静态分支。与之对照的是选择伪状态实现一个动态条件分支，如图 6-83 所示。

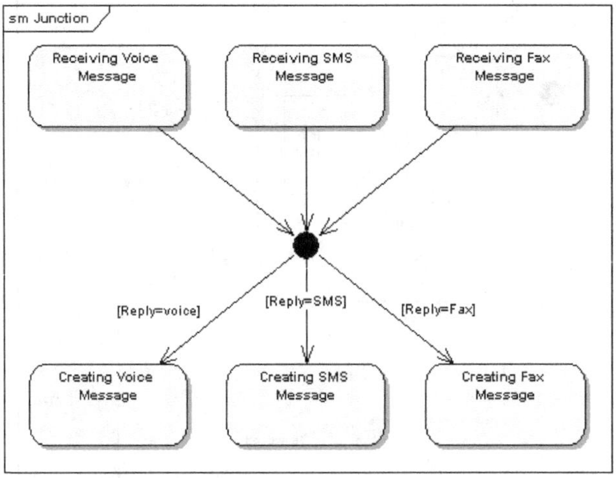

图 6-83　连接伪状态

8）终止伪状态

进入终止伪状态是指状态机生命线已经终止。终止伪状态表示为叉号，如图 6-84 所示。

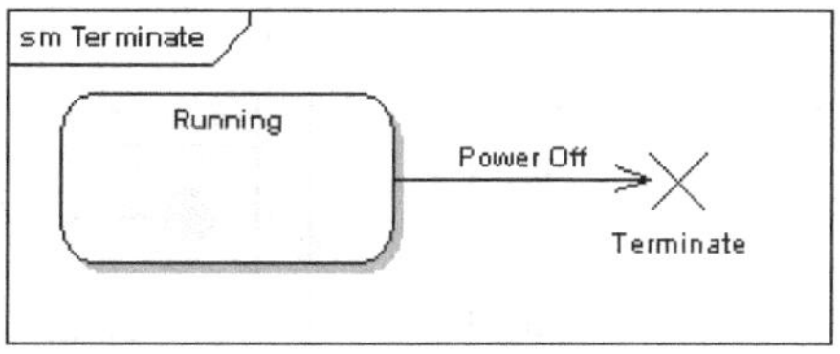

图 6-84　终止伪状态

9）历史状态

历史状态用来在状态机中断时，恢复状态机之前的状态。图 6-85 说明了历史状态的使用。以下例子是关于洗衣机的状态机，在这个状态机中，当洗衣机运行时，它会按照“Washing”到“Rinsing”再到“Spinning”来进行。如果电源被切断，洗衣机会停止运行并进入“Power Off”状态。当电源恢复后，运行状态在“History State”符号处进入，表示它会从上次离开的地方恢复。

10）并发区

一个状态可以被分成几个不同的区，包含同时存在和执行的子状态。下面的例子显示状态“Applying Brakes”“Front Brakes”和“Rear Brakes”将同时独立运作。注意使用了分叉和结合伪状态而不是选择和合并伪状态。这些符号用来同步并发的线程。

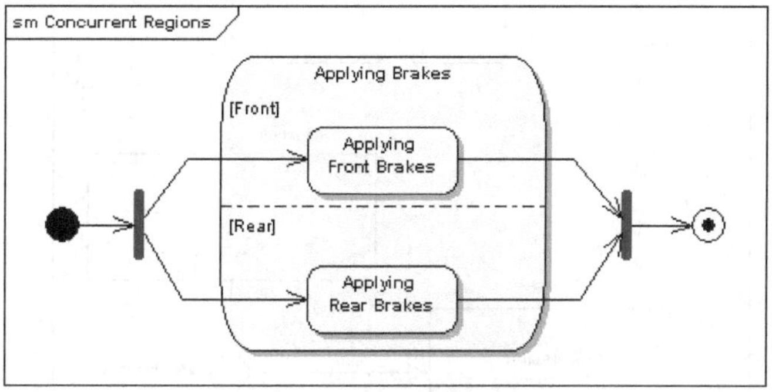

图 6-85　历史状态的使用

13. 交互概览图

交互概览图是活动图的一种形式，它的节点代表交互图。交互图包含顺序图、通信图、交互概览图和时间图。大多数交互概览图标注与活动图一样。例如，起始、结束、判断、合并、分叉和结合节点是完全相同的。交互概览图还介绍了两种新的元素：交互发生和交互元素。

1）交互发生

交互发生引用现有的交互图，显示为一个引用框，左上角显示“ref”。被引用的图名显示在框的中央，如图 6-86 所示。

2）交互元素

交互元素与交互发生的相似之处在于都是在一个矩形框中显示一个现有的交互图。不同之处在于内部显示参考图的内容不同，如图 6-87 所示。

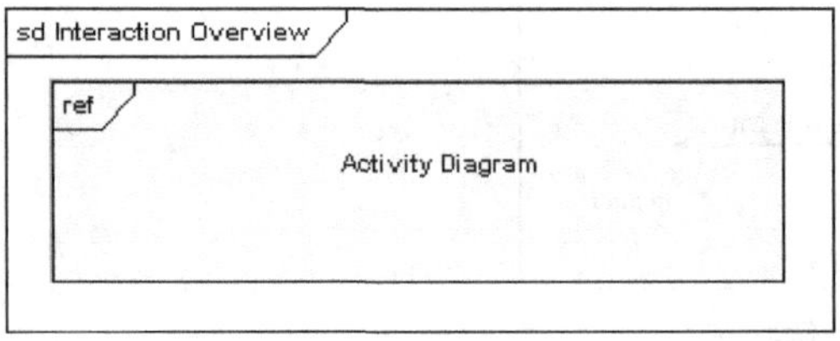

图 6-86　交互发生

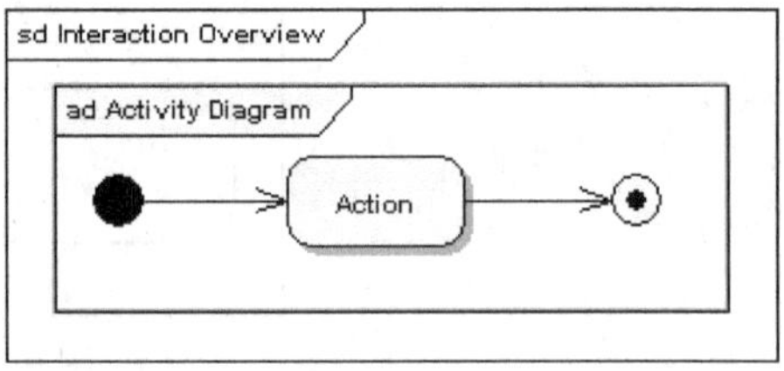

图 6-87　交互元素

3）将它们放在一起

所有的活动图控件都可以相同地被使用于交互概览图，如分叉、结合、合并等。它把控制逻辑放入较低一级的图中。图 6-88 的例子就说明了一个典型的销售过程。子过程从交互发生抽象而来。

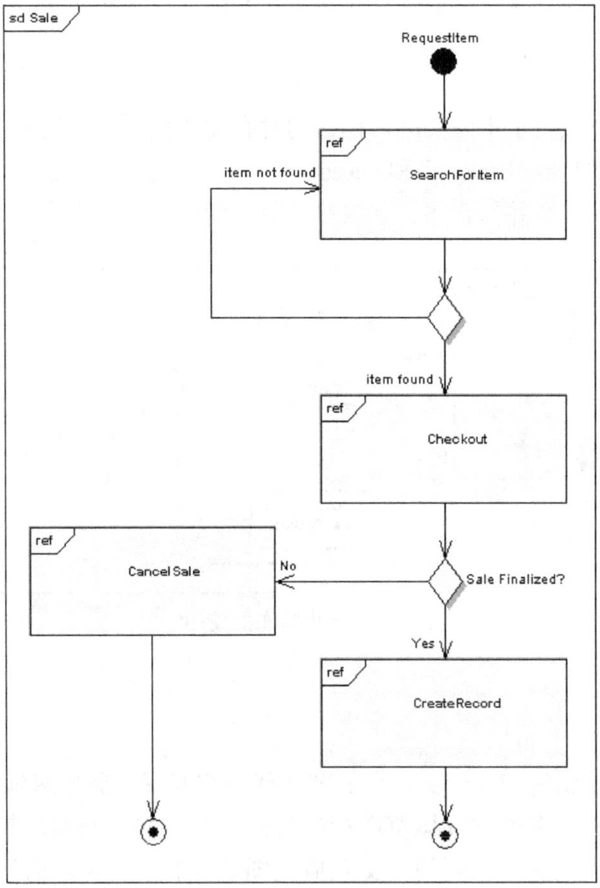

图 6-88　交互概览图的例子

14. 通信图

通信图以前称为协作图，是一种交互图，所显示消息与顺序图相似，但是它更侧重于对象间的联系。

在通信图中，对象之间显示关联连接器。消息附加到这些关联上，显示短箭头指向消息流的方向。消息的顺序通过编号显示。

图 6-89 和图 6-90 用通信图和顺序图分别显示相同的信息。尽管我们可能从通信图的编号码得到消息顺序，但它不是立即可见的。通信图十分清楚地显示了邻近对象间全部完整的消息传递。

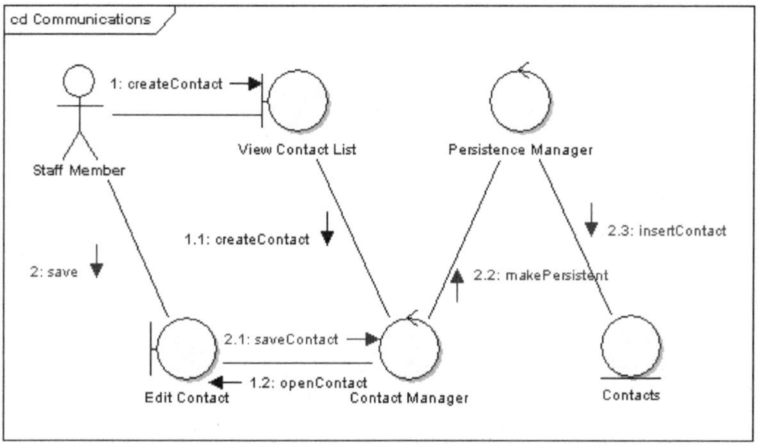

图 6-89　通信图的例子

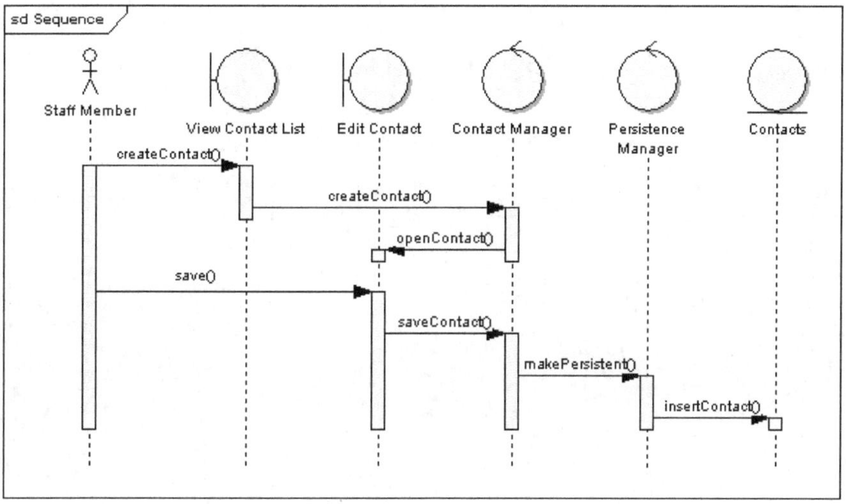

图 6-90　顺序图的例子

第二部分
UML 需求分析与建模的过程

本部分将通过人事管理系统案例引导学习 UML 的建模过程，主要是面向中型系统的软件开发。

第7章　需 求 获 取

现实生活的世界运行着各种各样的系统，人们总能从中发现一些大大小小的问题需要改进。软件可以代替人工提高工作效率，但软件要做的内容从何而来？需求获取就是发现现实生活中的问题并考虑如何用软件来解决的阶段。本章讲述一些需求获取的方法，特别是复杂系统的获取方法更值得进一步研究。

本章知识要点

（1）需求获取的必要性。

（2）需求获取的方法。

兴趣实践

挖掘学习生活中遇到的问题，如图书馆系统、教学选课系统、食堂一卡通系统中的问题。

探索思考

观察现实生活中的问题，思考哪些可以用计算机软件解决。

预习准备

复习传统软件工程方法的软件生命周期知识。

7.1　需求流概述

用 UML 建造系统模型的时候，并不是只建一个模型。UML 的应用贯穿系统开发的五个阶段，在系统开发的每个阶段都要建造不同的模型，建造这些模型的目的也是不同的，需求分析阶段建造的模型用来捕获系统的需求，描绘与真实世界相应的基本类和协作关系，设计阶段的模型是分析模型的扩充，作为实现阶段指导性的、技术上的解决方案，实现阶段的模型是真正的源代码，编译后的源代码就变成了程序，最后是部署模型，它在物理架构上解释系统是如何展开的。

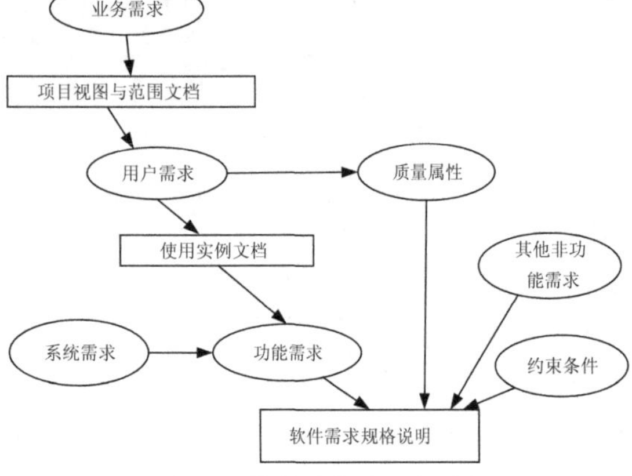

图 7-1　软件需求的三个层次

获取需求是建模和分析的基础，尽可能发现用户真正的需要和期望，避免各种错误假设是需求获取阶段的主要任务。用户意见是软件需求的最终来源，市场趋势、技术或标准更新、政策或法规约束等都是软件需求的可能来源。

需求分析 UML 的用例视图可以表示客户的需求，通过用例建模可以对外部的角色以及它们所需要的系统功能进行建模，不仅要对软件系统，对商业过程也要进行需求分析。软件需求的层次结构如图 7-1 所示。

7.2 需求获取的困难

需求获取将注意力放在系统目标的描述上。开发者、客户和用户共同标识了一个问题域，定义了解决这一问题域问题的系统。这类定义称为需求规格说明，这类定义可用于开发者和用户之间的沟通。

需求获取是后期分析和建模的基础。软件需求获取的主要任务是弄清楚用户想要通过软件达到的目标，总结用户提出的各种问题和要求。在软件项目的开发过程中，需求变更贯穿软件项目的整个生命周期，从软件的项目立项、研发到维护，用户的经验在增加，对使用软件的感受有所变化，以及整个行业的新动态都对软件提出不断完善功能、优化性能、提高用户友好性的要求。

7.2.1 软件需求获取面临的困难

在软件项目管理过程中，项目经理经常面对用户的需求变更。如果不能有效处理这些需求变更，项目计划就会一再调整，软件交付日期一再拖延，项目研发人员的士气将越来越低落，从而直接导致项目开发成本增加、质量下降及项目交付日期推后。因此，获取有效的需求是关键的一步。

对于所建议的软件产品，获取需求是一个确定和理解不同用户类的需要和限制的过程。一般软件开发人员都会认为客户会对产品很感兴趣，因为该产品会解决客户面临的问题。但通常客户希望开发人员已经知道相关知识或不愿意耗费时间为软件产品提供基础材料。无疑，这些观点是错误的，但是客观存在的。因此，需求获取成为一项非常困难的工作。

7.2.2 软件需求获取困难的原因

有几种原因使需求获取变得困难：客户描述不清需求；需求自身经常变动；分析人员或客户理解有误。

1）客户描述不清需求

有些客户对需求只有朦胧的感觉，当然说不清楚具体的需求。例如，全国各地的很多政府机构在进行网络建设，这些单位的领导和办公人员往往不清楚计算机网络的作用，反而要软件系统分析人员替他们设想需求。

有些客户心里非常清楚想要什么，却表达不明白。例如，买鞋子时，顾客非常了解自己的脚，但没法精确描述脚的形状。

如果客户本身就懂软件开发，能把软件需求说得清清楚楚，这样的需求分析将会非常轻松、愉快。

2）需求自身经常变动

需求自身经常变动，因此要尽可能地分析清楚哪些是稳定的需求，哪些是易变的需求。以便在进行系统设计时，将软件的核心建筑在稳定的需求上。

其次，在合同中一定要说清楚“做什么”和“不做什么”。

3）分析人员或客户理解有误

分析人员写好软件需求说明书后，要请客户方的各个代表验证。如果问题很复杂，双方都不太明白，就有必要请开发人员快速构造软件的原型，双方再次论证需求说明书是否正确。

由于客户大多不懂软件，他们可能觉得软件是万能的，会提出一些无法实现的需求。

这些因素都是导致软件需求获取变得困难的原因。

7.2.3 需求工程过程

需求的过程大致可以分为几个阶段，即需求获取、需求分析、需求描述和需求验证，其中每个阶段的主要任务如下。

（1）需求获取：确定和收集与软件系统相关的、不同来源和对象的用户需求信息。

（2）需求分析：对获得的用户需求信息进行分析和综合，即提炼、分析和仔细审查已收集到的用户需求信息，并找出其中的错误、遗漏或其他不足的地方，以获得用户对软件系统的真正需求，建立软件系统的逻辑模型。

（3）需求描述：使用适当的描述语言，按标准的格式描述软件系统的需求，并产生需求规格说明以及相应文档。

（4）需求验证：审查和验证需求规格说明是否正确和完整地表达了用户对软件系统的需求。

需求工程过程中各个阶段相对独立，基本按线性方式执行。但在实施过程中也存在反复的情况，如需求验证发现需求规格说明中有问题，则需要返回需求分析阶段重新分析，甚至可能返回需求获取阶段重新收集需求信息等。

7.3 需求获取的方法

1. 现场调查

现场调查的形式主要有访谈、观察、录像。

图 7-2 需求获取的几个问题

访谈（或称为会谈）是最早开始运用的获取用户需求的技术，也是迄今为止仍然广泛使用的、主要的需求分析技术。访谈有两种基本形式：正式的访谈和非正式的访谈。在正式的访谈中，系统分析员会提出一些事先准备好的具体问题，如图 7-2 所示。

1）When

这是和软件使用时间相关的环境信息，常见的时间信息如下。

（1）季节信息：软件使用的季节（如春、夏、秋、冬等）。

（2）日期信息：节日、假日等。

（3）作息事件：白天、晚上、深夜等。

一个简单的例子：某公司做通信设备的时候，如果是做数据转换工具，都要求非常智能，最好是一键式操作。原因是数据转换都是在凌晨 2 时～4 时进行，此时操作人员最困，思维并不活跃，如果数据转换工具需要很多操作步骤，而只要一步出错就必须全部重做。

2）Where

这是和地点相关的环境信息，常见的地点信息如下。

（1）国家、地区：不同的国家和地区有不同的文化、风俗、制度等。

（2）室内、室外、街道。

（3）建筑物。

一个简单的例子：一部电话机如果放在室内就可能要求美观小巧，而放在室外就可能要求防晒、防雨、防风、防盗窃，而且要求电话机键盘比较大，以方便拨号。

3）Who

这是和参与者相关的，参与者可以是人，也可以是软件相关的外部系统。常见的参与者信息如下。

（1）投资者、管理者。

（2）使用者、维护者。

（3）监督者、评估者：如政府机构、监管机构等。

（4）其他系统。

例如，银行的 ATM 的参与者有如下几类。

顾客：使用 ATM 取款、存款。

银行维护人员：每天将钱放进 ATM。

质检机构：根据银行监管法律对 ATM 进行检查。

4）What

这是客户最终想要的输出，如一个文档、一份报告、一幅图片、一个系统等。一般情况下，这也是最原始的需求。

5）Why

这是客户遇到的问题、困难、阻碍等，也是客户提出需求的驱动力。

2. 网络调查

通过搜索引擎等互联网工具可以调查征集需求。

3. 复杂网络和数据挖掘

复杂网络是研究复杂系统的数学基础，数据挖掘是研究复杂网络的计算机工具。

需求创意来源建议：①多看其他软件案例；②多看电视和报纸上的科技新闻及相关计算机软件新动态；③多看专业的期刊上的文章；④多学习软件各版本变化，掌握成熟软件先进的功能特点；⑤提高搜商，查找到自己所需要的信息。

7.4 复杂系统的复杂网络需求获取方法*

需求获取是软件系统开发过程中至关重要的一步。典型的软件需求获取方法主要包含传统的需求获取、现代的需求获取等。传统的需求获取技术主要包含问卷调查、访谈、现有文档分析等，而现代的需求获取技术主要包含下面几种。

1. 基于情景实例的方法

基于情景实例的方法是当前研究较多的一种方法。这种方法试图用领域用户熟悉的情景实例引导他们逐步提供系统信息。它首先采集一组现实系统的运行情景，然后让领域用户根据这些情景分别说明现实系统中各种行为及其目的，逐步建立应用软件的需求目标树。由于情景实例是现实系统的客观表现，领域用户对参与需求描述显得得心应手。所建立的系统需求目标树也是现实系统的真实反映，可用于进行面向目标的系统需求分析。但是这种方法也存在问题。一方面，由于情景实例的采集是随机的，如何保证情景实例能覆盖整个现实系统和产生完全的需求目标树？另一方面，需求目标树仅仅是系统需求的一个抽象表示，要进行系统设计和实现，软件开发者还需要更多更深入的领域信息。如何引导领域用户提供尽可能完全和深入的信息。这些问题都是目前的情景实例方法没有解决的。

2. 基于知识的方法

基于知识的方法也是目前研究较多的方法。与基于情景实例的方法不同，基于知识的方法的出发点是希望能用软件开发者积累的经验或领域分析的结果来帮助软件开发者理解应用和定义需求。比较典型的工作有 Sutcliffe 和 Maiden 的基于类比推理的领域模型重用，中国科学院数学研究所的金芝提出的基于本体的需求获取方法也是一种基于知识的方法。与其他方法不同的是，它以企业信息系统为研究背景，试图以企业本体和领域本体作为需求获取过程的基本线索，引导领域用户全面描述现实系统，并通过重用领域模型构造应用软件的需求模型。该方法的特点是，通过深化领域知识，使得需求获取过程更系统、更有效。

3. 基于原型的方法

原型法在现代需求获取中是最常用的方法。构造软件原型可以获得用户的反馈。原型是一个演示系统，它是解决方案的一种“快速而粗糙”的工作模型，它呈现出 GUI（图形用户界面），并且对各种用户事件模拟系统的行为。原型有两种：①丢弃式原型，当需求获取完成后被丢弃，丢弃式原型针对生命周期的需求确定阶段，用于集中理解部分最少的需求；②进化式原型，它在需求获取之后仍保留并被用来产生最终产品，进化式原型的目标在于产品的速度，使得产品的第一版能够很快发布。

4. 基于观点的方法

CORE（Controlled Requirements Expression）是一种基于观点的方法。这是一个在 20 世纪 70 年代末发展起来并在 80 年代初得到改进的需求获取、分析和形成规格说明的方法。它的前提是任何系统都能用一些“观点”来看待，并且完整的系统需求是通过把不同的观点集合在一起而得到的。CORE 中所考虑的观点既包括功能方面的观点又包括非功能方面的观点。这些观点是通过将问题分区并使用自由讨论这样的方法找出来的。这种观点的确定与选择是基于观点分析的第一步。接下来要做的是初期数据收集，它的目的是收集每个观点的广泛数据，然后结构化这些观点并检查观点内部和外部的一致性。

现有的这些需求获取方法各有其优缺点。而在面对大型复杂系统（如生命系统）时，这些方法可能都不是很适合。

5. 复杂网络的特性获取方法

尽管有些系统可以通过人的交流活动等分析得出需求，但是有些系统，如生物系统、生命系统、社会系统等，是无法通过传统的需求获取方法得到需求的，可以采用复杂网络的方法。

复杂系统一般呈现出体系结构整体特征，而且不同层次体现出不同粒度的抽象，软件这一人工复杂系统也不例外。早期的结构化方法就是针对问题域的逐步细分和抽象，将程序划分为若干功能模块，强调以模块为中心，通过若干基本结构、函数、子程序等概念元素来实现预定的功能。在软件工程研究初期，软件系统彼此独立、数量稀少，缺乏可以利用的经验，而结构化设计方法可以帮助人们从需求、功能的角度分析和理解系统，促进了软件工程理论和实践的发展。但是复杂系统的复杂性主要体现在其组成元素之间关联和交互的复杂性。软件系统中大量堆积的底层元素和它们之间错综复杂的关系已逐渐超出了开发人员的理解能力。系统的复杂性主要决定于元素之间的交互，大量研究发现：网络的拓扑结构决定了网络所拥有的特性。因此也可以用复杂网络的方法来研究软件系统。

1998 年以来出现的复杂网络研究把复杂系统简化为节点以及连接节点的线段的结合。点代表系统的基本单元，称为节点；线段代表节点之间的相互作用，称为边。复杂网络就是对大量现实世界复杂系统的一种理想简化描述。

下面以科研合作网为例说明复杂网络的特性获取方法。

在复杂网络描述中，如科研合作网、演员合作网的节点通常定义为科研人员或演员，节点之间的边通常定义为他们在同一篇科学论文或同一部影片研究中的合作关系，每次合作的目的是产生合作的成果——科研论文或电影。

科研合作网是真实存在的一个社会网络，它反映了科学家之间的相互协作情况。科研合作网属于社会关系网，任意两个科学家之间的连线表示他们合著过一篇或多篇文章，同时表示他们是相识的。关于科研合作网的研究已经进行了很多年，很多实证数据表明，科研合作网具有小世界效应，并且它的节点度分布是幂律的，即具有某个特定度的节点数目与这个度之间的相关关系可以用一个幂函数拟合表示。幂函数曲线在图中是一条比指数下降缓慢的曲线，也就是说，度很大的节点在网络中也可以存在。而在随机网络和规则网络中，度分布是非常狭窄的，几乎没有较大偏离节点度均值的点，故其平均度就是节点度的一个特征标度。因而节点度服从幂律的网络可称为无标度网络，节点度的幂律分布特性为网络的无标度特性。

从现实意义角度来看，随着科学技术发展日趋全球化，科学合作日益成为科学研究的主流方式。

下面利用复杂网络建立一个科研合作的网络模型，分析科研的合作方式及参数规律。

1）科研合作网的网络描述

科研合作网是一个由不同参与主体组成的复杂网络，各参与主体之间存在广泛的知识、信息、技术、人员及资金联系。把参与主体表示为网络的节点，参与主体之间的合作关系表达成网络节点之间的网络联系，构建成科研合作网络模型，如图 7-3 所示。

图 7-3 表示 A、B、D 三位科学家一起合作完成了文章 1，C、D、E 三位科学家一起完成了文章 2。

通过图 7-3，不考虑科学家合作成果——文章，只考虑他们是否有合作，把科学家当作节点，其有合作则边相连，否则不连边，得到图 7-4。

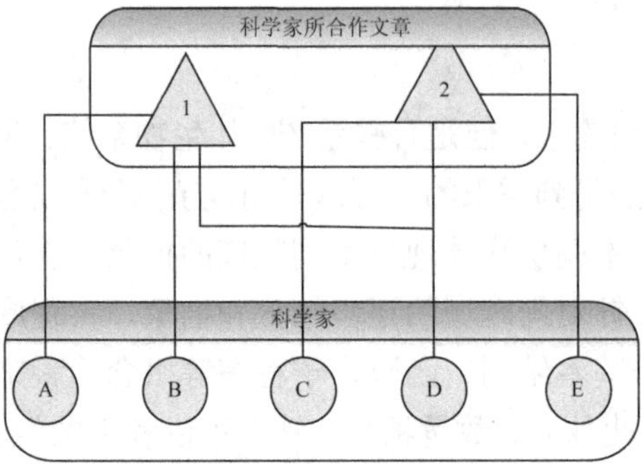

图 7-3　科研合作网络模型

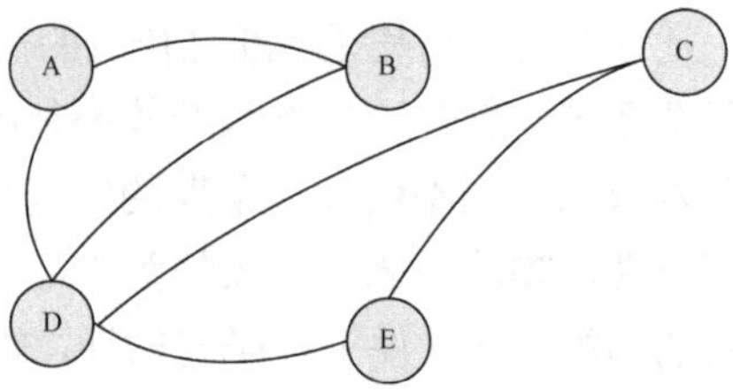

图 7-4　网络映射

2）科研合作网数据来源

科研合作网所提取的数据都来自著名网站 www.nature.com。英国 *Nature* 创刊于 1869 年，由 Nature Publishing Group 出版。*Nature* 自创刊以来，关注全球科技领域里最重要的突破，其办刊宗旨是“将科学发现的重要结果介绍给公众，让公众尽早知道全世界自然知识的每一分支中取得的所有进展”。影响因子稳定在 30 以上，其系列月刊的影响因子也相当高，基本代表了学术最高水平。*Nature* 以长篇论文（即 Article）和短篇报道（即 Letter）两种形式发表世界科学研究的最新重大成果，能以 Article 形式在 *Nature* 这一国际顶尖学术期刊发表研究论文，是高校参与国际高端学术竞争、创建世界一流大学的一个标志性成果。

3）数据处理

打开 www.nature.com，在检索页中检索科学家所发表的文章，用自制的“爬虫”算法程序查找相关的文章。

4）复杂网络特性分析

项目度是指一个参与者参与了多少个项目。在科研合作网里指一个科学家参与了多少篇科研论文的编写。图 7-5 为项目度分布图。

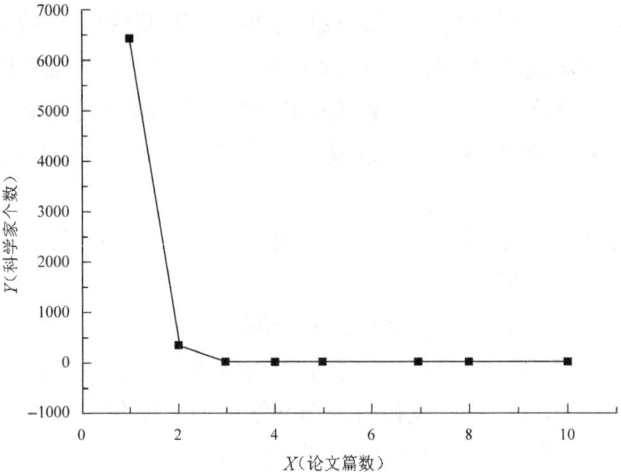

图 7-5　项目度分布

从图 7-5 可以看出，当 X=1 时有个跳跃，在实际网络中，表示大部分科学家只参与过一篇论文的编写。

铁路网、生物蛋白网、Java 类库网等其他类似网络也可用复杂网络研究方法得到系统中的重要信息。

7.5 需求获取路线图

需求过程包含三个方面：①发现用户域知识，理解领域的问题和要求；②建立现有的商业模型，画出用例图；③在商业模型基础上建立软件的初始需求（即软件功能需求）。

1. 用例驱动的建模过程

在进行一个大型面向对象项目时，典型的步骤是从收集需求开始的用例开始，然后分析和设计系统中的类，最后主要的工作是编写代码。

软件开发的最终产品由用户来使用。从用户角度观察需求，确保最终开发的软件产品能给用户提供所要求的服务。用例模型主要用来描述系统和系统外部环境的关系，直接影响着其他模型。用例是一组系统使用场景的集合，每个场景又是由一些事件序列构成的，发起这个事件的用户就是系统使用的参与者。用例图是系统的高层描述，角色和用例在实现阶段则变成了对象和接口这样的底层描述。用例可以帮助每一个用户知道他们未来怎样使用系统。对开发者来讲，在不关注细节的情况下，可以快速搜集系统需求，形成总体样式。

用例图建模分析步骤如下。

（1）确定将要设计的系统和它的边界。

（2）确定系统外的参与者。

（3）从参与者（用户）和系统对话的角度继续寻找两方面的特征：寻找参与者怎样使用系统；系统向参与者提供什么样的功能。

（4）把离用户最近（接口）的用例作为顶级用例。

（5）对复杂的用例作进一步分解，并确定低级用例以及用例间的关系。

（6）对每一用例作进一步细化。

（7）寻找每一个用例发生的前提条件和发生后对系统产生的结果。

（8）寻找每一个用例在正常条件下的执行过程。

（9）寻找每一个用例在非正常条件下的执行过程。

（10）用 UML 建模工具画出用例模型图。

（11）编写用例模型图的补充说明文档。

2. 如何发现角色

通过回答下列问题，可以帮助建模者发现角色。

（1）使用系统主要功能的人是谁（主要角色）？

（2）需要借助系统完成日常工作的人是谁？

（3）谁来维护、管理系统（次要角色），以保证系统正常工作？

（4）系统控制的硬件设备有哪些？

系统需要与哪些其他系统交互，其他系统包括计算机系统，也包括该系统将要使用的计算机中的其他应用软件，其他系统也分成两类，一类是启动该系统的系统，另一类是该系统要使用的系统。

（5）对系统产生的结果感兴趣的人或事有哪些?

在寻找系统用户的时候，不要把目光只停留在使用计算机的人员身上，直接或间接地与系统交互或从系统中获取信息的任何人和任何事都是用户。

在完成了角色识别工作之后，即可从角色的角度出发，考虑角色需要系统完成什么样的功能，从而建立角色需要的用例。

3. 如何发现用例

实际上从识别角色起，发现用例的过程就已经开始了，对于已识别的角色，通过询问下列问题就可发现用例。

（1）角色需要从系统中获得哪种功能？角色需要做什么？

（2）角色需要读取、产生、删除、修改或存储系统中的某种信息吗？

（3）系统中发生的事件需要通知角色吗？或者角色需要通知系统某件事吗？这些事件功能是什么？

（4）如果用系统的新功能处理角色的日常工作是简单化了还是提高了工作效率？

（5）是否还有一些与当前角色可能无关的问题也能帮助建模者发现用例？例如：系统需要的输入/输出是什么信息？这些输入/输出信息从哪儿来？到哪儿去？系统当前的这种实现方法要解决的问题是什么（也许是用自动系统代替手工操作）？

7.6 需求案例

人事管理系统是任何单位不可缺少的部分。人事管理系统能够为用户实现部门记载、职工登记、信息查询、档案管理、绩效考核等功能，随着社会的不断进步和科学技术的不断发展，计算机技术已经被应用到人类社会的各个领域。人事管理系统就是计算机在管理领域应用的一个典型实例，它的优点是手工管理根本无法比较的，如查阅迅速、安全性高、可靠性高、信息量大等。这些特点使单位的人事管理工作效率大幅度提高，同时加快了单位信息化建设步伐。

7.6.1 人事管理系统功能需求描述

1. 组织管理

组织管理包括部门管理、职务及岗位管理等。部门管理中用户可以对部门进行设立和撤销操作，建立无限层级的树型部门结构。可以回顾部门结构的历史记录，可以即时查看组织机构图，并直接打印。职务及岗位管理中用户可以对职务和岗位进行设计和撤销，对岗位编制进行管理，可以为职务及岗位建立说明书，可以实时统计各部门及岗位编制人数统计表，可以随时了解单位编制情况。

2. 人事档案管理

人事档案管理主要是对人事档案进行整理，从而方便用户对人事档案进行查询、统计、更新等。人事档案分为在职、离职、退休、后备四个人员库。

人事档案管理中包括人员基本信息的录入、修改、查询、统计、打印输出等功能。人事档案数据还支持 Excel 格式的导入与导出，用户可对人事档案进行批量编辑。

人事档案管理包含丰富的人事报表、图表，用户可以根据需要生成各种报表，如人员构成情况分类统计表、员工明细花名册、部门员工花名册、各部门职务统计表、员工入职离职统计表等。用户也可以自定义各种类型的报表。

3. 人事合同管理

用户可以对员工的劳动合同、培训合同、保密协议进行新签、续签等操作。提供劳动合同期满提醒、未签劳动合同人员提醒、合同续签提醒。

合同报表功能可以随时展现各类合同的明细数据。

4. 薪资管理

用户可以自定义薪酬账套。通过计算公式等方式实现岗位工资、薪级工资、工龄工资、学历津贴、考勤扣款、社保扣款、绩效奖、个人所得税等各类常见的工资项目。可实现一月多次发放工资，支持多次工资合并计税，支持年终奖的 12 个月分摊计税，薪酬数据支持批量编辑。

薪资管理模块可以生成薪酬报表，包括各部门员工薪酬明细表、各部门及岗位薪酬汇总表、部门月工资条打印表、职务薪酬汇总表、部门及岗位薪酬多月合计表、部门及岗位多月薪酬对比表、员工薪酬多月合计表。

5. 培训进修管理

人事部门对员工进行培训、进修需求调查。各部门上报培训进修需求，经审批后，汇总成培训进修计划，计划内容包括培训进修的时间、地点、参与人、预算等。由培训、进修计划生成培训进修的实施方案，详细记录培训进修实施情况。

培训进修管理模块可以生成培训进修报表，包括各部门培训进修计划费用统计表、各部门培训进修计划人数统计表、各部门培训进修实施费用统计表、各部门培训进修实施人数统计表、各部门实施费用明细表等。

6. 招聘管理

用户可以制订招聘计划，包括招聘的岗位、要求、人数、招聘流程定义等。应聘简历可以详细记录应聘者资料，以及在应聘过程中的表现情况。

招聘管理模块可以生成招聘报表，包括招聘计划、各岗位应聘情况、应聘人员基本情况等。

7. 报表管理

在报表设计中心，用户可以自行定义各类明细、统计报表。

8. 系统管理

系统管理模块包括系统日志管理、业务监控台（查看系统中所有工作流业务的运行状态）、部门数据权限管理、栏目访问权限管理、用户及角色管理、标准代码库、数据结构管理、缓存管理。

9. 保险福利

用户可以自定义各类保险福利类别。用户可为员工批量创建保险账户，支持为当月入职员工开户、离职员工退保，以及社保缴费自动核算，可以生成社保报表。

10. 绩效管理

绩效管理主要用于年度考核，该模块中含有固定格式的考核表，用户可以根据自己的需求建立新的考核表。在年终考核任务发布后，员工可以直接在线进行绩效打分，系统自动完成分数汇总统计。

绩效管理模块可以生成绩效报表，包括绩效考核结果一览表、绩效考核记录一览表、考核结果单指标分析表、考核评分记录明细表、各部门量化指标分析表、部门考核等级汇总表。

11. 考勤管理

考勤管理模块支持请假、出差、加班等考勤业务管理。薪酬模块可以引用考勤结果进行相关计算。假期管理模块中可以自定义法定假期。系统提供常用的一组考勤数据报表。

7.6.2 系统的 UML 表示

下面给出考勤管理模块中关于请假部分的 UML 模型设计，其他模块的 UML 模型设计不再一一列举。

1. 登录说明

User（管理员、员工或者公司领导）输入用户名和密码进行登录，系统从数据库中查找相关的数据进行判断，若正确，则进入相应的登录界面，否则给出相应的提示，流程如下。

（1）系统显示登录界面。

（2）用户输入自己的用户名和密码，并单击登录按钮进行登录。

（3）用户名、密码及权限经系统验证通过后则登录成功，否则转到第（4）步。

（4）进行相应的出错提示，让用户再次进行登录。

2. 请假条填写、个人请假查询

普通员工可以登录的模块包括请假条填写、个人请假查询、重新登录的设计。系统管理员事先为每位用户分配好用户名和密码，这种类型的用户只能访问与自己相关的页面。

3. 员工的添加、修改、查询

管理员模块包括员工信息的添加和修改、员工信息的查询、进入普通员工页面、重新登录的设计。系统管理员事先为每位用户分配好用户名和密码，这种类型的用户只能访问普通员工的相关页面，不允许访问公司领导进入的页面。

4. 员工请假批示、员工请假查询

公司领导模块包括请假条批示、员工请假查询、进入普通员工页面、重新登录界面的设计。系统管理员事先为每位用户分配好用户名和密码，这种类型的用户可以访问普通用户、管理员及公司领导相关页面。

图 7-6 给出了系统考勤管理模块中关于请假部分的用例图。

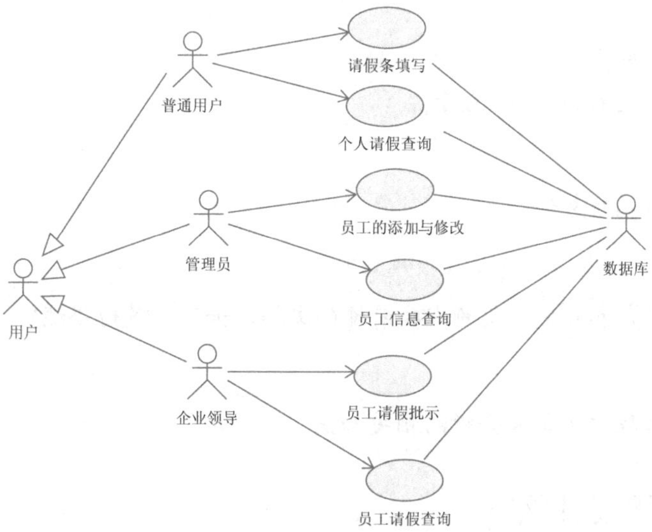

图 7-6　人事管理系统用例图（请假部分）

第8章　需求分析

需求获取阶段发现的问题能不能完全用计算机解决，还需要进一步分析。需求分析阶段就是进一步把需求获取阶段得到的文档转化成计算机软件能够实现的需求规格说明书。面向对象分析侧重于理解问题，描述软件要做什么。

本章介绍面向对象分析的方法及如何用 UML 图来表示说明。

本章知识要点

（1）需求分析的重要性。

（2）需求分析的技术和 UML 表示。

兴趣实践

名词抽取法如何抽取名词？

探索思考

规格说明书是用户和开发人员都需要看懂的文档，如何清楚地描述？

预习准备

复习传统软件工程方法需求分析的相关知识。

8.1　确定客户需要什么

分析模型有三种用途：用来明确问题需求；为用户和开发人员提供明确需求；为用户和开发人员提供一个协商的基础，作为后续的设计和实现的框架。

分析阶段主要考虑所要解决的问题，可用 UML 的逻辑视图和动态视图来描述，类图描述系统的静态结构，通信图、顺序图、活动图和状态机图描述系统的动态特征，在分析阶段，只为问题领域的类建模，不定义软件系统的解决方案的细节，如用户接口的类、数据库等。

面向对象分析过程一般要从不同的视角观察和分析软件系统，并相应地产生以下三种分析模型。任何一个模型的缺失或者不完善都将导致最终的设计质量不高，甚至可能导致最终的系统无法实现业务需求。

功能模型：把用户的功能性需求转化为开发人员和用户都能理解的一种表达方式，其结果就是形成用例模型。从这个意义上说，用例分析也是面向对象分析工作的组成部分。在本分析阶段，将细化用例分析文档。

对象模型：通过对用例模型的分析，把系统分解成互相协作的分析类。一般情况下，通过类图和对象图来描述系统中的所有对象、对象的属性及对象之间的相互关系。对象模型是系统的静态模型。

动态模型：描述系统的动态行为。一般通过顺序图和通信图来描述系统中对象之间的交互关系，以揭示所有对象如何通过分工协作来实现每个具体用例：通过状态机图来描述系统中单个对象的状态变化情况，以揭示单个对象的动态行为。通过活动图得到事件流的执行情况描述。

只有结合静态模型和动态模型，才能够真正地将一个系统描述清楚。静态模型和动态模型对后续的编码具有不同的指导意义。静态模型主要用于指导类的声明，包括类名称、属性名、方法名；而动态模型主要用于指导类的实现，还有每个方法内部的具体实现。

RUP 过程中建议使用以架构为中心的 UML 描述方法，也就是说，一个确定的基本系统架构是非常重要的，并且在过程的早期就要建立这个架构，系统架构是由不同模型的一组视图表达的。UML 图描述系统某个方面的局部特征，多个相关的图可以描述系统某个方面的全部特征，我们往往把描述系统某个方面全部特征的多个图的集合称为视图。RUP 架构一般包括逻辑视图、并发视图、组件视图和配置视图，而用例视图则把这四种视图联系在一起，如图 8-1 所示。

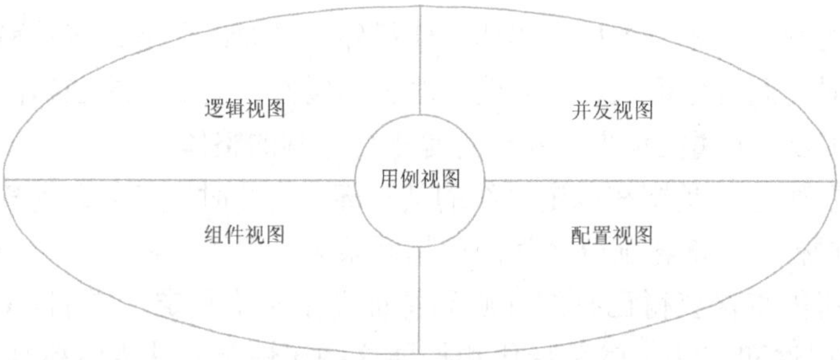

图 8-1 UML 的视图体现了系统的架构

(1) 用例视图强调从用户的角度看到的或需要的系统功能，这种视图也称为用户模型视图。视图中的用例图描述系统的功能。

(2) 逻辑视图展现系统的静态或结构组成及特征，也称为结构模型视图或静态视图。视图中类图描述系统的静态结构，对象图描述系统在某个时刻的静态结构。

(3) 并发视图体现了系统的动态或行为特征，也称为行为模型视图、过程视图、动态视图。其中顺序图按时间顺序描述系统元素间的交互；通信图主要按照空间顺序描述系统元素间的交互和它们之间的关系；状态机图描述了系统元素的状态条件和响应；活动图描述了系统元素的活动。

(4) 组件视图体现了系统实现的结构和行为特征，也称为实现模型视图和开发视图，其中组件图描述了实现系统的元素的组织。

(5) 配置视图体现了系统实现环境的结构和行为特征，也称为环境模型视图或物理视图。其中部署图描述了环境元素的配置，并把实现系统的元素映射到配置上。

架构是系统的映射，它定义了系统的不同组成部分、它们之间的关系和交互、通信机制以及一些整体规则、如何修改系统组件、如何添加新组件等，好的架构强调系统的功能和非功能方面。

8.2　需求分析方法

8.2.1　面向对象分析方法

面向对象分析（OOA）方法是在一个系统的开发过程中进行了系统业务调查以后，按照面向对象的思想来分析问题。

1）处理复杂问题的原则

用 OOA 方法对所调查结果进行分析处理时，一般依据以下几项原则。

（1）抽象：指为了某一分析目的而集中精力研究对象的某一性质，它可以忽略其他与此目的无关的部分。在使用这一概念时，必须承认客观世界的复杂性，也知道事物包括多个细节，但此时并不打算完整地考虑它。抽象是科学地研究和处理复杂问题的重要方法。抽象机制被用在数据分析方面，称为数据抽象。数据抽象是 OOA 的核心。数据抽象把一组数据对象以及作用在其上的操作组成一个程序实体。使得外部只知道它是如何做和如何表示的。在应用数据抽象原理时，系统分析人员必须确定对象的属性以及处理这些属性的方法，并借助方法获得属性。在 OOA 中属性和方法被认为是不可分割的整体。

（2）封装（信息隐蔽）：是指在确定系统的某一部分内容时，应考虑到其他部分的信息及联系都在它的内部进行，外部各部分之间的信息联系应尽可能少。

（3）继承：是指能直接获得已有的性质和特征而不必重复定义它们。OOA 可以一次性地指定对象的公共属性和方法，然后特化和扩展这些属性及方法为特殊情况，这样可大大减少在系统实现过程中的重复劳动。在共有属性的基础之上，继承者也可以定义自己独有的特性。

（4）相关：是指把某一时刻或相同环境下发生的事物联系在一起。

（5）消息通信：是指在对象之间互相传递信息的通信方式。

（6）组织方法：在分析和认识世界时，可综合采用如下三种组织方法：①特定对象与其属性之间的区别；②整体对象与相应组成部分对象之间的区别；③不同对象类的构成及其区别等。

（7）比例：是一种运用整体与部分原则辅助处理复杂问题的方法。

（8）行为范畴：是针对被分析对象而言的，它们主要包括基于直接原因的行为、时变性行为、功能查询性行为。

2）OOA 方法的基本步骤

在用 OOA 方法具体分析一个事物时，大致遵循如下两个步骤。

（1）确定系统的逻辑模型。①确定对象和类。这里所说的对象是对数据及其处理方式的抽象，它反映了系统保存和处理现实世界中某些事物的信息的能力。类是多个对象的共同属性和方法集合的描述，它包括如何在一个类中建立一个新对象的描述。②确定结构。结构是指问题域的复杂性和连接关系。类成员结构反映了泛化-特化关系，整体-部分结构反映了整体和局部之间的关系。

（2）确定系统的过程模型：状态机图、活动图、顺序图、通信图。

8.2.2 陈述需求

系统分析的第一步是陈述需求。分析者必须同用户一块工作来检查需求获取阶段得到的用例模型并提炼需求，因为这样才表示了用户的真实意图，其中涉及对需求的分析及查找丢失的信息。

8.2.3 建立逻辑模型

类图的建模分析步骤如下。

（1）寻找出需求中的名词（候选对象）。

（2）合并含义相同的名词，排除范围以外的名词，并寻找隐含的名词。

（3）去掉只能作为类属性的名词。

（4）剩下的名词就是要找的分析类（候选类）。

（5）根据常识、问题域、系统责任确定该类有哪些属性。

（6）补充该类的动态属性，如状态、对象间联系（如聚合、关联）等属性。

（7）补充每个类的分析文档，为类的进一步设计打下基础。

类的识别方法如下。

定义类的基础是系统的需求规格说明，通过分析需求说明文档，从中找到需要定义的类。而原始需求由文字描述而成，就是由名词、动词、形容词等按照一定的规则组合而成，名词一般被识别成类或属性，动词一般被识别成操作，形容词一般被识别成性能属性。

一个名词被识别成属性还是类，与该软件业务有很大的关系，通常如果一个名词有另外的名词作为附属，或有一个动词受此名词的支配，那么该名词就是类，其次要寻找隐含在字里行间的名词，合并含义相同的名词。

下面列出一些可以帮助建模者定义类的问题。

（1）有没有一定要存储或分析的信息，如果存在需要存储、分析或处理的信息，那么该信息可能就是一个类，这里讲的信息可以是概念（该概念总在系统中出现），也可以是事件或事务（它发生在某一时刻）。

（2）有没有外部系统，如果有外部系统则可以看作类，该类可以是本系统所包含的类，也可以是本系统与之交互的类。

（3）有没有模板、类库、组件等，如果有，则它们通常应作为类。模板、类库、组件可以来自原来的工程，或别人赠送，或从厂家购买。

（4）系统中是否有被控制的设备，凡是与系统相连的任何设备都要有对应的类，通过这些类控制设备。

（5）有无需要表示的组织机构，在计算机系统中表示组织机构通常用类，特别是构建商务模型时用得更多。

（6）系统中有哪些角色，这些角色也可以看成类，如用户、系统操作员、客户等。

这些寻找出来的待定类经过反复整理、筛选，最后形成候选类。

类的属性是类的一个描述特征，如果一个类没有这个属性，就不能保持语义的完整性，这也是属性取舍的依据，进行系统分析时，人们往往只关心与特定系统有关的属性。

和类的来源一样，属性也是来源于原始需求中的名词。其次属性具有另外一个重要的特征——原子性，即属性不能再分解，同时不能从其他属性推出这个属性。寻找属性时，一般要从类的实例即对象来着手，并从以下几方面考虑。

（1）按一般常识这个对象有哪些属性。

（2）在当前问题域该对象有哪些属性。

（3）根据系统责任，这个对象应该有哪些属性。

（4）为了实现某些功能，对象需要增加哪些属性。

（5）对象有哪些区别的状态。

（6）对象整体和部分属性设置。

类的操作位于类内部，用来操作属性或进行其他动作，只适合这个类的所有对象。操作签名是指操作的返回类型、名称、参数。它是操作完成所必要的全部信息，类的操作是通过类的对象调用来实现的。寻找操作也要从类的实例即对象着手，并从以下几方面考虑。

（1）从需求中的功能寻找对象的操作。

（2）系统行为推迟到设计阶段。

（3）暂不考虑对象中读、写属性这样的操作。

（4）根据系统责任，这个对象应该有哪些操作。

（5）分析对象的状态转换，寻找操作。

（6）追踪流程，寻找操作。

（7）类本身要使用哪些操作来维护信息更新以及信息的一致性和完整性。

8.2.4 以学生管理系统为例寻找类并建立类模型

需求内容陈述如下：在学生管理系统中，要为每个学生建立个人信息档案，包括学号、姓名、性别、年龄、入学时间、专业、联系电话和家庭住址等个人信息。系统管理员登录系统并通过身份验证后，可以执行对学生个人信息档案的添加、删除、修改和查询操作。教师登录系统并通过验证后，可以录入自己负责的科目、学生的考试成绩，也可查询学生的个人信息和成绩。学生登录系统并通过身份验证后可以查询自己的个人所有信息。校长登录系统并通过身份验证后可以查询学校所有学生的全部信息。系统管理员要完成系统维护工作，包括日志、管理员权限、学生信息、数据库的维护等工作。

然后就是建立系统的对象模型结构。

要建立系统的对象模型结构，首先要标识和关联类，因为类的确定以及关联影响整个系统的结构和解决问题的方法；其次是增加类的属性，进一步描述类和关联的基本网络，在这个过程中我们可以使用继承、包等来组织类；最后是将操作增加到类中作为构造动态模型和功能模型的副产品。下面就分别进行介绍。

1）标识和确定类

构造对象模型的第一步是标出来自问题域的相关对象类，这些对象类包括物理实体和概念的描述。所有类在应用中都应当是有意义的，在问题陈述中，并非所有类都是明显给出的，有些是隐含在问题域或一般知识中的。通常来说，一个确定类的过程包括：从需求说明中选取相关的名词确定一些类，然后对这些类进行分析，过滤掉不符合条件的类。

我们查找问题陈述中的所有名词，产生如下暂定类。

软件　学生管理系统　系统管理员　学生　老师

个人信息　管理员权限　学生的考试成绩

学生的班级　日志　数据库维护　校长

接下来我们根据下列标准去掉一些不必要的类和不正确的类。

（1）消除冗余类。如果存在两个类表述了同一个信息，则保留最富有描述能力并且和系统紧密相关的类。例如，“个人信息”和“学生”就是重复的描述，因为“学生”最富有描述性，所以保留它。

（2）去除与系统不相干的类。与问题没有关系或根本无关的类，在类的确定中应当去除。

（3）去除模糊类。由于类必须是明确的，有些暂定类中边界的定义模糊或范围太广，例如，“软件”就是模糊类，就这个系统而言，它是指“学生管理系统”。

（4）去除属性。某些名词描述的是其他对象的属性，应当把这些类从暂定类中删除。但是如果某一个名词的独立性很重要，就应该把它归属到类，而不把它作为属性。例如，“学生的考试成绩”和“学生的班级”属于学生信息的属性，应当去除。

（5）去除操作。如果问题陈述中的名词中有动作含义的名词，则含有这样描述的操作的名词就不应当是类，如“数据库维护”属于操作而不是类。

在图书管理信息系统中，根据上面的标准，把“软件”“个人信息”“学生的考试信息”“学生的班级”“数据库维护”等这些类除去。

2）准备数据字典

为所有建模实体准备一个数据字典来进行描述。数据字典应当准确描述各个类的精确含义，描述当前问题中类的范围，包括对类的成员、用法方面的假设或限制等。例如，学生的信息应当包括姓名、学号、年龄、性别、入学时间等。

3）确定关联

关联是指两个或多个类之间的相互依赖。一种依赖表示一种关联，可用各种方式来实现关联。关联常用描述性动词或动词词组来表示，其中有物理位置的表示、传导的动作、通信、所有者关系、条件的满足等。从问题陈述中抽取所有可能的关联表述，把它们记下来，但不要过早地细化这些表述。

系统中所有可能的关联大多数是直接抽取问题中的动词词组而得到的。在陈述中，有些动词词组表述的关联是不明显的。最后，还有一些关联与客观世界或人的假设有关，必须同用户一起核实这种关联，因为这种关联在问题陈述中找不到。

学生管理系统问题陈述中的关联如下。

（1）每个学生建立一个个人档案。

（2）只有系统管理员有权对学生的信息进行添加、删除、修改。

（3）学生包括各个专业的学生。

（4）一个学生有多个科目的成绩。

（5）一个班级有多个学生。

（6）系统管理员完成系统维护工作。

（7）维护包括日志、管理员权限、学生信息、数据库的维护等工作。

（8）系统提供个人信息的安全保证。

使用下列标准去掉不必要和不正确的关联。

（1）如果某个类被删除，那么与它有关的关联也必须删除或者用其他类来进行重新表述。

（2）不相干的关联或实现阶段的关联应当被删除。删除所有问题域之外的关联或涉及实现结构中的关联。

（3）某些动作应当被删除。关联应该描述应用域的结构性质而不是瞬时事件，因此对一些瞬时事件的描述也应当被删除。

（4）派生关联应当被删除。省略那些可以用其他关联来定义的关联，因为这种关联是冗余的。

4）确定属性

属性是个体对象的性质，属性通常用修饰性的名词词组来表示。形容词常常表示具体的可枚举的属性值，属性不可能在问题陈述中完全表述出来，必须借助于应用域的知识及对客观世界的知识才可以找到它们。只考虑与具体应用直接相关的属性，不要考虑那些超出问题域的属性。首先找出重要属性，避免那些只用于实现的属性，要为各个属性进行有意义的命名。按下列标准删除不必要的和不正确的属性。

（1）可以作为对象的属性。若实体的独立存在比它的值重要，那么这个实体不是属性而是对象。例如，在邮政目录中，“城市”可以看作一个属性，然而在人口普查中，“城市”则被看作对象。在具体应用中，具有自身性质的实体一定是对象。

（2）对象的限定词。若属性值取决于某种具体上下文，则可考虑把该属性重新表述为一个限定词。

（3）对象的名称。名称常常作为限定词而不是对象的属性，当名称不依赖于上下文关系时，名称即为一个对象属性，尤其是它不唯一时。

（4）对象的标识符。在考虑对象模糊性时，引入对象标识符来表示。在对象模型中不列出这些对象标识符，它是隐含在对象模型中的，只列出存在于应用域的属性。

（5）对象的内部值。若属性描述了对外不透明的对象的内部状态，则应从对象模型中删除该属性。

（6）细化的细节。忽略那些不可能对大多数操作有影响的属性。

5）使用继承来细化类

使用继承来共享公共属性，以此来对类进行组织，一般可以使用下列两种方式来进行。

（1）自底向上通过把现有类的共同性质一般化为父类，寻找具有相似属性、关系或操作的类来发现继承。例如，“博士生”和“本科生”是类似的，可以一般化为“大学生”。这些一般化结果常常是基于客观世界边界的现有分类，只要可能，尽量使用现有概念。

自顶向下将现有的类细化为更具体的子类。具体化常常可以从应用域中明显看出来。在应用域中各枚举情况是最常见的具体化的来源。例如，按钮有普通按钮、单选按钮、多选按钮等，因此可以把按钮类具体细化为各种具体按钮的子类。当同一关联名出现多次且意义相同时，应尽量具体化为相关联的类。在类层次中，可以为具体的类分配属性和关联。各属性和关联都应分配给最一般的适合的类，有时也加上一些修正。

（2）应用域中各枚举情况是最常见的具体化的来源。

6）完善对象模型

对象建模不可能一次就能保证模型是完全正确的，软件开发的整个过程就是一个不断完善的过程。模型的不同组成部分多半是在不同的阶段完成的，如果发现模型的缺陷，就必须返回到前期阶段去修改，有些细化工作是在动态模型和功能模型完成之后才开始进行的。

下面是几种可能丢失对象的情况及解决办法。

（1）同一类中存在毫无关系的属性和操作，则分解这个类，使各部分相互关联。

（2）一般化体系不清楚，则可能分离扮演两种角色的类。

（3）存在无目标类的操作，则找出并加上失去目标的类。

（4）存在名称及目的相同的冗余关联，则通过一般化创建丢失的父类，把关联组织在一起。

对于多余类还需要进行查找，如果类中缺少属性、操作和关联，则可删除这个类。对于丢失的关联的查找，如果丢失了操作的访问路径，则加入新的关联以回答查询。

8.2.5 建立过程模型

（1）准备场景。用例是抽象的功能需求，具体到实际运行中的用例则表现为场景形式。动态分析从寻找场景的事件开始，然后确定各对象可能的事件顺序。在分析阶段不考虑算法的执行，算法是设计模型的一部分。

（2）确定事件。确定所有外部事件。事件包括所有来自或发往用户的信息、外部设备的信号、输入、转换和动作，可以发现正常事件，但不能遗漏条件和异常事件。

（3）准备事件跟踪表。把场景表示成一个事件跟踪表，即不同对象之间的事件排序表，对象为表中的列，给每个对象分配一个独立的列。

（4）构造状态机图、活动图、顺序图、通信图。

1. 状态机图的建模分析步骤

（1）确定进行系统控制的对象，也可以从顺序图中寻找。

（2）确定对象的起始状态和结束状态。

（3）在对象的整个生命周期寻找有意义的控制状态。

（4）寻找状态之间的转换。

（5）补充引起转换的事件。

（6）用 UML 建模工具画状态机图。

（7）补充必要的文档。

2. 活动图建模的步骤

（1）在采集的原始需求中选择重点流程。

（2）确定要设计的活动图是针对业务流程还是用例的。

（3）设计活动过程的起点和终点。

（4）确定活动图的所有执行对象。

（5）确定活动节点，并根据执行对象进行活动分组：①如果对用例创建活动图，则把角色所发出的每一个动作变为活动节点；②如果对业务流程创建活动图，则把每一个流程步骤（或片段）变为活动节点。

（6）确定活动节点之间的转移。

（7）处理在活动节点之间的分支和合并。

（8）处理在活动节点之间的分叉和汇合。

（9）用 UML 建模工具进行活动图建模。

（10）编写必要的补充文档。

3. 顺序图的建模分析步骤

（1）完成用例图的细致分析。

（2）对每个用例，识别出参与基本事件流的对象（包括接口、子系统、角色等）。

（3）识别这些对象是主动对象还是被动对象。

（4）识别这些对象发出的消息是同步消息还是异步消息。

（5）从主动对象开始向接收对象发送消息。

（6）接收对象调用自己的服务为主动对象返回结果。

（7）如果接收对象需要调用其他对象的服务，则需要向其他对象再发送消息。

（8）如此反复，最后返回给主动对象有意义的结果。

（9）用 UML 建模工具绘出顺序图。

（10）给顺序图补充必要的说明文档。

4. 通信图的建模分析步骤

（1）完成用例图的分析。

（2）对每个用例，识别参与基本事件流的对象（包括接口、子系统、角色等）。

（3）识别对象间的连接关系。

（4）识别这些对象发出的消息顺序。

（5）从主动对象开始向接收对象发送消息。

（6）接收对象调用自己的服务为主动对象返回结果。

（7）如果接收对象需要再调用其他对象的服务，则需要向其他对象再发送消息。

（8）如此反复，最后返回给主动对象有意义的结果。

（9）用 UML 建模工具绘出通信图。

（10）给通信图补充必要的说明文档。

8.3 需求分析路线图

分析过程如下。

（1）类抽取：①进一步细化分析系统的功能模型（即用例的场景分析）；②画出类图、对象图；③画出动态模型（用状态机图或活动图表示）。

（2）细化和实现用例，画出顺序图或通信图。

分析得到的文档可用图 8-2 所示模板表示。

a. 引言 a.1 目的 a.2 文档约定 a.3 预期的读者和阅读建议 a.4 产品的范围 a.5 参考文献	d. 系统特性 d.1 说明和优先级 d.2 激励/响应序列 d.3 功能需求
b. 综合描述 b.1产品的前景 b.2 产品的功能 b.3 用户类和特征 b.4 运行环境 b.5 设计和实现上的限制 b.6 假设和依赖	e. 其他非功能需求 e.1 性能需求 e.2 安全设施需求 e.3 安全性需求 e.4 软件质量属性 e.5 业务规则 e.6 用户文档
c. 外部接口需求 c.1 用户界面 c.2 硬件接口 c.3 软件接口 c.4 通信接口	f. 其他需求 附录 A:词汇表 附录 B:分析模型 附录 C:待确定问题的列表

图 8-2 需求规格说明书模板

8.4 分析人事管理系统案例

我们在 7.6 节提到的人事管理系统案例的部分系统设计类图如下。

普通员工：提供了两个方法，即请假条填写与个人请假查询方法。

管理员类：此类其实就是普通员工类的子类，其方法为普通员工资料的添加与员工信息的查询。

公司领导类：此类也是普通员工类的子类，其方法为请假条的批示与员工请假查询。

图 8-3 给出了请假模块的设计类图。

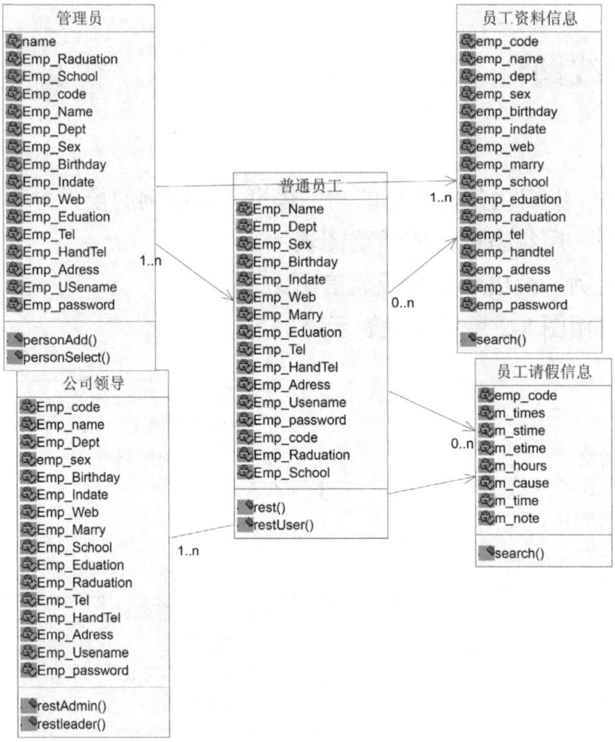

图 8-3　请假模块的设计类图

1. 核心用例的顺序图

由于在此系统中，提供的所有功能中有部分是相同或相似的，所以只提供了一个图作为学习参考。通过顺序图，用户对系统的功能及操作流程会有非常准确的了解，以使其能快速上手使用系统。

（1）普通员工顺序图如图 8-4 所示。

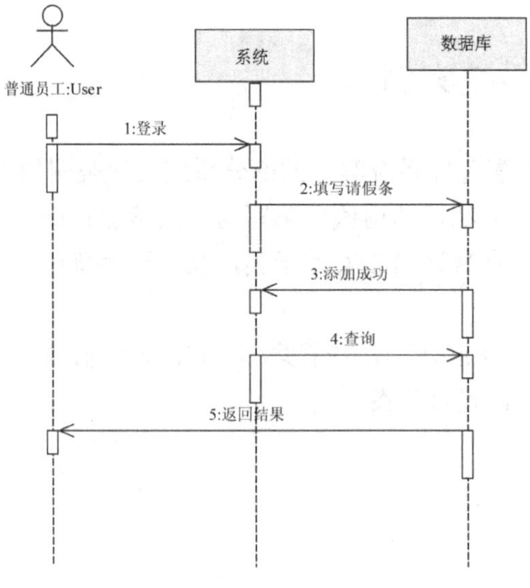

图 8-4　普通员工顺序图

（2）管理员顺序图如图 8-5 所示。

（3）公司领导顺序图如图 8-6 所示。

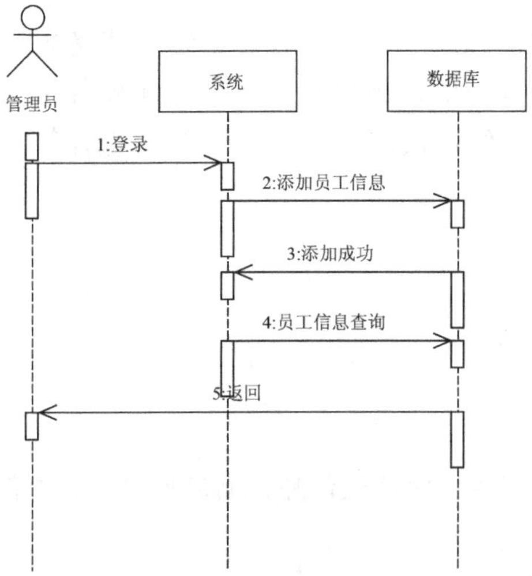

图 8-5 管理员顺序图

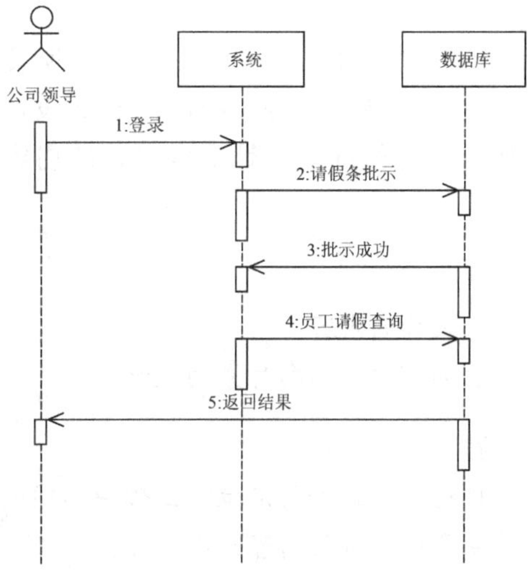

图 8-6 公司领导顺序图

2. 核心用例的状态机图

通过状态机图，加上顺序图，用户对系统的了解使用就不再有困难了。通过图 8-7 的状态图，可以明确地展示出系统在运行过程中的各个状态及变化的原因，并能准确地知道系统的动作。

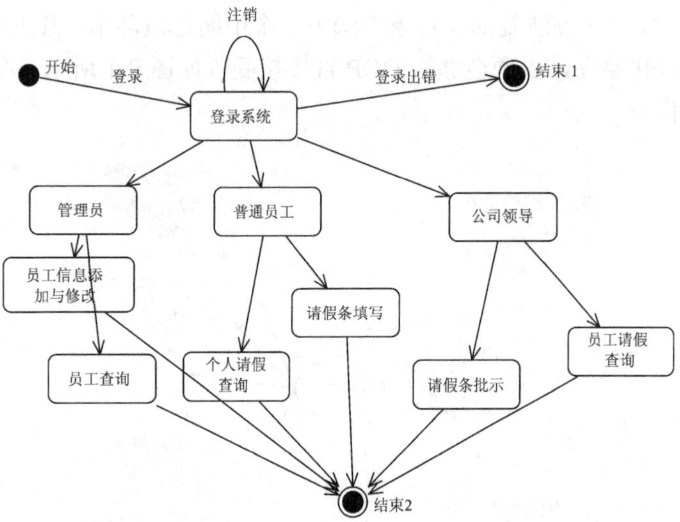

图 8-7 状态机图

第9章　设　　计

有了软件需求规格说明书，软件所要解决的问题就明确了，设计是进一步考虑用计算机软件系统解决问题。而面向对象设计侧重于理解解决方案，进一步描述软件类的细节。如何做好软件设计是本章讲述的内容，同时介绍面向对象设计中数据库设计等相关环节。

本章知识要点

（1）设计的内容。

（2）如何做好面向对象的设计。

兴趣实践

软件行业工作如何定位？工作中不同的工种有哪些？软件设计师、测试师、维护工程师的工作主要包括哪些内容？

探索思考

传统软件工程中的概要设计和面向对象设计的区别是什么？

预习准备

复习传统软件工程方法的设计知识及面向对象程序语言的继承和多态知识。

9.1　设计概述

面向对象设计（OOD）方法是面向对象方法中一个中间过渡环节，其主要作用是对OOA的结果作进一步规范化整理，以便能够被OOP直接接受，如图9-1所示。在OOD过程中，主要有如下几项工作。

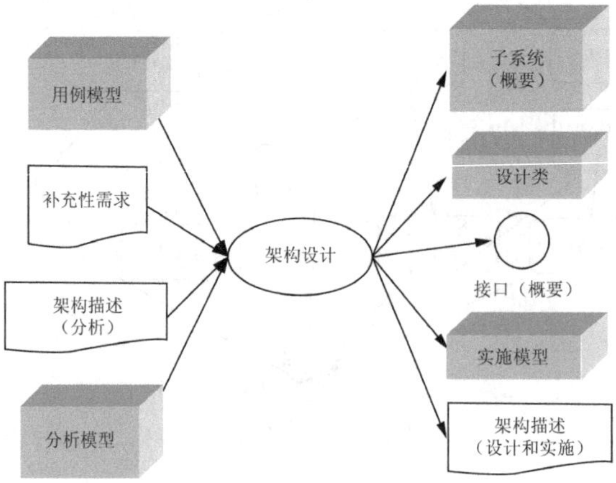

图9-1　RUP中的设计过程

1）对象定义规格的求精过程

对于 OOA 所抽象出来的对象、类以及汇集的分析文档，OOD 需要有一个根据设计要求整理和求精的过程，使之更符合 OOP 的需要。

面向对象设计是以面向对象分析阶段产生的分析模型作为输入，通过对分析模型中所有对象的分析，细化对象的属性和操作，指定对象属性的详细类型，补全对象之间的关系，通过不断细化把分析模型转化成描述如何解决问题、如何实现软件系统的更详细的对象模型。此后，面向对象设计工作也需要根据面向对象分析阶段产生的动态模型，在更贴近具体实现的层面详细描述系统中所有对象的交互关系，产生最终的、可直接用于代码编写的动态模型。利用面向对象设计的结果，实现阶段的程序员可以很容易地完成编码和测试工作。

2）数据模型和数据库设计

数据模型的设计需要确定类、对象属性的内容、消息连接的方式、系统访问、数据模型的方法等。最后每个对象实例的数据都必须落实到面向对象的库结构模型中。

3）优化

OOD 的优化设计过程是从另一个角度对分析结果和处理业务过程的整理归纳，优化包括对象和结构的优化、抽象、集成。

9.2 面向对象设计

面向对象设计是把分析阶段得到的需求转变成符合成本和质量要求的、抽象的系统实现方案的过程。从面向对象分析到面向对象设计是一个逐渐扩充模型的过程。

瀑布模型把设计进一步划分成概要设计和详细设计两个阶段，类似地，也可以把面向对象设计再细分为系统设计和对象设计。系统设计确定实现系统的策略和目标系统的高层结构。对象设计确定解空间中的类、关联、接口形式及实现操作的算法。

1. 面向对象设计的准则

1）模块化

面向对象开发方法很自然地支持把系统分解成模块的设计原则：对象就是模块。它是把数据结构和操作这些数据的方法紧密地结合在一起所构成的模块。

2）抽象

面向对象方法不仅支持过程抽象，而且支持数据抽象。

3）信息隐藏

在面向对象方法中，信息隐藏通过对象的封装性来实现。

4）低耦合度

在面向对象方法中，对象是最基本的模块，因此，耦合主要指不同对象之间相互关联的紧密程度。低耦合度是设计的一个重要标准，因为这有助于使得系统中某一部分的变化对其他部分的影响降到最低程度。

5）高内聚

（1）操作内聚。

（2）类内聚。

（3）一般-具体内聚。

事实上，如果一个软件的内聚度和耦合度都符合要求，它也就自然具备了比较好的可复用性、可扩展件和可维护性。

内聚度：表示一个模块、类或函数所承担职责的自相关程度。如果一个模块只负责一件事情，就说明这个模块有很高的内聚度；如果一个模块负责很多毫不相关的事情，则说明这个模块的内聚度很低。内聚度高的模块通常很容易理解，也很容易被复用、扩展和维护。

耦合度：表示模块和模块之间、类和类之间、函数和函数之间关系的亲密程度。耦合度越高，软件单元间的依赖性也就越强，软件的可维护性、可扩展性和可复用性就会相应地降低。在结构化程序设计语言中，如果两个函数访问了同一个全局变量，它们之间就具有了非常强的耦合度，如果它们都没有访问全局变量，它们彼此的耦合度则由二者互相调用时传递的信息量来决定。函数调用时，函数参数包含的信息越多，函数和函数之间的耦合度越大。在面向对象的程序设计语言中，类与类之间的耦合度由它们为了完成自己的职责而必须相互发送的消息及消息的参数来决定。

概括起来，较低的耦合度和较高的内聚度，即“低耦合、高内聚”是所有优秀软件的共同特征。

2. 面向对象设计的启发规则

（1）设计结果应该清晰易懂。使设计结果清晰、易懂、易读是提高软件可维护性和可重用性的重要条件。显然，人们不会重用那些他们不理解的设计，这就要做到：①用词一致；②使用已有的协议；③减少消息模式的数量；④避免模糊的定义。

（2）一般-具体结构的深度应适当。

（3）设计简单类。应该尽量设计小而简单的类，这样便于开发和管理。为了保持简单，应注意：①避免包含过多的属性；②有明确的定义；③尽量简化对象之间的合作关系；④不要提供太多的操作。

（4）使用简单的协议。一般来说，消息中的参数不要超过 3 个。

（5）使用简单的操作。面向对象设计的类中的操作通常都很简短，一般只有 3～5 行源程序语句，可以用仅含一个动词和一个宾语的简单句子描述它的功能。

（6）把设计变动减至最小。通常设计的质量越高，设计结果保持不变的时间越长。即使出现必须修改设计的情况，也应该使修改的范围尽可能小。

3. 系统设计

系统设计是问题求解及建立解答的高级策略，必须制定解决问题的基本方法，系统的高层结构形式包括子系统的分解、它的固有并发性、子系统分配给软硬件、数据存储管理、资源协调、软件控制实现、人机交互接口。

4. 类的详细设计

类的详细设计包括以下内容。

（1）分析确定在问题空间和解空间出现的全部对象及其属性。

（2）确定应施加于每个对象的操作并迭代优化：①从需求中的动词、功能或系统责任中寻找类的操作（候选操作）；②从状态转换、流程跟踪、系统管理等方面补充类的操作；③对所寻找的操作进行合并、筛选；④对所寻找的操作在类间进行合理分配（职责分配），形成每个类操作。

5. 设计模式

可复用面向对象软件系统现在一般划分为两大类：应用程序工具箱和框架（Framework），我们平时开发的具体软件都是应用程序，Java 的 API 属于工具箱；而框架是构成一类特定软件可复用设计的一组相互协作的类，EJB（Enterprise JavaBeans）是 Java 应用于企业计算的框架。

设计作品框架通常定义了应用体系的整体结构类和对象的关系等设计参数，以便于具体应用实现者能集中精力于应用本身的特定细节。框架主要记录软件应用中共同的设计决策，框架强调设计复用，因此框架设计中必然要使用设计模式。

另外，设计模式有助于对框架结构的理解，成熟的框架通常使用了多种设计模式，如果熟悉这些设计模式，毫无疑问，用户将迅速掌握框架的结构，一般开发者如果初次接触 EJB、J2EE 等框架，会觉得特别难学，难掌握，那么转而先掌握设计模式，无疑是给了学习者剖析 EJB 或 J2EE 系统的一把利器。

设计模式是一套被反复使用、多数人知晓的、经过分类编目的代码设计经验的总结。使用设计模式是为了可重用代码，让代码更容易被他人理解，保证代码的可靠性。毫无疑问，设计模式于己、于他人、于系统都是多赢的，设计模式使代码编制真正工程化，设计模式是软件工程的基石，如同大厦的一块块砖石一样。项目中合理地运用设计模式可以完美地解决很多问题，每种模式都有相应的原理与之对应。设计模式把简单的问题标准化处理，把环境中的各个部分进行抽象、归纳、解耦合，每一个模式描述了一个在我们周围不断重复发生的问题，以及该问题的核心解决方案，这也是它能被广泛应用的原因。

设计模式分为三种类型，共 23 种。

创建型模式：单例模式、抽象工厂模式、建造者模式、工厂模式、原型模式。

结构型模式：适配器模式、桥接模式、装饰模式、组合模式、外观模式、享元模式、代理模式。

行为型模式：模板方法模式、命令模式、迭代器模式、观察者模式、中介者模式、备忘录模式、解释器模式、状态模式、策略模式、职责链模式、访问者模式。

Abstract Factory（抽象工厂模式）：提供一个创建一系列相关或相互依赖对象的接口，而无须指定它们具体的类。

Adapter（适配器模式）：将一个类的接口转换成客户希望的另外一个接口。该模式使得原本由于接口不兼容而不能一起工作的那些类可以一起工作。

Bridge（桥接模式）：将抽象部分与它的实现部分分离，使它们可以独立地变化。

Builder（建造者模式）：将一个复杂对象的构建与它的表示分离，使得同样的构建过程可以创建不同的表示。

Chain of Responsibility（职责链模式）：为解除请求的发送者和接收者之间的耦合，而使多个对象都有机会处理这个请求。将这些对象连成一条链，并沿着这条链传递该请求，直到有一个对象处理它。

Command（命令模式）：将一个请求封装为一个对象，从而可用不同的请求对客户进行参数化；对请求排队或记录请求日志，以及支持可取消的操作。

Composite（组合模式）：将对象组合成树型结构以表示“部分-整体”的层次结构。它使得客户对单个对象和复合对象的使用具有一致性。

Decorator（装饰模式）：动态地给一个对象添加一些额外的职责。就扩展功能而言，它比生成子类方式更为灵活。

Facade（外观模式）：为子系统中的一组接口提供一个一致的界面，Facade 模式定义了一个高层接口，这个接口使得这一子系统更加容易使用。

Factory Method（工厂模式）：定义一个用于创建对象的接口，让子类决定将哪一个类实例化。Factory Method 使一个类的实例化延迟到其子类。

Flyweight（享元模式）：运用共享技术有效地支持大量细粒度的对象。

Interpreter（解析器模式）：给定一门语言，定义它的语法的一种表示，并定义一个解释器，该解释器使用该表示来解释语言中的句子。

Iterator（迭代器模式）：提供一种方法顺序访问一个聚合对象中的各个元素，而又不需暴露该对象的内部表示。

Mediator（中介模式）：用一个中介对象来封装一系列的对象交互。中介者使各对象不需要显式地相互引用，从而使其耦合松散，而且可以独立地改变它们之间的交互。

Memento（备忘录模式）：在不破坏封装性的前提下，捕获一个对象的内部状态，并在该对象之外保存这个状态。这样以后就可将该对象恢复到保存的状态。

Observer（观察者模式）：定义对象间的一种一对多的依赖关系，以便当一个对象的状态发生改变时，所有依赖于它的对象都得到通知并自动刷新。

Prototype（原型模式）：用原型实例指定创建对象的种类，并且通过复制这个原型来创建新的对象。

Proxy（代理模式）：为其他对象提供一个代理以控制对这个对象的访问。

Singleton（单例模式）：保证一个类仅有一个实例，并提供一个访问它的全局访问点。单例模式是最简单的设计模式之一，但是对于 Java 开发者来说，它却有很多缺陷。

State（状态模式）：允许一个对象在其内部状态改变时改变它的行为。对象看起来似乎修改了它所属的类。

Strategy（策略模式）：定义一系列的算法，把它们一个个封装起来，并且使它们可相互替换。本模式使得算法的变化可独立于使用它的客户。

Template Method（模板方法模式）：定义一个操作中算法的骨架，而将一些步骤延迟到子类中。Template Method 使得子类可以不改变一个算法的结构，即可重定义该算法的某些特定步骤。

Visitor（访问者模式）：表示一个作用于某对象结构中的各元素的操作。它使用户可以在不改变各元素的类的前提下定义作用于这些元素的新操作。

设计模式的六大原则介绍如下。

1）开闭原则（Open Close Principle）

开闭原则就是对扩展开放，对修改关闭。在程序需要进行拓展的时候，不能去修改原有的代码，实现热插拔的效果。所以一句话概括就是：为了使程序的扩展性好、易于维护和升级而想要达到这样的效果，我们需要使用接口和抽象类，后面的具体设计中我们会提到这点。

2）里氏代换原则（Liskov Substitution Principle，LSP）

里氏代换原则是面向对象设计的基本原则之一。里氏代换原则指出，任何基类可以出现的地方，子类一定可以出现。LSP 是继承复用的基石，只有当衍生类可以替换掉基类，软件单位的功能不受到影响时，基类才能真正被复用，而衍生类也能够在基类的基础上增加新的行为。里氏代换原则是对开闭原则的补充。实现开闭原则的关键步骤就是抽象化。而基类与子类的继承关系就是抽象化的具体实现，所以里氏代换原则是对实现抽象化的具体步骤的规范。

3）依赖倒转原则（Dependence Inversion Principle）

这是开闭原则的基础，具体内容：针对接口编程，依赖于抽象而不依赖于具体。

4）接口隔离原则（Interface Segregation Principle）

这个原则的意思是：使用多个隔离的接口比使用单个接口要好。还是一个降低类之间耦合度的意思，从中我们可以看出，其实设计模式就是一个软件的设计思想，从大型软件架构出发，为了升级和维护方便。

5）迪米特法则（Demeter Principle，最少知道原则）

一个实体应当尽量少地与其他实体之间发生相互作用，使得系统功能模块相对独立。

6）合成复用原则（Composite Reuse Principle）

原则是尽量使用合成/聚合的方式，而不使用继承。

6. 系统实现设计

组件图和部署图建模是整个建模的最后部分，在这里有三个重要的建模元素，即工件、组件、节点，工件是一个真实的物理实现，与平台有很大的关系，组件是对工件的一种软件逻辑管理，是类图的一个映射，节点是一个物理的环境，工件只有部署到节点上才能发挥其作用。节点之间用关联连接，节点和工件之间用依赖连接，组件之间用依赖连接，节点内部包含组件，组件内部包含工件。

前面介绍的用例是系统层次的，静态分析是类层次的，动态分析是对象层次的，现在要分析的组件是子系统层次的，组件是实现阶段的建模元素，而类是分析阶段的建模元素。

组件实际上是由软件的一个个具体物理实现构成的,这些实现不外乎代码和相关的文档，它们统称工件。由于子系统往往对应一个业务过程，所以组件图也是对一个过程的描述。

组件图建模步骤如下。

（1）对系统中的组件建模。

（2）定义相应组件提供的接口。

（3）对它们间的关系建模。

（4）对建模的结果进行精化和细化。

部署图是以软件运行时的硬件节点为中心，从静态方面反映软件与硬件的关系，包括硬件之间的连接关系、软件在硬件上的部署关系以及系统与环境的关系。部署图既表现出各个硬件节点和它们之间的连接关系，又表现出逻辑组件在硬件上的部署关系。

部署图建模步骤如下。

（1）对系统中的节点建模。

（2）对节点间的关系建模。

（3）对系统中的组件建模，组件来自于组件图。

（4）对组件间的关系建模。

（5）对建模的结果进行精化和细化。

9.3 设计路线图

1）结构设计

细化类的属性格式、操作及关系约束。

2）数据库设计

根据类图得到 E-R 图，并进一步细化设计数据库的表。

3）组件和部署设计

在大中型系统中，还要完成系统的部署设计，画出组件图和部署图。

4）详细设计

根据用例图及活动图细化类操作中的相关算法。

9.4 设计案例

9.4.1 系统结构设计

给出人事管理系统部分细化后的类图（参见第 8 章的类图）。

9.4.2 核心用例的组件图

组件图描述了该系统中各个组件的部署情况。通过图 9-2 的组件图，用户可以了解系统中的部署关系，方便使用，对今后系统的维护人员了解系统的结构也提供了不小的帮助。

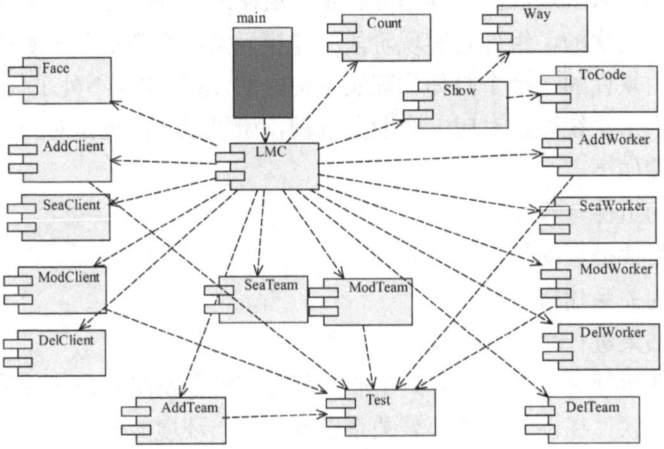

图 9-2 组件图

部署图用来描述系统运行时软件和硬件的物理配置。其中硬件配置包含硬件节点及其连接关系，软件配置包含各组件在硬件节点上的分布情况，如图 9-3 所示。

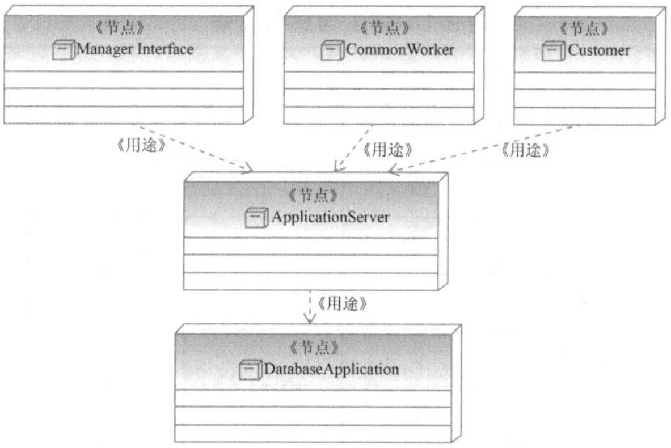

图 9-3　部署图

9.4.3　系统数据库设计

在 UML 中，类图定义了应用程序所需要的数据结构，用实体类以及实体类之间的关系来为数据库中持久存在的数据结构建模。因此，需要将实体类映射为可以被数据库识别的数据结构。

对逻辑数据库模式建模要遵循如下策略。

（1）在模型中识别的类，其状态必须超过其应用系统的生命周期。

（2）创建包含这些类的类图，并把它们标记为永久的。

（3）展开这些类的结构性细节，即详细描述属性的细节，并注重于关联和构造类的基数。

（4）观察系统中的公共模式（如循环关联、一对一关联和 n 元关联）。

（5）考虑这些类的行为，扩展对数据存储和数据完整性来说重要的操作。

（6）如果有可能，用工具把逻辑设计转换成物理设计。

图 9-4 给出了人事管理系统部分模块的 E-R 图。

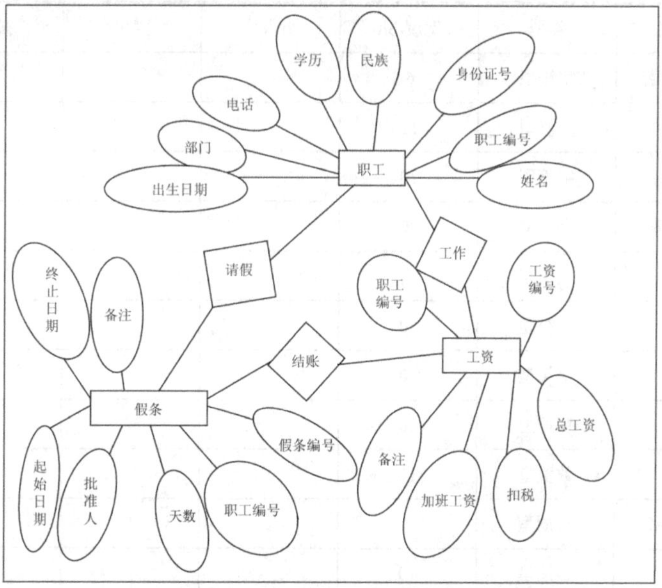

图 9-4　人事管理系统部分模块 E-R 图

表 9-1～表 9-3 给出了人事管理系统部分模块的数据表。

表 9-1 职工信息数据表

字段	字段名	类型	宽度/bit	小数位	索引	排序	Null
1	职工编号	数值型	11				否
2	姓名	字符型	20				否
3	身份证号	字符型	18				否
4	民族	字符型	10				否
5	性别	字符型	4				否
6	出生日期	字符型	20				否
7	毕业学校	字符型	20				否
8	学历	字符型	20				否
9	部门	字符型	20				否
10	职称	字符型	20				否
11	领导	字符型	20				否
12	电话	字符型	20				否
13	Email	字符型	20				否
14	EDIT	数值型	11				否
15	EDITTIME	日期型	8				否
16	备注	备注型	50				否

表 9-2 请假信息数据表

字段	字段名	类型	宽度/bit	小数位	索引	排序	Null
1	假条编号	字符型	6				否
2	职工编号	数值型	11				否
3	起始日期	字符型	20				否
4	终止日期	字符型	20				否
5	天数	数值型	6				否
6	缘由	字符型	50				否
7	状态	字符型	20				否
8	批准人	字符型	20				否
9	EDIT	数值型	11				否
10	EDITTIME	日期型	8				否
11	备注	备注型	10				否

表9-3 员工工资数据表

字段	字段名	类型	宽度/bit	小数位	索引	排序	Null
1	工资编号	字符型	50				否
2	职工编号	数值型	11				否
3	年份	数值型	6				否
4	月份	数值型	6				否
5	基本工资	数值型	11				否
6	加班工资	数值型	11				否
7	交通补助	数值型	11				否
8	总工资	数值型	11				否
9	考勤扣除	数值型	11				否
10	保险扣除	数值型	11				否
11	扣税	数值型	11				否
12	总扣除	数值型	11				否
13	实际工资	数值型	11				否
14	EDIT	数值型	11				否
15	EDITTIME	日期型	8				否
16	备注	备注型	10				否

第10章 实　　现

软件的需求、分析及设计完成后，得到软件的体系结构框图及详细的算法，最后一步是实现，即选择计算机软件语言编程来解决现实问题。本章讲述面向对象的实现，并给出人事管理系统案例的一些界面和算法代码。

本章知识要点

（1）面向对象产生的原因。

（2）面向对象的思考方式。

兴趣实践

手机应用程序选择什么样的语言？Java是未来的发展方向吗？

探索思考

传统软件工程中管理系统是如何进行编程实现的？其优缺点各是什么？

预习准备

复习传统软件工程方法的编程知识及面向对象程序设计语言的编程知识。

10.1　对象实现

实现阶段把设计阶段的类转换成某种面向对象程序设计语言的代码。

10.1.1　程序设计语言

1. 选择面向对象语言

采用面向对象方法开发软件的基本目的和主要优点是通过重用提高软件的生产率。因此，应该优先选用能够最完善、最准确地表达问题域语义的面向对象语言。

在选择编程语言时，应该考虑的因素还包括：对用户学习面向对象分析、设计和编码技术所能提供的培训操作；在使用该面向对象程序设计语言期间能提供的技术支持；能提供给开发人员使用的开发工具、开发平台，对机器性能和内存的需求；集成已有软件的容易程度。

2. 程序设计风格

（1）提高重用性。

（2）提高可扩充性。

（3）提高健壮性。

10.1.2　类的实现

在软件开发过程中，类的实现是核心问题。在用面向对象风格语言所写的系统中，所有的数据都被封装在类的实例中。而整个程序被封装在一个更高级的类中。在使用寄存部件的面向对象系统中，可以只花费少量时间和工作量来实现软件。只要增加类的实例，开发少量的新类和实现各个对象之间互相通信的操作，就能建立需要的软件。

一种方案是先开发一个比较小、比较简单的类作为开发比较大、比较复杂的类的基础。

（1）“原封不动”重用。

（2）进化性重用。一个能够完全符合要求的类可能并不存在，需要迭代地优化。

（3）废弃性开发。不用任何重用来开发一个新类。

（4）错误处理。一个类应是自主的，有责任定位和报告错误。

10.1.3　应用系统的实现

应用系统的实现是在所有的类都被实现之后。实现一个系统是一个比用过程性方法更简单、更简短的过程。有些实例将在其他类的初始化过程中使用，而其余的必须用某种主过程显式地加以说明，或者当作系统最高层的类的表示的一部分。

例如，在 C++中有一个 main 函数，可以使用这个过程来说明构成系统主要对象的那些类的实例。

10.2　实现人事管理系统案例

10.2.1　系统登录界面

用户登录页面：主要提供管理人员登录的系统，登录后对员工的个人信息、工资信息、假条信息进行添加、修改、查询的一些基本操作。

用户登录界面主程序如下：

```
package classsource;
import java.awt.*;
import java.awt.event.*;
import javax.swing.*;
import java.sql.*;
public class Land extends JFrame{
JFrame jf ;
JTextField textName=new JTextField( );
JPasswordField textage=new JPasswordField( );
JLabel label = new JLabel("人事管理系统");
JLabel labelName=new JLabel("用户名：");
JLabel labelage=new JLabel("密码：");
JButton buttonEnter=new JButton("确认");
JButton buttoncancel=new JButton("取消");
public Land( ){
jf=this;
setTitle("确认");
Font f = Font("黑体",Font.PLAIN,14);
```

```
Container con = getContentPane( );
con.setLayout(null);
label.setBounds(100,15,115,25);
label.setFont(Font("黑体",Font.PLAIN,16));
con.add(label);
labelName.setBounds(50,45,60,25);
labelName.setFont(f);
 con.add(labelName);
textName.setBounds(100,45,125,25);
con.add(textName);
labelage.setBounds(50,75,50,25);
con.add(labelage);
labelage.setFont (f) ;
textage.setBounds(100,75,125,25);
con.add(textage);
buttonEnter.setBounds(95,115,65,25);
buttonEnter.setFont(f);
con.add(buttonEnter);
```

用户登录界面如图 10-1 所示。

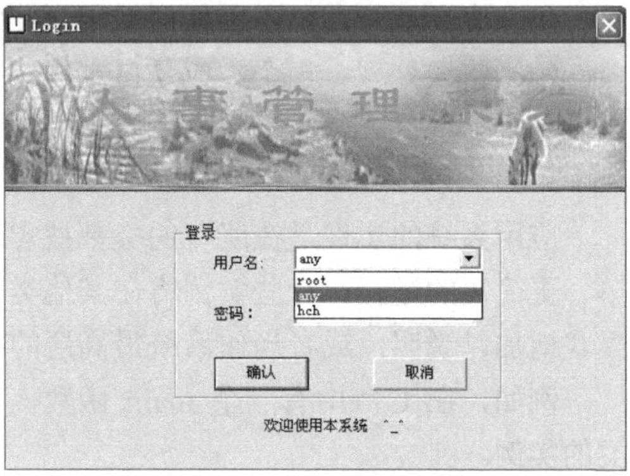

图 10-1　用户登录界面

10.2.2　员工信息界面

在登录界面中输入用户名 any 和密码 any 即可进入员工信息界面。表格中显示员工的基本信息，当切换到不同用户的标签时，下面会显示当前用户的基本信息，拖动滚动条可以看到员工的其他属性。员工信息界面如图 10-2 所示。

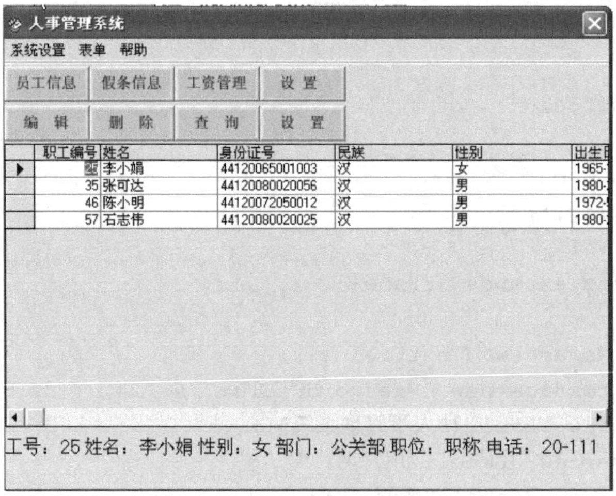

图 10-2　员工信息界面

单击“编辑”按钮会出现员工编辑信息对话框，在其中可以添加新员工信息，也可以删除和修改员工信息。

添加、删除用户类的代码如下：

```
package classsource;
import java.awt.event.*;
import java.awt.*;
import javax.swing.*;
import java.sql.*;
public class AddDeleteUser extends javax.swing.JInternalFrame{
    private JButton butACancel,butDCancel,butDelete,butOk;
    private JComboBox cbUserName;
    private JLabel jLabel1,jLabel2,jLabel3,jLabel4,jLabel5;
    private JPasswordField pas1,pas2,pas3;
    private JTextField txtname;
    public AddDeleteUser( ){
        initComponents( );
        this.setVisible(true);
        this.setClosable(true);
        this.setSize(270,352);
}
    private void initComponents( ){
        jLabel1 = new JLabel( );
        jLabel2 = new JLabel( );
        jLabel3 = new JLabel( );
        txtname = new JTextField( );
        pas1 = new JPasswordField( );
        pas2 = new JPasswordField( );
        butOk = new JButton( );
        butACancel = new JButton( );
        jLabel4 = new JLabel( );
        cbUserName = new JComboBox( );
        jLabel5 = new JLabel( );
        pas3 = new JPasswordField( );
        butDelete = new JButton( );
        butDCancel = new JButton( );
        getContentPane( ).setLayout(null);
        jLabel1.setText("新用户名:");
        getContentPane( ).add(jLabel1);
        jLabel1.setBounds(40, 40, 80, 30);
        jLabel2.setText("输入密码:");
        getContentPane( ).add(jLabel2);
        jLabel2.setBounds(40, 70, 80, 28);
        jLabel3.setText("确认密码:");
        getContentPane( ).add(jLabel3);
        jLabel3.setBounds(40, 100, 70, 28);
        getContentPane( ).add(txtname);
        txtname.setBounds(110, 40, 140, 34);
        getContentPane( ).add(pas1);
        pas1.setBounds(110, 70, 140, 34);
        getContentPane( ).add(pas2);
```

```
pas2.setBounds(110, 100, 140, 34);
butOk.setText("添加");
getContentPane( ).add(butOk);
butOk.setBounds(90, 140, 80, 37);
butACancel.setText("清空");
getContentPane( ).add(butACancel);
butACancel.setBounds(170, 140, 80, 37);
jLabel4.setText("已有用户名:");
getContentPane( ).add(jLabel4);
jLabel4.setBounds(40, 190, 90, 28);
getContentPane( ).add(cbUserName);
cbUserName.setBounds(110, 190, 140, 34);
jLabel5.setText("密码:");
getContentPane( ).add(jLabel5);
jLabel5.setBounds( 40, 220, 70, 28);
getContentPane( ).add(pas3);
pas3.setBounds(110, 226, 140,34);
butDelete.setText("删除");
getContentPane( ).add(butDelete);
butDelete.setBounds(89, 270, 80, 37);
butDCancel.setText("清空");
getContentPane( ).add(butDCancel);
butDCancel.setBounds(170, 270, 80, 37);
```

10.2.3 假条信息界面

单击“假条信息”按钮进入假条信息界面，如图 10-3 所示，通过此界面可以对假条进行修改、添加、删除操作。

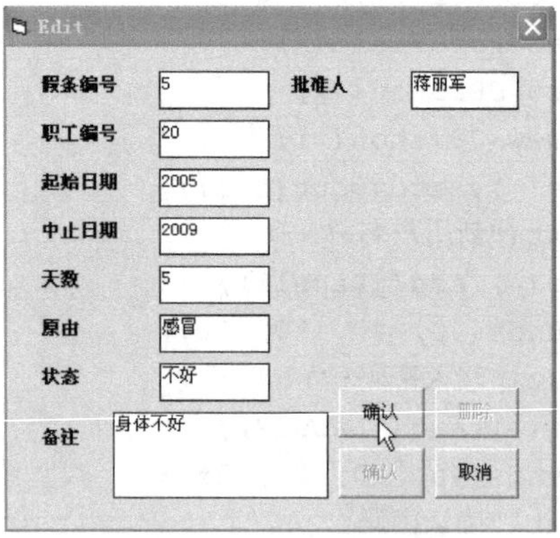

图 10-3 假条信息界面

10.2.4 工资信息界面

工资信息界面如图 10-4 所示。

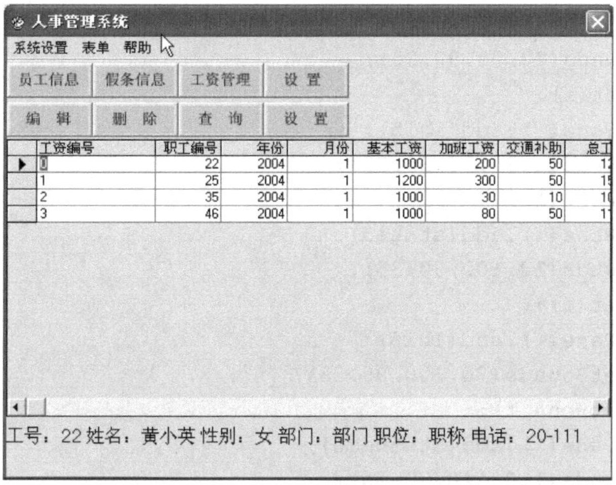

图 10-4　工资信息界面

用户登录后可以对工资信息进行查询，主要代码如下：

```
package classsource;
import java.awt.*;
import java.awt.event.*;
import java.util.*;
import javax.swing.*;
import javax.swing.table.*;
import java.sql.*;
public class SIQ extends JInternalFrame{
    JLabel lbl4=new JLabel("工资信息查询");
    JLabel lbl5=new JLabel("工资编号：");
    JLabel lbl6=new JLabel("职工姓名：");
    JTextField stxtid=new JTextField(10);
    JTextField stxtname=new JTextField(10);
    JButton btn1=new JButton("查询");
    JTable table;
DefaultTableModel dtm;
String columns[] = {"工资编号","职工编号","年份","月份","基本工资","加班工资","交
                   通补助","总工资"};
public SIQ( ){
    setTitle("工资信息查询");
    dtm = new DefaultTableModel( );
    table = new JTable(dtm);
    table.setPreferredScrollableViewportSize(new Dimension(410, 90));
    JScrollPane sl = new JScrollPane(table);
    dtm.setColumnCount(7);
    dtm.setColumnIdentifiers(columns);
    getContentPane( ).setLayout(null);
    lbl4.setBounds(210,20,310,40);
    lbl4.setFont(new Font("黑体",Font.BOLD,26);
    getContentPane( ).add(lbl4);
```

```
Font f=new Font("黑体",Font.PLAIN,14);
lbl5.setBounds(20,70,90,35);
lbl5.setFont(f);
getContentPane( ).add(lbl5);
stxtid.setBounds(90,70,90,33);
stxtid.setFont(f);
getContentPane( ).add(stxtid);
lbl6.setBounds(20,100,90,35);
lbl6.setFont(f);
getContentPane( ).add(lbl6);
stxtname.setBounds(90,100,90,33);
stxtname.setFont(f);
getContentPane( ).add(stxtname);
btn1.setBounds(100,140,70,35);
btn1.setFont(f);
getContentPane( ).add(btn1);
```

10.2.5　用户权限登录

该系统除拥有一般用户所拥有的基本功能外，还有设置用户权限的功能，单击“设置”按钮后，弹出用户权限设置对话框，如图 10-5 所示。

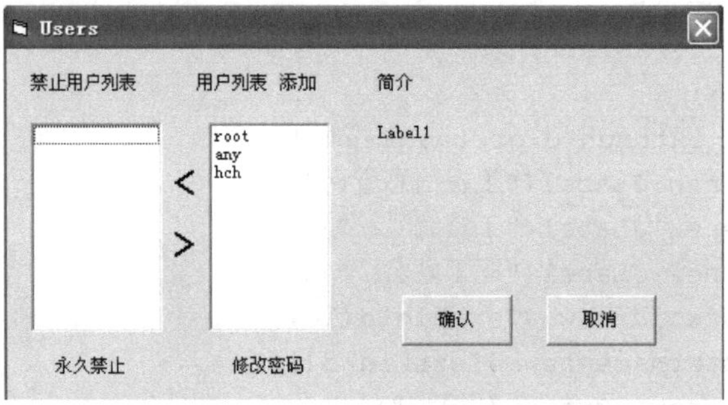

图 10-5　用户权限设置对话框

单击“添加”按钮后会出现添加用户权限对话框，如图 10-6 所示。

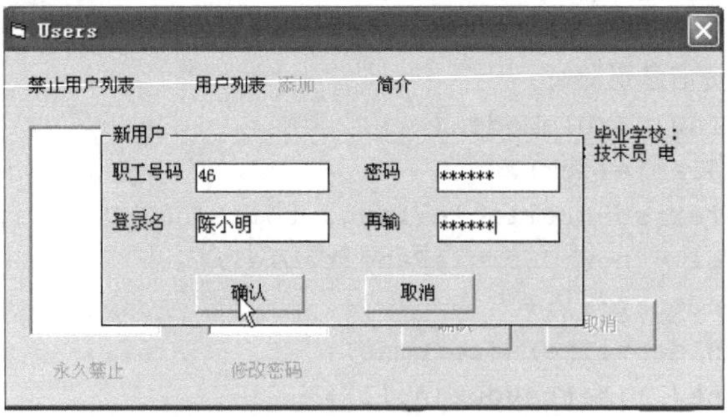

图 10-6　添加用户权限对话框

增加一般用户权限后，该用户就会出现在用户列表中，如果想要修改该用户的密码，可以通过单击“修改密码”按钮来实现，单击“修改密码”按钮后，会出现修改密码对话框，如图 10-7 所示。

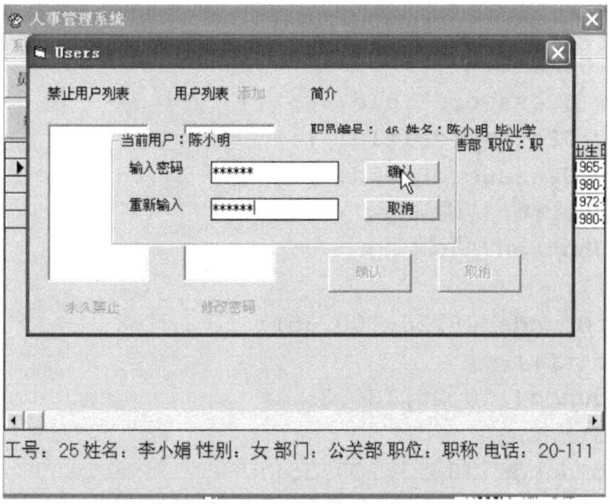

图 10-7　修改密码对话框

修改登录密码的主要代码如下：

```
package classsource;
import java.awt.*;
import java.awt.event.*;
import javax.swing.*;
import java.sql.*;
public class AmendPassword extends JInternalFrame
{
  JLabel lbe1=new JLabel("修改密码");
  JPanel p=new JPanel( );
  public AmendPassword( )
  {
    setTitle("修改密码");
    p.add(lbe1);
    AmendPanel panel=new AmendPanel( );
    Container contentPane=getContentPane( );
    contentPane.add(p,"North");
    contentPane.add(panel,"Center");
    setBounds(110, 110, 290, 270);
    this.setClosable(true);
    setVisible(true);
  }
}
class AmendPanel extends JPanel
{
  JButton b1,b2;
  JLabel lbe2,lbe3,lbe4,lbe5;
  JPasswordField pas1,pas2,pas3;
  JComboBox tf;
```

```
public AmendPanel( )
{
        lbe2=new JLabel("用户名:");
        lbe3=new JLabel("输入旧密码:");
        lbe4=new JLabel("输入新密码:");
        lbe5=new JLabel("确定新密码:");
        tf=new JComboBox( );
        pas1=new JPasswordField( );
        pas2=new JPasswordField( );
        pas3=new JPasswordField( );
        b1=new JButton("确认");
        b2=new JButton("取消");
        add(lbe2);
        lbe2.setBounds(26,20,100,35);
        this.add(tf);
        tf.setBounds(110,20,130,35);
        add(lbe3);
        lbe3.setBounds(26,55,100,35);
        add(pas1);
        pas1.setBounds(110,55,130,35);
        add(lbe4);
        lbe4.setBounds(26,90,90,35);
        add(pas2);
        pas2.setBounds(110,90,130,35);
        add(lbe5);
        lbe5.setBounds(26,125,90,35);
        add(pas3);
        pas3.setBounds(110,125,130,35);
        add(b1);
        b1.setBounds(110,170,70,40);
        add(b2);
        b2.setBounds(170,170,70,40);
        setLayout(null);
```

添加用户权限并修改密码后就可以使用该用户名和密码登录系统，如图 10-8 所示。同样，用户的登录权限也是可以被屏蔽的，如图 10-9 所示。

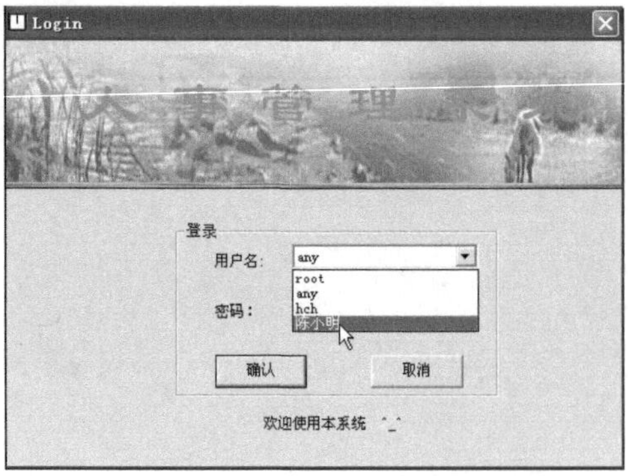

图 10-8　添加用户后的登录界面

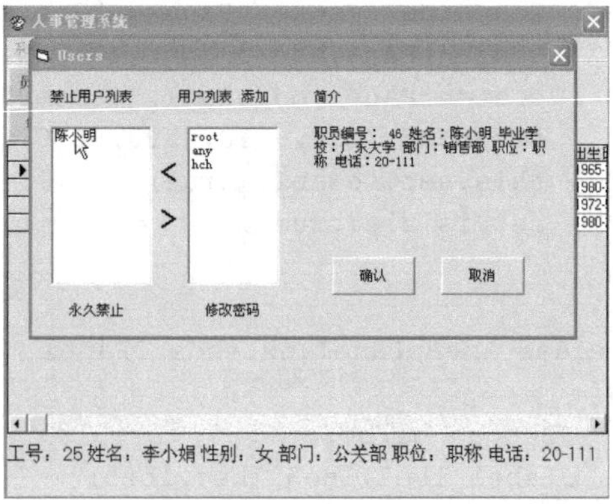

图 10-9　屏蔽用户登录权限界面

将用户移到禁止用户列表中后，该用户就会被屏蔽，此时单击“确认”按钮后，登录界面就不会再出现该用户，如图10-10所示。

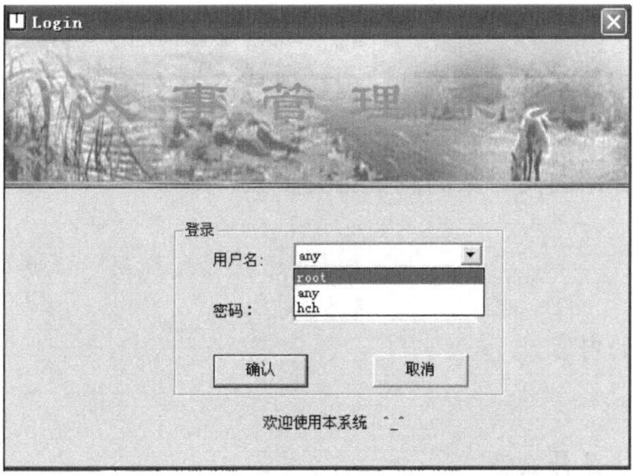

图10-10 屏蔽用户后的登录界面

第 11 章　测　　试

系统实现完成后，形成了计算机软件。但软件是否能按预期的功能需求完成解决现实问题的任务？这还需要测试阶段的任务完成。测试是用一些技术和方法来判断计算机软件语言有没有解决问题，本章介绍面向对象的测试相关步骤。

本章知识要点

（1）测试的重要性。

（2）面向对象测试的内容。

兴趣实践

三明治式的测试方法是什么？

探索思考

测试和质量保证的区别是什么？

预习准备

复习传统软件工程方法的测试知识。

11.1　测试流

用户使用低质量的软件在运行过程中会产生各种各样的问题，可能带来不同程度的后果，轻者影响系统正常工作，重者造成事故，甚至造成生命财产损失。软件测试是保证软件质量的最重要的手段。什么是软件测试？IEEE 将其定义为：使用人工或自动手段来运行或测定某个系统的过程，其目的在于检验它是否满足规定的需求或是弄清预期结果与实际结果之间的差别。

现代软件开发过程将整个软件开发过程明确划分为几个阶段，将复杂问题具体按阶段加以解决。这样，在软件的整个开发过程中，可以对每一阶段提出若干明确的监控点作为各阶段目标实现的检验标准，从而提高开发过程的可见度和保证开发过程的正确性。经验证明，软件的质量不仅仅体现在程序的正确性上，它和编码以前所做的需求分析、软件设计密切相关。软件使用中出现的错误不一定是编程人员在编码阶段引入的，很可能在程序设计，甚至需求分析时就埋下了隐患。这时，对错误的纠正可能会诱发更多错误，而必须追溯到软件开发的最初阶段，这无疑增加了软件的开发费用。因此，为了保证软件的质量，应该着眼于整个软件生存期，特别是着眼于编码以前的各开发阶段的工作。这样，软件测试的概念和实施范围必须扩充，应该包括整个开发各阶段的复查、评估和检测。由此，广义的软件测试实际上是由评审验证、测试组成的。

在整个软件生存期，验证、测试分别有其侧重的阶段。确认验证体现在计划阶段、需求分析阶段、设计阶段；测试主要体现在编码阶段和测试阶段，如图 11-1 所示。实际上，验证、测试是相辅相成的。验证会产生测试的标准，而测试通常又会帮助完成一些系统的确认和验证，特别是系统测试阶段。

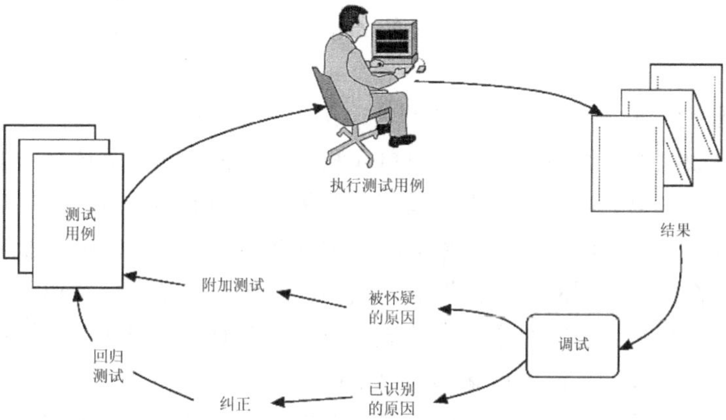

图 11-1　测试的过程

面向对象技术是一种全新的软件开发技术，正逐渐代替被广泛使用的面向过程开发方法，被看成解决软件危机的新兴技术。面向对象技术产生更好的系统结构、更规范的编程风格，极大地优化了数据使用的安全性，提高了程序代码的重用性，一些人就此认为面向对象技术开发出的程序无须进行测试。应该看到，尽管面向对象技术的基本思想保证了软件应该有更高的质量，但实际情况并非如此，因为无论采用什么样的编程技术，编程人员的错误都是不可避免的，而且由于面向对象技术开发的软件代码重用率高，更需要严格测试，避免错误繁衍。因此，软件测试并没有因面向对象编程的兴起而丧失它的重要性。

从 1982 年在美国北卡罗来纳大学召开首次软件测试的正式技术会议至今，软件测试理论迅速发展，并相应出现了各种软件测试方法，使软件测试技术得到了极大的提高。然而，一度被实践证明行之有效的软件测试对面向对象技术开发的软件多少显得有些力不从心。尤其是面向对象技术所独有的多态、继承、封装等新特点，产生了传统语言设计所不存在的错误可能性。例如，在传统的面向过程程序中，对于函数，只需要考虑一个函数的行为特点，而在面向对象程序中，不得不同时考虑基类函数的行为和继承类函数的行为。

面向对象程序的结构不再是传统的功能模块结构，作为一个整体，原有集成测试所要求的逐步将开发的模块搭建在一起进行测试的方法已成为不可能。而且，面向对象软件抛弃了传统的开发模式，对每个开发阶段都有不同以往的要求和结果，已经不可能用功能细化的观点来检测面向对象分析和设计的结果。因此，传统的测试模型对面向对象软件已经不再适用。针对面向对象软件的开发特点，应该有一种新的测试模型。

11.2　面向对象测试模型

面向对象开发模型突破了传统的瀑布模型，将开发分为面向对象分析（OOA）、面向对象设计（OOD）和面向对象编程（OOP）三个阶段。分析阶段产生整个问题空间的抽象描述，在此基础上进一步归纳出适用于面向对象编程语言的类和类结构，最后形成代码。由于面向对象的特点，采用这种开发模型能有效地将分析设计的文本或图表代码化，不断适应用户需求的变动。针对这种开发模型，结合传统的测试步骤的划分，整个软件开发过程中应不断测试，使开发阶段的验证完成后的单元测试、集成测试、系统测试成为一个整体。

OOP 测试主要针对编程风格和程序代码实现进行测试，其主要测试内容在面向对象单元测试和面向对象集成测试中体现。面向对象单元测试是对程序内部具体单一的功能模块的测试，如果程序是用 C++语言实现的，则主要就是对类成员函数的测试。面向对象单元测试是进行面向对象集成测试的基础。面向对象集成测试主要对系统内部的相互服务进行测试，如成员函数间的相互作用、类间的消息传递等。面向对象集成测试不但要基于面向对象单元测试，更要参见 OOD 结果。面向对象系统测试是基于面向对象集成测试的最后阶段的测试，主要以用户需求为测试标准，需要借鉴 OOA 结果。

典型的面向对象程序具有继承、封装和多态的新特性，这使得传统的测试策略必须有所改变。封装是对数据的隐藏，外界只能通过被提供的操作来访问或修改数据，这样降低了数据被任意修改和读写的可能性，减少了传统程序中对数据非法操作的测试。继承是面向对象程序的重要特点，继承使得代码的重用率提高，同时使错误传播的概率提高。继承使得传统测试遇到了这样一个难题：对继承的代码究竟应该怎样测试？多态使得面向对象程序对外呈现出强大的处理能力，但同时使得程序内“同一”函数的行为复杂化，测试时不得不考虑不同类型具体执行的代码和产生的行为。

1. 面向对象的单元测试

传统的单元测试针对程序的函数、过程或完成某一特定功能的程序块。沿用单元测试的概念，实际测试类成员函数。一些传统的测试方法在面向对象的单元测试中都可以使用，如等价类划分法、因果图法、边值分析法、逻辑覆盖法、路径分析法等。单元测试一般建议由程序员完成。

用于单元测试的测试分析（提出相应的测试要求）和测试用例（选择适当的输入，达到测试要求），规模和难度等均远小于后面将介绍的对整个系统的测试分析和测试用例，而且强调对语句应该有 100%的执行代码覆盖率。在设计测试用例选择输入数据时，可以基于以下两个假设。

（1）如果函数（程序）对某一类输入中的一个数据正确执行，则对同类中的其他输入也能正确执行。该假设的思想来自等价类划分。

（2）如果函数（程序）对某一复杂度的输入正确执行，则对更高复杂度的输入也能正确执行。

在面向对象程序中，类成员函数通常都很小，功能单一，函数间调用频繁，容易出现一些不易发现的错误。

因此，在进行测试分析和设计测试用例时，应该注意面向对象程序的特点，仔细进行测试分析和设计测试用例。

面向对象程序是把功能的实现分布在类中，能正确实现功能的类，通过消息传递来协同实现设计要求的功能。正是这种面向对象程序风格，将出现的错误能精确地确定在某一具体的类中。因此，在面向对象编程阶段，忽略类功能实现的细则，将测试的目光集中在类功能的实现和相应的面向对象程序风格，主要体现在两方面（假设编程使用 C++语言）：数据成员是否满足数据封装的要求；类是否实现了要求的功能。

（1）数据成员是否满足数据封装的要求。

数据封装是数据和数据有关的操作的集合。检查数据成员是否满足数据封装的要求，基本原则是数据成员是否被外界（数据成员所属的类或子类以外的调用）直接调用。更直观地说，当改变数据成员的结构时，是否影响了类的对外接口，是否会导致相应外界必须改动。

（2）类是否实现了要求的功能。

类所实现的功能都是通过类的成员函数执行的。在测试类的功能实现时，首先应该保证类成员函数的正确性。单独地看待类的成员函数，与面向过程程序中的函数或过程没有本质的区别，几乎所有传统的单元测试中所使用的方法都可在面向对象的单元测试中使用。类函数成员的正确行为只是类能够实现要求的功能的基础，类成员函数间的作用和类之间的服务调用是单元测试无法确定的。因此，需要进行面向对象的集成测试。需要着重声明，测试类的功能不能仅满足于代码能无错运行或被测试类提供的功能无错，应该以 OOD 结果为依据，检测类提供的功能是否满足设计要求，是否有缺陷。必要时（如通过 OOD 检查仍不清楚明确的地方）还应该参照 OOA 的结果，以之为最终标准。

面向对象编程的特性使得对成员函数的测试不完全等同于传统的函数或过程测试，尤其是继承特性和多态特性，使子类继承或重载的父类成员函数出现了传统测试中未遇见的问题，有两方面的考虑。

（1）继承的成员函数是否都不需要测试。

对父类中已经测试过的成员函数，两种情况需要在子类中重新测试：①继承的成员函数在子类中做了改动；②成员函数调用了改动过的成员函数的部分。

（2）对父类的测试是否能照搬到子类。

总体来说，测试类的方法主要有随机测试、划分测试和基于故障的测试等 3 种。

1）随机测试

下面通过银行应用系统的例子简要地说明这种测试方法。该系统的 account（账户）类有下列操作：open（打开）、setup（建立）、deposit（存款）、withdraw（取款）、balance（余额）、summarize（清单）、creditLimit（透支限额）和 close（关闭）。以上每个操作都可以应用于 account 类的实例，但是该系统的性质也对操作的应用施加了一些限制，例如，必须在应用其他操作之前先打开账户，在完成了全部操作之后才能关闭账户。即使有这些限制，可做的操作也有许多种排列方法。一个 account 类实例的最小行为历史包括下列操作：

open • setup • deposit • withdraw • close

这就是对 account 类的最小测试序列。但是在下面的序列中可能发生许多其他行为：

open • setup • deposit •[deposit|withdraw|balance|summarize|creditLimit] n • withdraw • close

从以上序列可以随机地产生一系列不同的操作序列，例如：

测试用例#r1：open • setup • deposit • deposit • balance • summarize • withdraw • close

测试用例#r2：open • setup • deposit • withdraw • deposit • balance • creditLimit • withdraw • close

执行上述这些及另外一些随机产生的测试用例，可以测试类实例的不同生存历史。

2）划分测试

与测试传统软件时采用等价划分方法类似，采用划分测试方法可以减少测试类时所需要的测试用例的数量。首先，把输入和输出分类，然后设计测试用例以测试划分出的每个类别。下面介绍划分类别的方法。

（1）基于状态的划分。

这种方法根据类操作改变类状态的能力来划分类操作。再一次考虑 account 类，状态操作包括 deposit 和 withdraw，而非状态操作有 balance、summarize 和 creditLimit。设计测试用例，以分别测试改变状态的操作和不改变状态的操作。例如，用这种方法可以设计出如下测试用例：

测试用例#p1：open • setup • deposit • deposit • withdraw • withdraw • close

测试用例#p2：open • setup • deposit • summarize • creditLimit • withdraw • close

测试用例#p1 改变状态，而测试用例#p2 不改变状态的操作（在最小测试序列中的操作除外）。

（2）基于属性的划分。

这种方法根据类操作使用的属性来划分类操作。对于 account 类来说，可以使用属性 balance 来定义划分，从而把操作划分成 3 个类别：①使用 balance 的操作；②修改 balance 的操作；③不使用也不修改 balance 的操作。然后为每个类别设计测试序列。

（3）基于功能的划分。

这种方法根据类操作所完成的功能来划分类操作。例如，可以把 account 类中的操作分类为初始化操作（open、setup），计算操作（deposit、withdraw），查询操作（balance、summarize、creditLimit）和终止操作（close）。然后为每个类别设计测试序列。

3）基于故障的测试

基于故障的测试与传统的错误推测法类似，也是首先推测软件中可能存在的错误，然后设计出最可能发现这些错误的测试用例。例如，软件工程师经常在问题的边界处犯错误，因此，在测试 SQRT（计算平方根）操作（该操作在输入为负数时返回出错信息）时，应该着重检查边界情况：一个接近零的负数和零本身。其中“零本身”用于检查程序员是否犯了如下错误：把语句“if(x>=0)calculate_square_root( );”误写成“if(x>0)calculate_square_root( );”。

为了推测出软件中可能有的错误，应该仔细研究分析模型和设计模型，而且在很大程度上要依靠测试人员的经验和直觉。如果推测得比较准确，则使用基于故障的测试方法能够用相当低的工作量发现大量错误；反之，如果推测不准，则这种方法的效果并不比随机测试技术的效果好。

2. 面向对象的集成测试

传统的集成测试是自下向上通过集成完成的功能模块进行测试的，一般可以在部分程序编译完成的情况下进行。而对于面向对象程序，相互调用的功能散布在程序的不同类中，类通过消息相互作用申请和提供服务。类的行为与它的状态密切相关，状态不仅仅体现在类数据成员的值，也许还包括其他类中的状态信息。由此可见，类的相互依赖关系极其紧密，根本无法在编译不完全的程序上对类进行测试。所以，面向对象的集成测试通常需要在整个程序编译完成后进行。此外，面向对象程序具有动态特性，程序的控制流往往无法确定，因此只能对整个编译后的程序作基于黑盒子的集成测试。

面向对象的集成测试能够检测出相对独立的单元测试，无法检测出类相互作用时才产生的错误。基于单元测试对成员函数行为正确性的保证，集成测试只关注于系统的结构和内部的相互作用。面向对象的集成测试可以分成两步进行：先进行静态测试，再进行动态测试。

静态测试主要针对程序的结构进行，检测程序结构是否符合设计要求。现在流行的一些测试软件都能提供一种称为可逆性工程的功能，即通过原程序得到类关系图和函数功能调用关系图，将可逆性工程得到的结果与 OOD 的结果相比较，检测程序结构和实现上是否有缺陷。换句话说，通过这种方法检测 OOP 是否达到了设计要求。

动态测试设计测试用例时，通常需要几类关系图为参考，确定不需要被重复测试的部分，从而优化测试用例，减小测试工作量，使得进行的测试能够达到一定覆盖标准。测试所要达到的覆盖标准可以是：达到类所有的服务要求或服务提供的一定覆盖率；依据类间传递的消息，达到对所有执行线程的一定覆盖率；达到类的所有状态的一定覆盖率等。同时可以考虑使用现有的一些测试工具来得到程序代码执行的覆盖率。

具体设计测试用例时可参考下列步骤。

（1）选定检测的类，参考 OOD 分析结果，仔细分析出类的状态和相应的行为、类或成员函数间传递的消息、输入/输出的界定等。

（2）确定覆盖标准。

（3）利用类图确定待测类的所有关联。

（4）根据程序中类的对象构造测试用例，确认使用什么输入激发类的状态、使用类的服务和期望产生什么行为等。

值得注意的是，设计测试用例时，不但要设计确认类功能满足的输入，还应该有意识地设计一些被禁止的例子，确认类是否有不合法的行为产生，如发送与类状态不相适应的消息，要求不相适应的服务等。根据具体情况，动态的集成测试有时也可以通过系统测试完成。

3. 面向对象的系统测试（OO system test）

通过单元测试和集成测试仅能保证软件开发的功能得以实现，但不能确认在实际运行时，它是否满足用户的需求，是否存在大量实际使用条件下会被诱发产生错误的隐患。为此，对完成开发的软件必须经过规范的系统测试。换个角度来讲，开发完成的软件仅仅是实际投入使用系统的一个组成部分，需要测试它与系统其他部分配套运行的表现，以保证在系统各部分协调工作的环境下也能正常工作。系统测试基于用例测试见图 11-2。

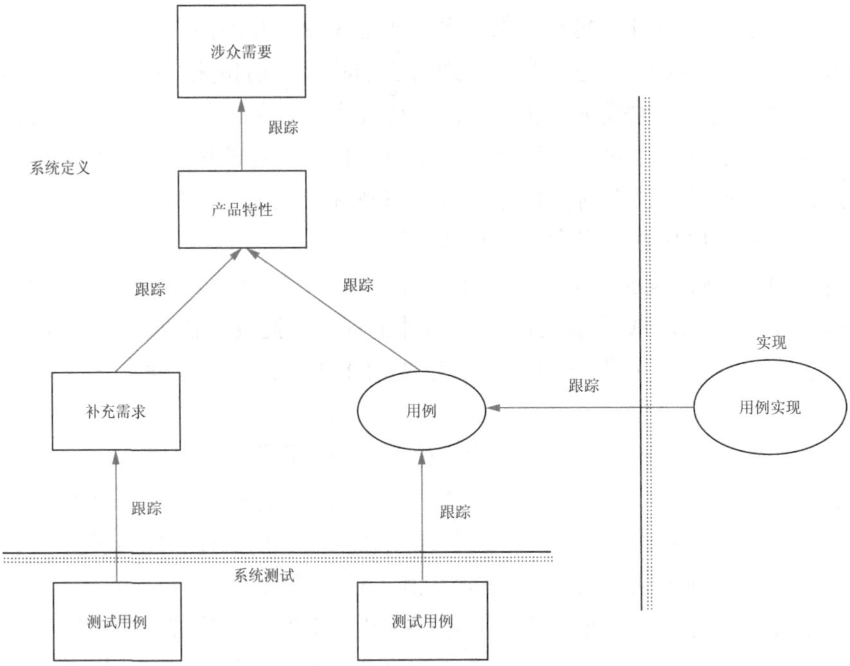

图 11-2 基于用例的测试

系统测试应该尽量搭建与用户实际使用环境相同的测试平台，应该保证被测系统的完整性，对临时没有的系统设备部件也应有相应的模拟手段。系统测试时，应该参考 OOA 结果，对应描述的对象、属性和各种服务检测软件是否能够完全再现问题空间。系统测试不仅仅是检测软件的整体行为表现，从另一个侧面看，也是对软件开发设计的再确认。系统测试需要对被测的软件结合需求分析做仔细的测试分析，建立测试用例。

具体测试内容如下。

（1）功能测试：测试是否满足开发要求，是否能够提供设计所描述的功能，是否用户的需求都得到了满足。功能测试是系统测试最常用和必须进行的测试，通常还会以正式的软件需求规格说明书为测试标准。

（2）强度测试：测试系统的能力最高实际限度，即软件在一些超负荷情况下的功能实现情况。例如，要求软件某一行为的大量重复、输入大量的数据或大数值数据、对数据库大量复杂的查询等。

（3）性能测试：测试软件的运行性能。这种测试常常与强度测试结合进行，需要事先对被测软件提出性能指标，如传输连接的最长时限、传输的错误率、计算的精度、记录的精度、响应时限和恢复时限等。

（4）安全测试：验证安装在系统内的保护机构是否确实能够对系统进行保护。进行安全测试时需要设计一些测试用例试图突破系统的安全保密措施，检验系统是否有安全保密的漏洞。

（5）恢复测试：采用人工干扰使软件出错，中断使用，检测系统的恢复能力，特别是通信系统。恢复测试时，应该参考性能测试的相关测试指标。

（6）可用性测试：测试用户是否满意使用。具体体现为操作是否方便、用户界面是否友好等。

（7）安装/卸载测试等。

11.3　测试人事管理系统案例

对系统的测试通常分为单元测试、集成测试、系统测试和接受测试几个不同级别。单元测试是对几个类或一组类的测试，通常由程序员完成。集成测试集成组件和类，确认它们之间是否恰当地协作。系统测试把系统当作一个黑箱，验证系统是否具有用户所要求的所有功能。接受测试由客户完成，与系统测试类似，验证系统是否满足所有的需求。不同的测试小组使用不同的 UML 图作为工作的基础，单元测试使用类图和类的规格说明。集成测试典型地使用组件图和通信图等，而系统测试通过用例图来确认系统的行为是否符合这些图中的定义。

部分人事管理系统模块测试步骤如下。

1）模块测试

根据模块的用例图测试模块的功能，根据顺序图、活动图等测试模块的工作过程和容错能力完成测试。

2）界面测试

（1）测试内容：用户界面的视觉效果和易用性；控件状态、位置及内容确认；光标移动顺序。

（2）确认方法：屏幕复制、目测，如图 11-3 所示。

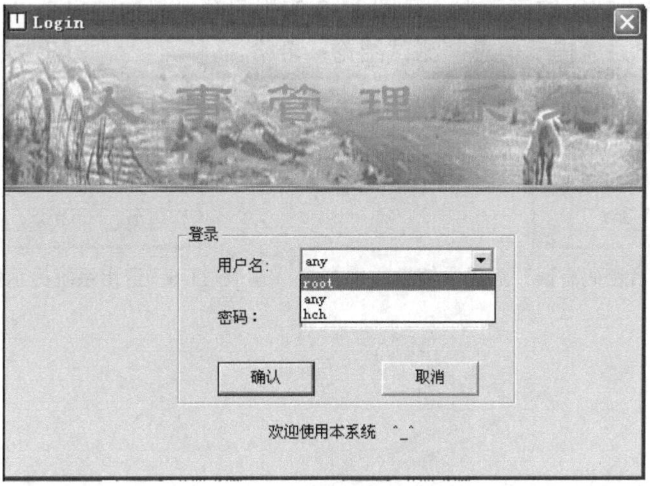

图 11-3　系统登录界面

（3）测试结论：合格。

3）功能测试

功能测试的目的是测试用户登录窗体是否实现了要求的功能，同时测试用户登录模块的容错能力。

（1）准备的测试用例如表 11-1 所示。

表 11-1　用户登录窗体的测试用例

序号	测试数据		预期结果
	用户名	密码	
1	admin	admin	显示“登录成功”的提示信息
2	adminX	（不限）	显示“用户名或者密码有误”的提示信息
3	admin	123	显示“用户名或者密码有误”的提示信息

（2）测试输入正确的用户名和密码时，单击“确定”按钮的动作。在如图 11-3 所示的界面中，分别输入用户名 admin、密码 admin，然后单击“确认”按钮，出现如图 11-4 所示提示信息，在提示界面中输入了正确的用户名和密码时，单击“确认”按钮时会出现如图 11-5 所示的提示信息。测试结论：合格。

图 11-4　登录成功的提示信息

（3）测试用户名有误时，单击“确认”按钮的动作。在“用户名”文本框中输入 adminX 时，从表 11-1 可以看出，目前“用户信息”数据表中不存在 adminX 的用户名，也就是说所输入的用户名有误，此时，单击“确认”按钮时会出现如图 11-5 所示的提示信息。测试结论：合格。

（4）测试密码输入错误时，单击“确认”按钮的动作。在“用户名”文本框中输入正确的用户名 admin，在“密码”文本框中输入错误的密码 123，然后单击“确认”按钮出现如图 11-5 所示的提示信息。测试结论：合格。

（5）测试“取消”按钮的有效性。在图 11-3 的用户登录界面中单击“取消”按钮，出现如图 11-6 所示的退出系统提示信息。测试结论：合格。

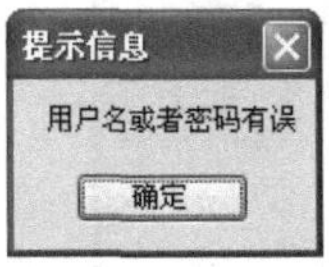

图 11-5　“用户名或者密码有误”的提示信息

图 11-6　退出系统提示信息

第三部分

高级课题

本部分介绍 UML 的形式化高级课题，讲述软件工程形式化的必要性和意义，通过免疫系统的建模展示大型复杂系统的 UML 形式化过程。

第 12 章　UML 的形式化*

软件系统的建模语言可分为三类，UML 是半形式化的语言，但复杂的、大型的软件系统还需要更精确的语言描述软件需求。本章主要讲述 UML 建模中可以使用的对象约束语言（OCL），然后介绍形式化语言的产生及应用，并比较说明形式化方法的优点，最后通过复杂的生命系统案例给出 UML 与形式化方法结合的表示方法。

本章知识要点

（1）OCL 介绍。

（2）形式化方法的模型。

兴趣实践

电梯控制程序需要形式化方法设计吗？

探索思考

为什么 IEEE 标准课程体系中设置了形式化方法课程？

预习准备

复习面向对象程序设计语言的类的特性，考虑与形式化方法中类的区别。

针对 UML 语义的不精确性，众多学者和专家花费了大量的时间和精力从事 UML 形式化方面的研究工作。形式化方法能够帮助我们发现采用 UML 描述系统时语义的不明确或不完整性，这样有助于提高软件开发人员对系统理解的一致性和正确性。如何对 UML 语义进行形式化，目前存在两种方法：一种是使用对象约束语言对 UML 核心语法进行形式化，另一种则是转换方法，使用形式化 B 方法等将 UML 模型进行转换验证。

具有代表性的研究有英国的 pUML 组（Precise UML Group）、约束语言方法、vUML（A Tool for Verifying UML Model）和形式化注释方法。

约束语言方法通过设置一个好的约束来消除歧义，这样可以形式化更多的语义约束。部分研究者提出扩展 OCL 来加强其约束能力，但是这种方法需要获取元模型数据，而元模型数据的获取往往很困难。这样做增加了建模难度，使建模者过早地陷入细节。

12.1　OCL 标准约束

到目前为止，本书中介绍的许多表示法都是图形的。这些图标表示了许多概念，同时通过按一定方式连接这些图标还表达了许多系统特性。例如，连接两个矩形的线表示两个类之间的关联，并说明了这些类的实例如何互相链接。图中的文字用来命名和标注模型元素，添加特定的注文，如重数或监护条件。

图形表示法适合于展示系统的结构方面，但对于描述模型元素的细节特性，或者由相关业务规则对这些模型元素所附加的限制方面，并不是很有效。这些附加特性可以通过约束的形式添加到模型中。一个约束是关于一个或多个模型元素的断言，它指明了该系统处于合法状态时，系统必须满足的特性。

例如，假定一家银行开设了一种具有优惠利率的新型储蓄账户，但要求该账户的余额必须保持在 0～250000 元范围内。如果存款（deposit）或取款（withdraw）导致余额（balance）超出此范围则会被拒绝。图 12-1 表示这种储蓄账户类（Savings Account），在注解内非形式写出的是对它的约束。

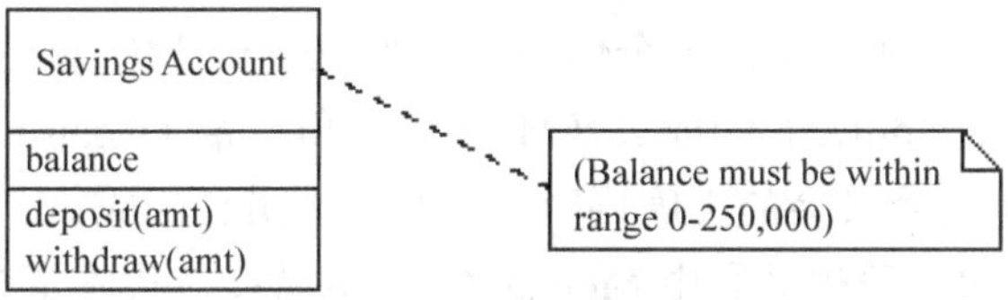

图 12-1　受约束的储蓄账户

UML 中非形式写出的约束应当用花括号{　}括起来，放在所描述的模型元素的内部或紧靠所描述的元素的地方。也可以放在注解的图标内，并用虚线连接到所描述的模型元素。

约束指明的特性可以是真或假。例如，给定图 12-1 中储蓄账户类的任一实例，约束的真假值将取决于该实例的余额值是否在所述余额范围内。系统必须确保所有约束为真。例如，如果一个账户的余额小于零，就会指出一个错误已经发生，系统已处于非法状态。

UML 对于少量常见的情况定义了标准约束。更一般的约束可以用非形式化的英语、更规范的约束语言或者目标程序设计语言的表示法写出。UML 定义了一种约束语言，称为对象约束语言，（OCL）。本章将描述 OCL 最重要的特征，并给出使用 OCL 的例子。

UML 规约定义了若干标准约束，用于不同的模型元素。例如，在交互图中的链接和实例，或者对应的角色。

这些约束与常见的有点不同的是，它们是以描述了被约束元素的一般特性的面目出现的，而不是陈述了一个系统状态可能是真或假的断言。更符合习惯的是对关联定义的标准约束。

12.1.1　xor 约束

xor 约束可以应用到两个或多个关联。当一个类参与多个受约束的关联时，xor 约束是很有用的。xor 约束用于指明在任一给定时刻，该公共类只能参与一个受约束的关联。图 12-2 表示的是用 xor 约束指明，银行客户（Customer）在同一时刻不能同时开有储蓄账户（Savings Account）和存款账户（Deposit Account）。注意，受该约束限制的关联必须包括重数为 0 的情况。

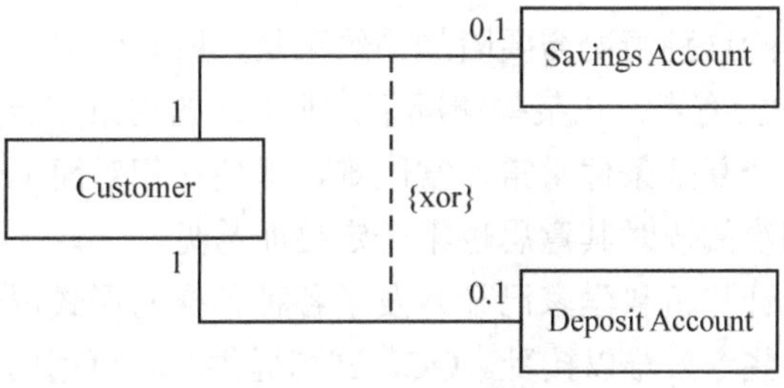

图 12-2　xor 约束

12.1.2 子集约束

关联的子集约束在 UML 规范中和其他地方只是作为例子说明的，而不是正式地作为标准约束定义的。这种约束可以用在连接相同两个类的一对关联上，它说明作为一个关联的实例的链接集合，必须是另一个关联的实例的链接集合的子集。

子集约束可以用一个附有此约束的依赖箭头将这些关联连接起来表示。该依赖箭头尾部所连接的关联的实例集，必须是该依赖箭头所指向的关联的实例集的子集。

图 12-3 表示的是使用子集约束的一个例子，此例子引自 UML 规范。它表示了两个关联，分别说明谁是委员会（Committee）的成员（Member）和主席（Chair）。如果没有这个约束，图 12-3 说明某个人可能是委员会的主席同时却不是该委员会的成员。子集约束通过断言：Chair 关联链接的任何一对对象也必须由 MemberOf 关联链接，排除了这种可能。

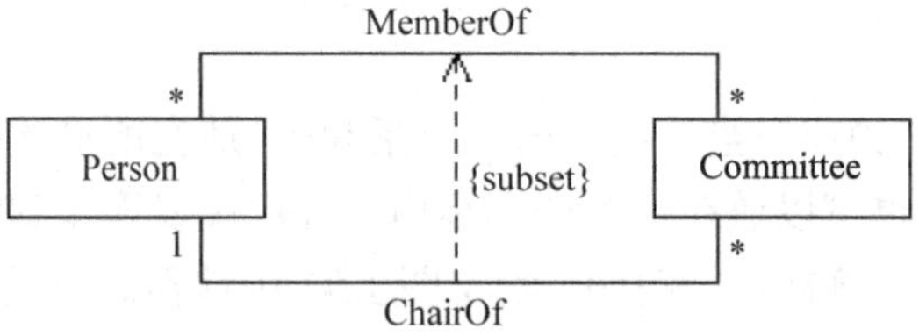

图 12-3 子集约束

12.2 对象约束语言

标准约束是很有用的，然而要一般地应对各种约束，还需要更灵活的手段。例如，考虑图 12-4 所示的对象图，它表示在银行应用中不多见的情况。这里一位借记卡（DebitCard）的持有者与该卡所属账户的持有者不是同一个人。我们希望对这个模型定义一个约束以排除这种情况，这种约束用前面定义的约束是做不到的。

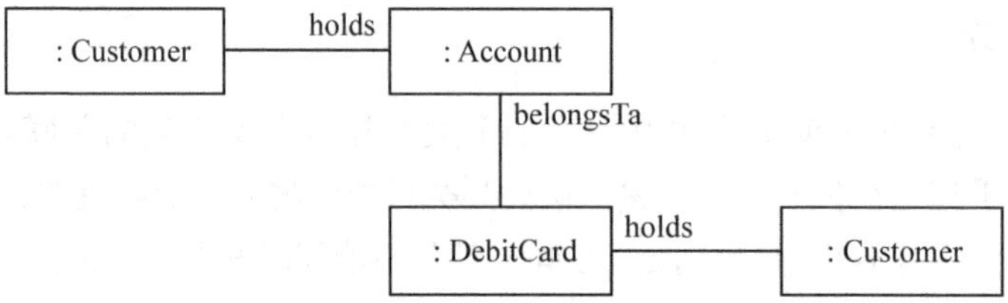

图 12-4 不常见的情况

非形式地说，为了排除这种情况需要附加的约束是，所有借记卡的持有者必须是该借记卡所属账户（Account）的持有者。在某些情况下，非形式的约束完全能胜任，但要用英语清楚地、无二义性地指明一个复杂条件常常非常困难，即使在相对简单的情况下，说明约束的语句也会有些复杂，在初次阅读时其意思也不一定显而易见。

为了解决这些问题，计算机科学家已经开发了各种各样的形式规范语言。由于使用了数学符号，这些语言显得有些令人难以接受。OCL 试图提供一种可用的、基于文本形式的规范语言，用来书写用于 UML 模型的约束。

在上述例子中，所要求的约束可以作为具有下述特性的借记卡来指明。设想有一个借记卡实例，它直接链接到持有该卡的客户，同时间接地链接到另一位客户实例。沿着连接该借记卡到所属账户的链接可以检索到该账户，然后可以检索到该卡的第二位持有者。一旦检索到这两个客户对象，我们就可以很容易简单、明确地指明约束的内容：在这两种情况下，到达的必须是同一个客户对象。

这个例子使我们想到，像 OCL 这样的约束语言应当提供三种必不可少的能力。

（1）能够说明什么模型元素被约束。被约束的元素称为约束的语境，在 12.3 节讨论。

（2）能够通过模型导航，确定与所定义的约束相关的其他对象。借助在 12.4 节讨论的导航表达式可以做到。

（3）能够对语境对象和借助导航表达式检出的对象做出断言。这些断言类似于程序设计语言中使用的布尔表达式，如 12.6 节所讨论的，断言具有更强的表达力。

12.3　约束的语境

每个 OCL 约束都有一个语境，把 OCL 表达式和被约束的模型元素连接在一起。OCL 约束的语境可以是一个类或一个操作。这些约束可以表示在图上或者写在一个独立的文本文档中附加到该模型，采用什么方式将约束与其语境联系在一起，依赖于用什么风格描述约束。

如果约束表示在图上，那么约束可以放在表示约束语境的符号的附近或内部。例如，如果约束的是类，那么可以放在类的图标的内部。图 12-5 表示的是图 12-1 表示的账户类，附加到该账户的约束指明了该账户实例的余额必须在所指定的范围之内。

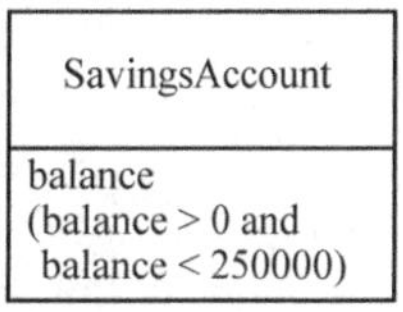

图 12-5　简单约束

约束也可以如图 12-1 所示，用附加到模型元素的注解（note）表示。选择什么方法表示约束纯粹是一个表示风格的问题。

代替在图上表示约束，也可以用纯文本形式表示约束。在这种情况下，必须明确地指出语境。约束必须从语境声明开始。语境声明由关键字 context 和约束的类名或操作名组成。图 12-5 所示的约束用纯文本形式书写如下：

```
context SavingsAccount inv:
    self.balance > 0 and self.balance < 250000
```

关键字 inv 指明了这个约束是一个不变量。类不变量说明的特性是，在所有时间点上这些属性值必须为真。这里表示的是在任何时候存储在余额属性的值必须大于 0 而小于 250000。其他类型的约束将在 12.7 节讨论。

约束中的术语 self 指的是当前语境对象。由于约束总是针对当前语境计值的，所以 self 是可选的，然而使用 self 可以使约束容易阅读。在本章的其余部分常常会把 self 插入约束中。

这个约束也说明了如何用 OCL 表示访问一个对象的特征（feature），即在表示要访问的对象的表达式的后边添加一个圆点，然后写出特征的名称。选择这种表示方法是为了与 Java 和 C++中访问类的特征时使用的点表示法一致。

这种表示法允许在形式上有两个变化，即对语境对象可以提供一个可选名称，对约束本身也可以给一个名称，使得在一个复杂模型中可以更方便地引用指明的约束。例如，如果将上述语境对象命名为 acc，约束命名为 account Limits，则上述约束可表示如下：

```
context acc : SavingsAccount inv accountLimits:
    acc.balance > 0 and acc.balance < 250000
```

12.4　导航表达式

约束的使用并不只限于类的不变量，例如，在 12.1 节给出的例子说明中，有些约束是对某些模型元素之间的关系加以限制。为此，OCL 必须提供一些方法，引用在一个给定约束中涉及的相关模型元素。

非形式地说，OCL 应当能够表示从一个语境对象开始，沿着链接得到其他对象，以确定所需要的模型元素。由于这个过程需要遍历这个对象网的一部分，所以称表示这些对象的表达式为导航表达式。

我们使用图 12-6 的类图说明 OCL 表示法是如何构成导航表达式的。这个图表示一个公司的人事部门所维护的信息模型。图中，公司（Company）是作为由许多部门（Department）聚合而成的聚合对象而被模型化的。公司中每个雇员（employee）被分配到一个部门。人员（Person）类的自反关联表示公司的某些人是被谁管理的。限定关联是公司可以通过对雇员唯一的工资号（payroll number）访问该雇员。

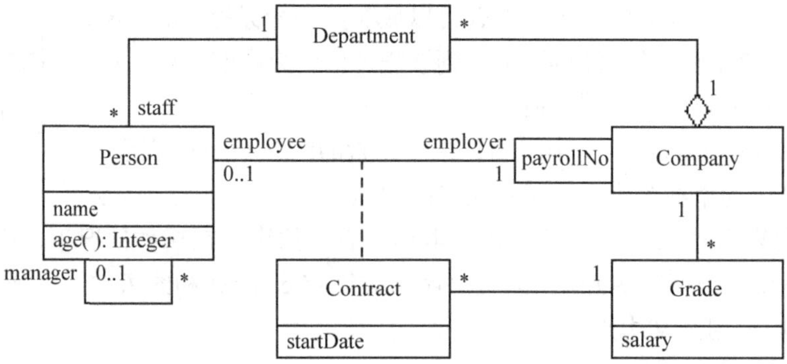

图 12-6　人事管理系统的简单模型

人员类和公司类之间的关联表示人员为该公司服务的工作关系。作为关联类定义的合同（Contract）这个关系记录着雇佣合同的细节。它记录了雇员开始工作的日期（startDate），并维护与工资级（grade）类的关联。工资级类的实例记录了该组织内具体的工资级的工资额（salary）。

12.4.1　跟随链接

导航的基本形式是从一个对象到另一个对象的链接，每个链接都是某个关联的一个实例。所以导航可以通过标明被遍历的关联来描述。

穿过一个关联的导航用在语境对象名之后，用前面对属性使用过的点表示法，添加一个圆点，再写上该关联端的远端的角色名表示。这个表达式的值是通过这些指明的链接，当前链接到该语境对象的对象集合。

例如，下述表达式表示的是当前时刻在该部门工作的雇员的集合。

```
context Department inv:
    self.staff
```

如果一个关联没有角色名，可以用该关联远端的类名代替，但开始字母应当小写。例如，下述表达式引用的是该公司所有部门的集合。这个例子也说明，对导航表达式而言，聚合和普通关联并没有什么不同。

```
context Company inv:
    self.department
```

如果用类名代替角色名有意思含糊不清的情况，则不能使用类名。例如，如果在一对类之间有两个关联，则必须在关联端点添加适当的角色名，以无二义地构成所需要的导航表达式。

12.4.2　对象和聚集

导航表达式表示的是从语境对象出发，沿着指定的链接得到的对象。但是，依赖于遍历的关联的重数，这些对象的个数也不相同。

例如，上一小节的两个表达式，一般将得到一个以上对象，即一个部门的全体雇员和一个公司的所有部门。相反地，下述表达式表示的是一个雇员所属的部门和该雇员的管理者，在所给出的关联定义下，不可能返回一个以上对象。

```
context Person
    inv: self.department
    inv: self.manager
```

一般地，在 OCL 中，把可能返回多于一个对象的导航表达式说成是返回一个聚集，而与聚集相对的简单地说返回单个对象（single objects）。由于每当需要时 OCL 都允许将单个对象作为聚集处理，所以考虑导航表达式最简单的方式是，把每个导航表达式都看作一个对象聚集。在某些情况下，聚集的特性很重要，我们将在 12.5 节进一步讨论。

12.4.3　迭代遍历

导航表达式并不限于沿着一个关联导航。它也可以通过由用点号隔开的角色名或类名的一个序列指明更复杂的导航路径。例如，下列表达式表示为该公司工作的所有雇员。

```
context Company inv:
    self.department.staff
```

我们可以设想，这个表达式是用一步一步的方式求值的。首先检出的是该公司的所有部门组成的聚集，然后接着对每个部门一一检出在该部门中工作的所有雇员的聚集，这些人员聚集合并到一起构成一个大聚集，它包括为该公司工作的每一个人。这个大聚集就是这个表达式返回的值。

12.4.4　遍历限定关联

限定关联可以像一般关联一样用在导航中，但是它又提供了确定个别对象（individual

objects）的附加能力。当导航向着限定符方向进行时，限定关联和非限定关联没有什么不同。例如，下述表达式表示的是一个人为之工作的那个公司。

```
context Person inv:
    self.employer
```

而当导航沿相反方向进行时，限定符提供了检出已知工资号的特定雇员的一种方法。下述表达式检出的雇员如果存在，其工资号是 314159。

```
context Company inv:
    self.employee[314159]
```

这种表示可以与子序列导航或被选出的属性自由组合。例如，下述表达式返回的是工资号为 314159 的雇员的管理者。

```
context Company inv:
    self.employee[314159].manager
```

遍历未指明限定符值的限定关联是可以的。在这种情况下返回的是所有被链接的对象。例如，下述表达式表示的是公司的所有雇员的聚集。

```
context Company inv:
    self.employee
```

12.4.5　使用关联类

我们也可以用角色名或类名，像通常那样，从一个关联类的一个实例导航到该关联端点的对象。例如，下述表达式表示的是一个特定工资级的所有雇员的聚集。

```
context Grade inv:
    self.contract.employee
```

为了沿着另一个方向导航，可以像用角色名那样，用关联类的名称直接导航。例如，下述表达式表示一个特定雇员的工资级。

```
context Person inv:
    self.contract.grade
```

12.5　OCL 数据类型和操作

OCL 导航表达式可以表示单个对象或一个对象聚集。本节将概述 OCL 定义的不同数据类型，并讨论对每种数据类型提供的某些操作。

12.5.1　基本类型

为了描述数据项，OCL 定义了基本类型 Boolean、Integer、Real 和 String，以及对这些类型的元素的一些操作。这些基本类型完全是标准的，这里不再深入讨论。

奇怪的是，UML 规范并没有清晰地说明 OCL 的基本类型和 UML 的数据类型之间的关系。特别是 OCL 中的 Real 并没有作为 UML 的数据类型来定义。然而设想这些类型同样是为了实用目的而定义的是合理的，否则，例如写约束时使用属性值同样不方便。

12.5.2　模型类型

UML 模型中定义的类可以作为 OCL 约束的类型（type）使用。通过这种方式得到的类型称为模型类型。与模型类型有关的是模型类型的特性（property），这些特性来自于 UML 模型的特征（feature）。

首先，UML 模型中的类的每个属性定义了模型类型的一个特性。其次，对应于连接到这个类的每个关联的远端的类，也定义了一个特性。如果该类有角色名，就用该角色名作为这个特性的名称；如果没有，则以该类名作为这个特性的名称。最后是 UML 模型中的查询操作引起的某些特性。对查询操作需要加以限制，是因为计算 OCL 表达式的值时，不允许改变该模型的状态。

在 OCL 中，模型类型的特性的值是在指明该模型类型的对象表达式后，添加一个圆点，然后写上该特性的名称来表示的。例如，下述表达式中第一个表示的是一个雇员的年龄特性，第二个表达式表示的是该雇员的工资额。

```
context Person
    inv: self.age
    inv: self.contract.grade.salary
```

在这些例子中，这些特性应用的表达式表示的是单个对象。如果一个特性应用到一个表示聚集的表达式，则这只是对于包含在该聚集中的每个对象的特性的值的一种简化表示。例如，下述表达式表示的是由属于特定部门的所有雇员名字组成的聚集。

```
context Department inv:
    self.staff.name
```

UML 模型中定义的枚举也可以在约束中使用。只是需要在所写的枚举字面值前加上枚举名作为前缀。例如，指明一个特定交通信号只可能是“红”或“绿”的约束如下。

```
context Signal inv:
    colour = Colour::red or colour = Colour::green
```

12.5.3　聚集

假设在图 12-6 中的模型所描述的组织中定义了一个操作，使部门可以计算部门的工资账单（bill）。完成此操作的一种方法是构造一个聚集（collection），这个聚集包括对应于该部门的每个工作成员的工资级对象，然后将这些对象的每个工资额（salary）属性值相加，得到工资额合计。为了表示该部门所有雇员的工资级对象的聚集，自然会写出下述表达式。

```
context Department inv:
    self.staff.contract.grade
```

然而，如果该部门包含两个或多个雇员的工资级是同一个工资级就会产生问题。这时，对该工资级的每个雇员都会找到一次，这样，同一工资级对象就会被检出多次。现在问题就产生了，在上述导航表达式返回的聚集中，有多少个该工资级对象的当前值呢？

对这个问题的回答会使所计算的合计工资账单有很大差别。如果这个聚集像数学中的集合一样，在其中不可能出现重复对象，那么不管该部门在同一工资级有多少个雇员，每个工资级对象只能出现一次。这样计算得到的合计工资额显然太低。这里需要取而代之的是一种能够包括重复项的聚集形式，使得对有同一工资级的每个雇员，该工资级对象都可以存储一次，这样就可以计算出正确的合计工资额。这样的聚集称为袋（bag）。

为了处理这类情况，OCL 定义了三种不同类型的聚集：集合（set）、袋和序列（sequence）。在集合中，一个给定的对象只能出现一次，而在袋和序列中可以包含重复对象。此外，在序列中的元素是按次序安排的。

当遍历一个重数大于 1 的关联时，导航表达式可能产生一个聚集。由关联的语义，从一个单个元素导航产生的总是一个集合。如果重复发生，可能是由于原对象多次链接到同一个对象，这在 UML 中是不允许的。然而从一个集合导航，使用上面描述的简化符号，一般会产生一个对象袋。

在上述约束中，导航是从语境对象——部门类的一个实例开始的。应用 staff 的特性，这个部门产生一个 Person 集合。应用 Contract 的特性到这个 Person 对象集合得到的是 Contract 对象袋。最后每个 Contract 的 grade 被检出，产生一个 grade 对象袋。从这个对象袋可以计算出合计工资账单。

这样，OCL 的语义保证了该表达式返回所需要的聚集。另外，假设需要的是按部门打印出该部门的不同工资级的报告清单，这时，因为我们并不关心每个工资级有多少位雇员，集合可能是更适合的聚集类型。为了适应这种情况，OCL 提供了如下把袋转换为集合的操作。

12.5.4 聚集操作

OCL 定义了针对聚集的操作。sum 是这些操作中的一个，它把在该聚集中的所有元素加到一起，返回一个合计值。使用 sum 操作，一个部门的合计工资账单可以表示如下。在 OCL 中使用“->”符号指出这里应用的是一个聚集操作。

```
context Department inv:
    staff.contract.grade.salary->sum()
```

另一个常用的操作是 size 操作，它返回的是聚集的大小。size 操作与 asSet 操作结合，返回的是一个部门内不同工资级的数目。

```
context Department inv:
    staff.contract.grade->asSet()->size()
```

到目前为止，我们考虑过的导航表达式返回的都是一个聚集，它由指定的导航得到的所有对象组成。然而有时却有必要只考虑返回对象的一个子集。例如，一个特定的约束只用于公司中工资额高于 50000 元的雇员，而不能用于所有雇员。

如果可以从一个简单导航返回的较大的聚集中挑选出所需要的雇员，形成一个新的聚集，就可以处理这个特定的例子。

为了执行这种任务，OCL 对聚集提供了 select 操作。例如，下述导航表达式返回的是由公司内工资不低于 50000 元的雇员组成的聚集。

```
context Company inv:
    self.employee->select(p:Person |
        p.contract.grade.salary > 50000)
```

这个表达式从检索公司所有雇员的简单表达式开始，返回的是雇员集合。然后将 select 操作用于这个集合，即将布尔表达式应用到这个雇员集合的每个对象，而仅选择使此表达式为真的那些对象。所选择的这些对象的集合作为整个表达式的结果返回。

这个选择操作表示法包括一个局部变量（local variable）声明，它提供了在这个布尔表达式中导航的语境。在这种情况下，导航所形成的中间聚集是模型类型 Person 的实例的聚集，所以，这个类型的变量就被定义，并作为其后的布尔表达式的语境对象。这个局部变量声明和在所嵌套的导航开始的使用通常并不需要，因为中间聚集的对象类型可以从整个表达式的第一部分得到。

一个选择（select）操作的结果是一个聚集，它完全可以作为进一步导航的基础。例如，下述表达式检出的是高收入雇员的管理者，这个例子也说明在选择操作中可以省略局部变量。

```
context Company inv:
    employee->select(contract.grade.salary > 50000).manager
```

常用的另一个聚集操作是 collect 操作。这个操作是把导航表达式作为操作的变元，返回的是由原聚集中的每个对象表达式的值组成的袋。例如，下述表达式返回的是一个部门的所有雇员的年龄。正像对选择操作一样，这里的局部变量也是可选的，但为了清晰，这里仍然包含了局部变量。

```
context Department inv:
    staff->collect(p:Person | p.age())
```

collect 操作并不限于调用该模型的操作，如果需要还可以执行附加的计算。例如，下述表达式使用了 collect 表达式计算公司所有雇员工资提高 10%后公司的工资账单。

```
context Company inv:
    contract.grade->collect(salary * 1.1)->sum()
```

collect 操作特别简单的形式是把一个聚集中所有对象的一个属性的所有值聚集在一起。在这种情况下，可以使用本章已用过的惯用的简化表示形式。下述两个表达式是等价的，它们返回的都是一个部门中所有雇员的名字。

```
context Department
    inv: self.staff->collect(name)
    inv: self.staff.name
```

12.6　约束

导航表达式允许我们写一个表达式，引用存储在模型中的部分数据，这就说明导航表达式作为面向 UML 的查询语言的基础是有用的。但就其自身来说，却不允许我们表述希望这些数据具有的特性。表述希望这些数据具有的特性正是约束的作用。在 OCL 中，约束是通过用各种布尔运算符组合导航表达式构成的。

本节描述 OCL 可能采取的各种形式。首先是一些基本类型的约束，它们可用于构成简单约束。其次是一些布尔运算符，它们可以用于组合约束，以表达某些更复杂的特性。最后一种形式可以称为迭代约束，这些约束可以递归地应用到一个聚集的所有元素，相当于一阶谓词逻辑的量词。

12.6.1 基本约束

约束的最简单形式是由比较两个数据项的关系运算符构成的约束。在 OCL 中，对象和聚集都可以用运算符“=”和“< >”比较相等或不相等。这些标准运算符可用于测试数值。在 12.3 节中已经给出了这种例子。

由于写一个导航表达式就能够引用模型中的任何数据项，所以许多模型相当广泛的特性只需测试导航表达式相等或不等，就可以形式地表示，而无须使用任何其他方式。

例如，一个雇员工作的部门应当是该雇员工作的同一个公司的一个部门这个约束，可以用断言重新表述为：如果直接从雇员导航到公司，或者间接地从雇员导航到部门，再从该部门导航到公司，将会到达同一个公司。这两个导航结果的等价性可以表示如下。

```
context Person inv:
    self.employer = self.department.company
```

相等测试可以用于对象和聚集，另外还有一些基本约束只能应用于聚集。

例如，用 isEmpty 可以测试一个聚集是否为空。虽然严格地说这是不需要的，因为断言一个聚集是空和断言它的大小等于零是一样的。一个模型的全称特性，例如，断言所有雇员的年龄不小于 18，常常可以通过定义一个聚集，形式化地表述为：该聚集包括了除这个特性之外的所有特性并断言这个聚集为空。下述约束给出了表达这个约束的两种等价方式。

```
context Company
    inv: employee->select(age() < 18)->isEmpty
    inv: employee->select(age() < 18)->size = 0
```

有两个操作允许写出约束，做出有关聚集的成员籍的断言。include 操作是：如果指定的对象是一个聚集的成员，则 include 操作为真。例如，该系统一个基本的完整性特性是，它的每个雇员的工资级是与该雇员相链接的工资级集合的一个成员，可以用下述约束表示。

```
context Person inv:
    employer.grade->includes(contract.grade)
```

类似的操作是 includeAll 操作，但它是以聚集作为它的变元，而不是单个对象。因此，它相当于聚集的一个子集操作符。正如上述例子一样，这个操作常用于对模型中的不同关联的一致性做出断言。下述 OCL 约束指明了一个部门的工作人员全体都是该部门所属公司的雇员。

```
context Department inv:
    company.employee->includesAll(staff)
```

12.6.2 组合约束

约束可以使用这些具有标准意义的 Boolean 运算符 and、or、xor 和 not 组合构成。12.3

节给出的类的不变量是使用 and 约束的一个例子。

OCL 不同于大多程序设计语言在于它定义了一个表示蕴含的布尔运算符。例如，假定该公司有一项政策，即每位年龄超过 50 岁的雇员的工资额最低为 25000 元。这个约束可以用 OCL 描述如下。

```
context Person inv:
    age() > 50 implies contract.grade.salary > 25000
```

12.6.3 迭代约束

迭代约束与 select 这样的迭代操作相似，它们都是定义在聚集上的操作符，返回的结果由应用布尔表达式到该聚集的每个元素所确定。然而与其说它们返回一个新的聚集，不如说它们返回的是依赖于对每个元素的应用结果的布尔值。

例如，操作符 forAll 表示的是：如果将它应用于聚集的每个成员，指定的布尔表达式为真，这个操作符返回真，否则返回假。forAll 的一个简单应用是下述 OCL 约束，它指明该公司的每一工资级至少有一位雇员。

```
context Company inv:
    self.grade->forAll(g | not g.contract->isEmpty())
```

与 forAll 互为补充的是操作符 exists，它表示的是：如果对该聚集中的至少一个元素该布尔表达式为真，则返回真；如果对该聚集的所有元素，该布尔表达式均为假，则返回假。exists 的一个简单使用是下述 OCL 约束，它指明每个部门有一位负责人，其含意是该部门包含一位雇员，他没有管理者。

```
context Department inv:
    staff->exists(e | e.manager->isEmpty())
```

读者很容易以为，为了写一个应用于一个类的所有实例的约束，必须使用 forAll。事实上并非如此，因为对于类的约束，就是应用到该类的所有实例。例如，下述约束指明对于该公司的每一工资级，该工资级的工资额高于 20000。

```
context Grade inv:
    salary > 20000
```

这个例子说明，在简单情况下，为了断言一个给定的特性对该类的所有实例为真，没有必要形成一个清晰可见的聚集。然而如果必要，可以形成这样一个聚集。OCL 还定义了一个 allInstances 操作，可应用于一个类型的名字，返回的是该类型名字所示意的类型的所有实例组成的聚集。使用这个操作，上述简单约束可以用下述方式重写。

```
context Grade inv:
    Grade.allInstances->forAll(g | g.salary > 20000)
```

在这种简单情况下使用 allInstances 使这个约束比需要的更复杂。然而在有些情况下，使用 allInstances 却是必要的。一个常见的例子是一个约束必须系统地比较不同的实例，或一个类的值。例如，下述约束断言，没有两个工资级它们的工资额属性有相同的值。

```
context Grade inv:
    Grade.allInstances->forAll(g : Grade |
      g <> self implies g.salary <> self.salary)
```

这个约束隐含地应用到该工资级类的每个实例；作为通常情况，语境对象是由约束中的 self 项引用的。这个约束反复通过应用 allInstances 所形成的聚集，将语境对象与该类的每个实例相比较。这个约束的第 2 行指明了被测试的条件，即该类的两个不同的实例不可能定义相同的工资额。

12.7 构造型化的约束

约束通常用于指明不能在图形上表示的类和类的操作特性。这些特性包括对该类的实例的可能状态和该类所定义的操作的限制。

系统地应用这些类型的约束，提供了一种指明类的特性的一般方法。这种方式在形式规约语言中使用得相当广泛，甚至像 Eiffel 这样的程序设计语言也使用了这种方式。为了支持这种方式，UML 定义了构造型，标明约束的不同使用。

12.7.1 类不变量

类不变量是类的性质，它指的是对该类的所有实例，在所有时间，该不变量为真。在某种意义上，本章前面所述的所有约束都可以看作不变量，因为它们指明的都是要求类的实例具有的特性。但是术语“不变量”通常仅用于限制一个类的属性可能值的约束。

例如，图 12-1 中用来指明储蓄账户的余额必须在 0～250000 元范围内，是简单不变量的一个典型例子。它既可以作为简单约束以下述方式写出，或者作为结构型约束用图 12-7 的方式表示。使用注解（note）容易使类图显得凌乱，所以在许多情况下，文本形式可能更可取，而表示不变量的这两种方式之间的不同只是风格上的差异。

```
context SavingsAccount inv:
    balance > 0 and balance < 250000
```

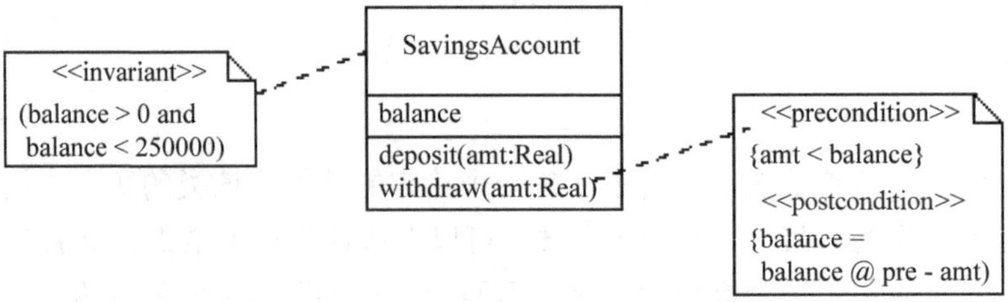

图 12-7 使用结构型约束的类的规约

12.7.2 前置条件和后置条件

定义类的不变量并不能保证该类的操作能够使该不变量保持不变。例如，如果储蓄账户的取款操作允许提取任何数目的金额，那么指明余额必须大于 0 的不变量很容易失效。

前置条件和后置条件是特别为操作而使用的约束。正像名称所示，前置条件是在一个操作调用时必须为真的事情，而后置条件是当操作完成时必须为真的事情。使用前置条件和后置条件约束应当做到，如果它们在相应的时间都为真，那么该类的不变量在该操作完成时仍然为真。

前置条件通常表示的是对一个类的实例的属性和指定的操作的实际参数的约束。例如，如果储蓄账户的取款操作不引起账户透支，那么取款金额必须小于该账户的当前余额。形式地讲，就是这个操作的前置条件，在图 12-7 中是用构造型标注的。

后置条件典型地是指明操作的结果，它通过比较该操作执行前和执行后的属性值表示。

在取款操作中，后置条件是，该余额应当是该账户的余额减去该操作的实际参数中指明的金额，在图 12-7 中也是用相应的构造型标注的。

形式化地写后置条件时有一个表示法问题。在约束中一个属性的名称表示的是该属性的当前值。后置条件是在一个操作执行之后计值的，这样，在取款操作的后置条件中的余额属性表示的是，取款操作进行之后的余额。为了形式地表述后置条件，需要将这个当前值与该操作被调用前的该属性值比较。在 OCL 中，如图 12-7 所示，这个值是用在属性名后写一个 @pre 符号来标注的。

操作规约除了可以在图中表示外，还可以以文本形式给出。然而这时约束的语境不是给定的类的一个对象，而是类的一个操作，并且要使用标号 pre 和 post 标注这些约束所起的结构型作用。下面给出的约束等价于图 12-7 中给出的约束，并说明了这种文本表示法。

```
context SavingsAccount::withdraw(amt : Real)
    pre: amt < balance
    post: balance = balance@pre - amt
```

12.7.3　按契约设计

使用前置条件和后置条件的操作规约有时可以看作在该操作的调用者和操作实现之间建立的一种契约。在这个模型中，操作的调用者有责任确保，如果操作的参数值会使前置条件为假，则该操作不会被调用。该操作的实现做出的相应保证是，如果前置条件为真，那么该对象状态的任何交替都会确保，在该操作结束时该后置条件为真。

如果这个契约的这两个方面都满足，则该类的不变量也会继续保持。这就产生了一个问题，如果这个契约被破坏会发生什么？依赖于前置条件未能满足，还是后置条件失败，情况是不同的。

一个操作不能控制传给它的是怎样的参数值。如果它被无效参数调用，就没有办法确保在操作完成时它的后置条件会被满足。这种情况常常作为运行时错误考虑，类似于试图用 0 做除数时发生的错误。当前置条件不满足时，该系统的状态称为不确定的，该操作可能表现出任何行为。

通常对于有前置条件的操作，在运行该操作体之前必须核实满足该前置条件。如果不满足，可以采取适当的动作，如抛出一个异常。一般地，对这种不满足约束条件的错误引起重视是较好的策略，而不要不顾后果地继续下去而可能使系统数据变得面目全非。

另外，如果前置条件满足而后置条件不满足，只能说是该操作实现中存在错误。在这种情况下补救的办法就是改正程序设计的错误。

12.8 约束和泛化

泛化关系不会引发对象之间任何可导航的关系，所以在约束中并不占有明显的重要地位。

然而在某些情况下，需要约束引用涉及的对象在运行时的类型时，泛化可能会使写出的约束非常复杂。

考虑图 12-8 所示的多态的基本情况。这里客户可以有多个不同类型的账户。假定银行对其客户有一个限制，在这些账户中至少有一个账户必须是活期账户（CurrentAccount）。

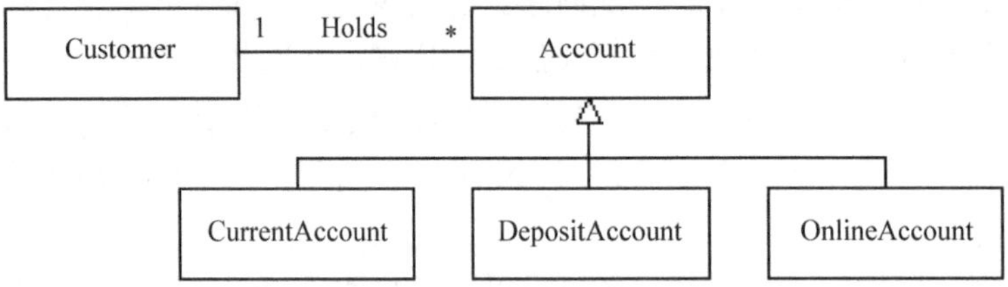

图 12-8　持有的多态账户

人们自然会想用约束形式化地表述这个限制。但是我们不能用在本章中到目前为止介绍过的 OCL 表示法表示这个限制。在图 12-8 所示的一个客户对象的语境中，导航跨过的关联提供给我们的只是一个账户对象的聚集，我们需要另外的某种方式确定这些对象运行时的类型。

OCL 定义了 oclIsTypeOf 操作，它以类型作为变元，并且只有当该对象的实际类型与指明的类型相等时才为真。使用这个操作，所要求的约束可以用下述方式写出：

```
context Customer inv:
    account->size > 0 implies
    account->select(oclIsTypeOf(CurrentAccount))->size > 1
```

约束中运行时的类型信息的另一种用法是用文本形式表达模型中并行结构之间必须保持的约束。如图 12-9 所示，该银行有两类不同客户，并对每类客户提供了适应其特殊需要的不同的账户类型。

在这种情况下，常常要限制这些子类之间的链接。例如，该银行要求只有个人（Individual）才能持有个人账户，只有公司才能持有业务账户。这个要求可以用两个低层关联取代 Holds 关联表达，一般希望保持高层关联。因此，用另一种方式定义一个约束，表达要求图 12-9 中的实例具有的特性。

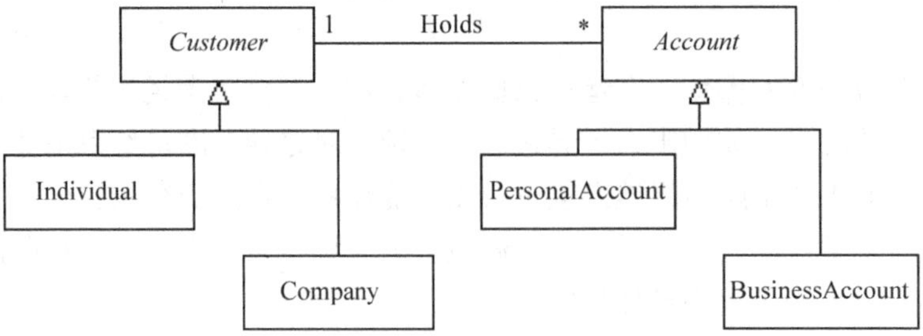

图 12-9　并行泛化层次

所要求的这个约束可以用 oclType 操作表示。它表示的是，当此操作应用于一个对象时即返回该对象的类型。使用这个操作，下述约束断言，个人持有的所有账户必须是活期账户。

```
context Individual inv:
    account->forAll(a | a.oclType = PersonalAccount)
```

12.9　OCL 小结

约束是关于模型元素的断言，它指明了一个模型的实例必须具有的性质。

UML 定义了一些可以用图形方式表示的标准约束。为了写出更一般的约束，UML 定义了对象约束语言。

OCL 中的约束是一个布尔表达式，它断言一个指定模型元素或模型元素之间关系的若干特性。

每个约束都有一个语境，它表示的是被约束的模型元素，约束的语境是一个类或一个操作。

导航表达式允许约束引用直接或间接地链接到该语境的对象，这就使约束能够描述对象之间的关系。

导航表达式可以表示或返回单个对象或对象聚集。聚集可以是集合、袋或者序列。OCL 对聚集定义了多种不同的聚集操作。

约束由使用布尔运算符的基本约束和类似于限定符的迭代约束构成。

类的规格说明通常用构造型约束写出。不变量描述类的属性，前置条件和后置条件说明类的操作。

12.10　建模方法介绍

传统的需求建模方法主要有两个重大缺陷：①非形式化的需求描述常常导致需求的歧义性和不一致性，因而难以确认和验证；②易变性，用户需求的频繁变动是一个极为普遍的问题，然而在实际系统中即使是部分变动，也往往会影响到需求分析的全局。

非形式化方法、半形式化方法和形式化方法具体介绍如下。

1. 非形式化方法

基于自然语言的思考、设计和描述语义含糊，可能存在歧义性，依赖于参与者的经验和理解。无法进行严格检查，只能通过人的交流活动进行分析。自然语言的非形式化需求的最大缺点是歧义性和模糊性。这很容易导致系统开发者和用户对需求有不同的理解，最后造成用户不满意所开发的系统，导致系统开发失败。

2. 半形式化方法

半形式化方法有较清晰的定义形式和部分语义定义。UML 是半形式化的建模语言，其模型的语法是通过元模型以 UML 类图的方式定义的，静态语义采用对象约束语言进行描述，模型的动态语义则是直接由自然语言来表达的。采用这种方法描述的语义存在许多不足：表达不严格、不精确，对模型难以进行一致性检查和正确性分析，不利于系统的求精和验证等。

3. 形式化方法

形式化方法基于严格定义的数学概念和语言，语义清晰，无歧义。可以用自动化或半自动化的工具进行检查和分析。

形式化的需求具有无歧义、精确性等优点，形式化需求还有助于需求确认和验证。形式化方法是全面系统地使用基于数学的语言、技术和工具精确地说明、开发和验证软件系统，使用形式化方法描述的规约具有规范性和无二义性。而且形式化语言是一种机器可处理的描述语言，可以保证软件复用自动化成为可能。

B 方法是一种较新的形式化方法，覆盖了从规范说明到编码的所有过程，它建立在 Zermelo-Frankel 的集合理论的基础上。B 方法包含一种结构化的机制，这种开发方法建立在数学理论基础上，包括了广义代换、精化、软件的层次体系结构理论，加上商业和免费工具的大力支持，目前在欧美已经得到广泛应用。

因此，对于复杂的、大型的软件系统，可以先用复杂网络方法获取系统特性。然后结合形式化 B 方法表示出来，这样对于传统的软件需求工程中的需求获取有很大帮助，实现了需求形式化表示，提高了整个软件的可靠性。

12.11 UML 与形式化方法的结合

许多学者在 UML 的形式化方面做了大量的工作，从形式化技巧的角度来看，这些方法大致可以归纳为两方面：一方面是直接对 UML 模型进行形式化的语义定义；另一方面是结合 UML 和形式化方法的优点，将 UML 模型按照一定的规则转换为现有的形式化规范。

12.11.1 直接对 UML 模型进行形式化语义定义

鉴于 UML 缺乏精确的形式化语义，目前许多组织与个人正在从事形式化语义的研究工作。对 UML 形式化语义的研究主要有以下意义。

（1）清晰的解释。如果某一个 UML 组件在某一点上的意思存在混淆，形式化语义就可以作为参考来验证它的解释。

（2）严格的分析与设计。如果与模型有关的概念用形式化描述技术表达，那么将使得对图形执行严格的语义分析成为可能，从而可以对系统进行严格的评估和系统的实施。

（3）等价性与一致性。它将为 UML 与其他技术和符号的对比提供一个不具有二义性的基础，并且保证了 UML 内不同模型元素之间的一致性。

这类方法使用具有严格形式化语义定义的 UML 进行建模，应用起来并没有克服半形式化方法所固有的缺点。因此，可采用将 UML 与形式化方法相结合的方法对 UML 进行形式化。

12.11.2　UML 到形式化方法的转换

结合 UML 和形式化方法的优点，将非形式化的 UML 图形转换为具有精确语义定义的形式化规范是对 UML 形式化的第二类方法。

在统一、实用并且严格的软件开发过程中，将 UML 和 B 结合使用就是把 UML 翻译成 B 形式规格说明的一种方法。通过与 UML 相对应的 B 形式化规格说明来形式化地分析其规格说明，因为支持 B 的工具（如 Atelier B、Pro B）的出现，这一点就显得很有意义。

UML 转化成 B 规格说明具有如下优点。

（1）原版的 B 规格说明更适合专业 B 形式化方法人员来阅读。

（2）B 规格说明可以用数学的方法来推理和论证。

（3）采用 Event-B、B-toolkit、Atelier B、Pro B 等工具很容易进行类型分析、证明。

12.12　形式化方法

12.12.1　形式化方法介绍

1. 形式化方法的发展

形式化方法的研究始于 20 世纪 60 年代后期，针对当时所谓的软件危机，人们提出种种解决方法，归纳起来有两类：一是采用工程方法来组织、管理软件的开发过程；二是深入探讨程序和程序开发过程的规律，建立严密的理论，以其来指导软件开发实践。前者导致软件工程的出现和发展，后者则推动了形式化方法的深入研究。经过多年的研究和应用，如今人们在形式化方法这一领域取得了大量重要的成果，从早期最简单的形式化方法——一阶谓词演算方法到现在的应用于不同领域、不同阶段的基于逻辑、状态机、网络、进程代数、代数等众多形式化方法。形式化方法的发展趋势逐渐融入软件开发过程的各个阶段，从需求分析、功能描述（规约）、（体系结构/算法）设计、编程、测试直至维护。

2. 形式化方法的定义

形式化方法的本质是基于数学的方法来描述目标软件系统属性的一种技术。不同的形式化方法的数学基础是不同的，有的以集合论和一阶谓词演算为基础（如 Z 和 VDM），有的以时态逻辑为基础。形式化方法需要形式化规约说明语言的支持。

形式化方法可以分为形式规范方法和形式验证方法两大类，图 12-10 是使用形式化方法规范和验证计算机系统的示意图。形式规范方法包括各种基于数学的表示法、规范语言以及对应的工具。形式验证方法包括各种模型检查器、定理证明器以及证明和验证的方法等。

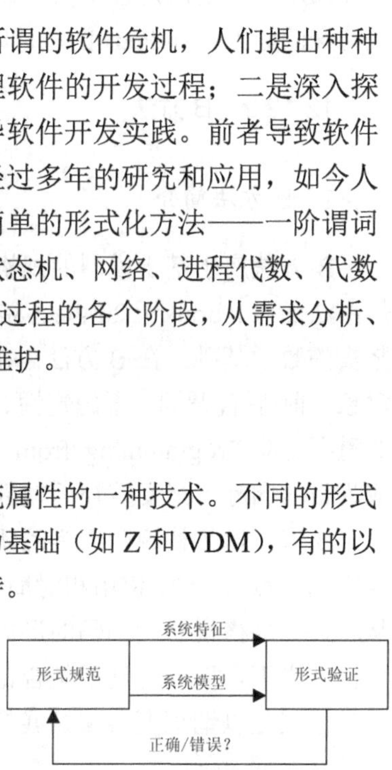

图 12-10　形式化方法示意图

形式化方法的优越之处在于它具有严格的数学基础与描述性，在软件开发的过程中使用形式化方法进行形式化分析和验证是构造可靠安全软件的一个重要途径。

3. 形式化方法的分类

根据数学表达能力，形式化方法可以分为五类。

（1）基于模型的方法：通过明确定义状态和操作来建立一个系统模型（使系统从一个状态转换到另一个状态）。用这种方法虽可以表示非功能性需求（如时间需求），但不能很好地表示并发性，如 Z 语言、VDM、B 方法等。

（2）基于逻辑的方法：用逻辑描述系统预期的性能，包括底层规约、时序和可能性行为。采用与所选逻辑相关的公理系统证明系统具有预期的性能。用具体的编程构造扩充逻辑从而得到一种广谱形式化方法，通过保持正确性的细化步骤集来开发系统，如 ITL（区间时序逻辑）、区段演算（DC）、Hoare 逻辑、WP 演算、模态逻辑、时序逻辑、TAM（时序代理模型）、RTTL（实时时序逻辑）等。

（3）代数方法：通过将未定义状态下不同的操作行为相联系，给出操作的显式定义。与基于模型的方法相同的是，没有给出并发的显式表示，如 OBJ、Larch 族代数规约语言等。

（4）过程代数方法：通过限制所有容许的可观察的过程间通信来表示系统行为。此方法允许并发过程的显式表示，如通信顺序过程（CSP）、通信系统演算（CCS）、通信过程代数（ACP）、时序排序规约语言（LOTOS）、计时 CSP（TCSP）、通信系统计时可能性演算（TPCCS）等。

（5）基于网络的方法：由于图形化表示法易于理解，而且非专业人员能够使用，因此是一种通用的系统确定表示法。该方法采用具有形式语义的图形语言，为系统开发和再工程带来特殊的好处，如 Petri 图、计时 Petri 图、状态图等。

12.12.2 B 方法

1. B 方法简介

B 方法属于基于模型的规格说明符号语言的范畴，是一种基于对象的形式化语言。最早是由法国人 Abrail 于 20 世纪 80 年代前期开始研究的，目的是为实际软件开发过程提供一个坚实的数学基础。在 B 方法思想的形成过程中，Horare 和 Dijkstra 的关于程序作为一个数学对象、前/后置谓词、不确定性、最弱前置谓词的概念，无疑是它的中心思想。同时，Morgan 的重要思想 Programming from specification 对其形成起了深远影响和巨大作用，使得该方法成为目前国际上最受重视的软件形式化方法之一。

B 方法以规格说明语言的研究为背景，在引入一些面向对象机制等特点的同时，保留了语言的优点。B 方法使用相对简单且运用人们熟悉的符号表示法广义代换来表达状态的转换，从软件的规格说明到编码的形成是一致的形式描述，使程序和程序的规格说明处于统一的数学框架之下，以一种基于集合论的符号表示法来书写，减小了出现语义错误的可能性。这种数学框架是以谓词变换和扩展的最弱前置条件为前提的。

2. B 方法的特点

（1）简单熟悉的符号表示法。

这种符号表示法用来表达状态转换，从规格说明到编码，这种统一的形式减小了学习的难度，减少了转换中的语法错误，设计这种数学程序设计语言让人们使用一种非常具体的规格说明形式，而且对软件工程师来说是极为有益的。

（2）模块化构造。从规格说明到实现的模块化构造允许将规格说明和验证过程分解为多个子任务来执行，这个优点与其他类似的规格说明语言相比是非常突出的，而且其中的结构化工具更容易学习。

（3）大量实用的工具支持。现有的大量实用工具支持方法软件开发周期的所有阶段，包括动画和文档生成，其他形式化方法中还没有类似的集成工具。

（4）成功的工业应用。B 方法已在很多工业领域得到成功应用，包括实时、仿真、信息处理和工程等。

3. B 方法抽象机

B 方法包含一种 AMN 的结构化机制，这种开发方法建立在数学理论基础上，还包括广义替换、精化、软件的层次体系结构理论。AMN 是 B 方法中的一种基本的封装机制，非常接近人们在程序设计中所熟知的一些概念，如类（SIMULA）、抽象数据结构（CLUE）、模块（MODULA-2）、包（ADA）、对象（EIFFEL）等概念。

B 方法根据功能需求进行正确性验证，保证软件产品具有高可靠性、可移植性、可维护性。该方法使用 AMN 作为软件开发过程中的规约、设计及实现语言，AMN 是 Dijkstra 的卫式命令语言的改进和扩展，在大型软件系统构造中具有一种内置的结构化机制。另外，广义置换语言（GSL）提供 AMN 的形式语义，标识 AMN 的操作，在 GSL 中引入定序和循环结构，并重写 AMN 中的操作以便更接近可执行代码的控制结构（最终命令式程序代码由代码生成器自动转换得到）。

AMN 中有赋值和条件语句，也有前置条件、多重赋值、约束选择、卫、无约束选择。AMN 中没有定序和循环，理解 AMN 的根据是状态及改变状态的操作，即包括静态和动态分析，静态对应状态的定义，动态对应其操作。

B 方法中 AMN 的语法表示如下：

```
MACHINE
   Machine_Header
CONSTRAINTS
  Predicate
USES
   Id_List
SETS
   Sets
CONSTANTS
   Id_List
ABSTRACT_CONSTANTS
   Id_List
PROPERTIES
   Predicate
INCLUDES
```

```
  Machine_List
OPERATIONS
  Operations
PROMOTES
  Id_List
EXTENDS
  Machine_List
VARIABLES
  Id_List
CONCRETE_VARIABLES
  Id_List
INVARIANT
  Predicate
DEFINITIONS
  Definitions
INITIALIZATION
  Substitution
END
```

上面 AMN 中的变量、不变式、操作部分是主要的，其他为可选项（视功能需要而定）。抽象机之间可以通过 INCLUDES、IMPORTS、USES 和 SEES 等建立各种联系。

12.12.3　需求获取形式化语言的表示

由于 UML 的语法结构使用了形式化规约，语义部分是用自然语言描述的，这种半形式化的建模语言使得对所建模型难以进行定量定性的分析和验证，而 B 方法支持软件开发的全过程，有一套严谨的理论分析方法和工具，所以使用 B 方法对 UML 模型进行形式化转换可以解决 UML 缺少模型分析、验证手段不足的问题。

12.13　形式化的案例

免疫系统是一种复杂系统，建议使用复杂网络的描述方法来描述这种复杂系统，然后利用复杂网络中的社团划分方法获取系统的功能需求信息，可以把需求信息用 UML 的图描述出来，再把它转变成 B 形式化的需求规格说明，这样就不会出现含有人为理解成分的有歧义的需求规格说明。

12.13.1　免疫系统

医学上对免疫的定义是机体接触抗原性异物的一种生理反应现象。免疫的现代定义是机体针对外来物质产生的一种反应，它的作用是识别和排除抗原性异物，维持机体的生理平衡。这些维持机体稳定性的反应通常对机体是有利的，但在某些条件下也是有害的，所以免疫的现代概念可以概括地指机体识别和排除抗原性异物的功能，即机体区分自己和非己的功能。

免疫系统是保护机体免受外来抗原和异物侵害的保护系统，就像一支训练有素的防卫军队，昼夜不停地保护着机体，使机体免受病原微生物的侵害，同时时刻警惕着人类细胞，以免它们“做出不轨行为”，诱发疾病。人们对免疫系统已经进行了大量的研究，但过去的研究往往通过对细胞和分子的研究产生一些实验数据来刻画免疫系统，现在则趋向于将系统看成一个整体来研究，把免疫系统看成一个由众多细胞相互作用构成的复杂网络。

免疫系统是复杂的非线性系统，研究者至今还不能完美地描述它的行为特性。生物学家所用的传统实验工具已不能测定大量免疫细胞的自身特性和相互作用规律，所以使用计算机模拟仿真势在必行，免疫系统受到了计算机科学和工程研究人员的广泛关注，对解决工程或科学问题很有帮助。

12.13.2　免疫系统建模

本节首先用 UML 对免疫系统中的细胞免疫进行建模，然后根据 UML-B 的转换规则对转换方法进行了改进，将 UML 模型图转换成 B 机器的表示。系统使用 RUP 过程描述免疫系统的功能。

1. 需求描述

由于免疫系统是由免疫细胞构成的，所有设计免疫系统的关键是设计免疫细胞，凡是由免疫细胞发挥效应以清除异物的过程均称为细胞免疫，参与作用的细胞称为免疫效应细胞或致敏细胞。细胞免疫是由 T 细胞介导的，当 T 细胞受到抗原刺激后，便会增殖、分化，转化为效应 T 细胞，当以后有相同的抗原再次进入机体的细胞中时，效应 T 细胞对抗原有直接杀伤作用，它释放的细胞因子也有协同杀伤作用。

一个未经过分化的初始 T 细胞可以存活很多年，这些初始细胞循环往复地在血液和淋巴器官之间流动侦察身体中可能出现的变化，这个发现过程由 T 细胞和抗原提呈细胞（APC）协助交互完成，当特定的抗原提呈细胞停止移动时，初始 T 细胞能识别出其表面的特异性抗原，活化、增殖并且分化成起到警卫作用的效应 T 细胞，最终将抗原清除。

在抗体第一次消灭抗原细胞时，会产生记忆细胞。记忆细胞不能直接执行效应功能，只有当再次遇到相同或相似抗原的刺激时，它才会更迅速、强烈地增殖分化为效应细胞，有少数记忆细胞可以再次分裂为记忆细胞，持久地执行特异性免疫功能。

2. 复杂网络模型

免疫系统是机体保护自身的防御性结构，主要由淋巴器官（胸腺、淋巴结、脾、扁桃体）、其他器官内的淋巴组织和全身各处的淋巴细胞、抗原呈递细胞等组成；广义上也包括血液中其他白细胞及结缔组织中的浆细胞和肥大细胞。构成免疫系统的核心成分是淋巴细胞，它使免疫系统具备识别能力和记忆能力。淋巴细胞经血液和淋巴周游全身，从一处的淋巴器官或淋巴组织至另一处的淋巴器官或淋巴组织，使分散在各处的淋巴器官和淋巴组织连成一个功能整体。

免疫系统是非常复杂的系统，根据 COPE 数据库整理得到免疫系统的细胞与分泌的介质的数据，用网络的形式将其描述出来。图 12-11 所示为免疫系统二分网络图，图中有两类节点，一类是细胞，另一类是参与者，有 44 个细胞，1639 种介质。细胞到介质的边表示细胞分泌的介质。

图 12-11　免疫系统二分网络图

根据二分图对其一模式的投影，并运用群落算法对免疫系统进行群落划分，群落划分选用 NEWMAN 快速算法，并得到如图 12-12 所示的免疫系统的群落图，每一种颜色代表一个群落。

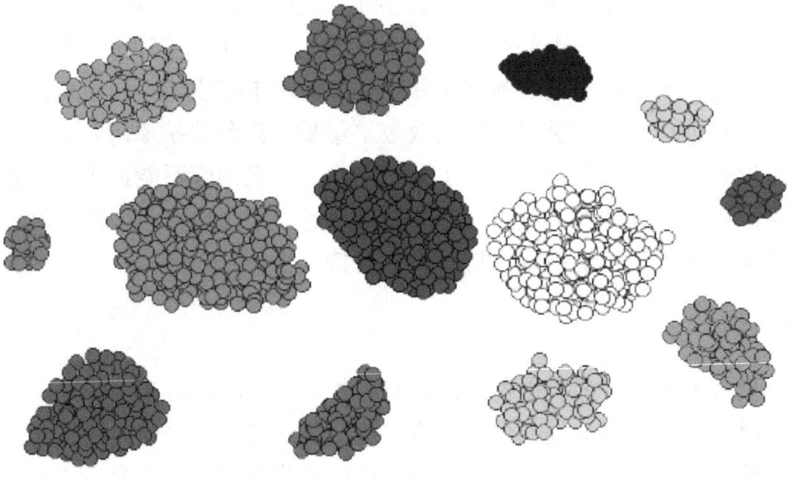

图 12-12　免疫系统的群落图

根据图 12-3 的群落图，选取其中某一个群落对其进行研究。其中包含的细胞和因子有抗原、抗体、B 细胞、T 细胞、B 记忆细胞、B 效应细胞、TH 细胞、TD 细胞、效应 T 细胞、T 记忆细胞、细胞因子（IL-2、IL-4、IL-5、IFN）等，它们主要完成一个体液免疫过程。

根据几种常见免疫细胞与免疫因子的功能以及它们之间的相互作用，最终得出因子网络调控图，如图 12-13 所示。

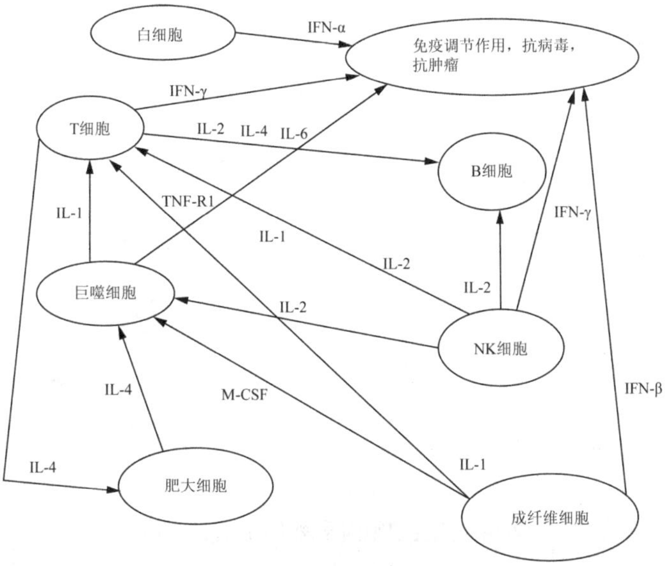

图 12-13　细胞因子网络调控图

图 12-13 由三部分组成：细胞、细胞因子、抗原。它们之间相互发生作用，图中各细胞因子的分泌源、作用对象以及它在模型中模拟的作用功能描述如表 12-1 所示。

表 12-1　各细胞因子的分泌源、作用对象及主要功能

细胞因子	分泌源	作用对象	主要功能
IL-1	巨噬细胞、成纤维细胞	T 细胞、B 细胞	活化 T 细胞、B 细胞
IL-2	T 细胞、NK 细胞	T 细胞、B 细胞、巨噬细胞	促进 T 细胞、B 细胞的生长，刺激 NK 细胞，增强其杀伤性
IL-4	T 细胞、肥大细胞	B 细胞、肥大细胞	促进 T 细胞、B 细胞、肥大细胞的生长，活化巨噬细胞
IL-6	T 细胞	B 细胞	刺激 NK 细胞，增强其杀伤性
IFN-α	白细胞	抗原	抗肿瘤，抑制病毒复制，抑制细胞增长
IFN-β	成纤维细胞	抗原	抗肿瘤，抑制病毒复制
IFN-γ	T 细胞	抗原	抗肿瘤，抑制病毒复制
TNF-R1	巨噬细胞	抗原	抗肿瘤，抑制病毒复制
M-CSF	成纤维细胞	巨噬细胞	活化巨噬细胞

复杂系统的一些基本特性可以使用复杂网络的研究方法研究得到，其中一个参数如图 12-14 所示。

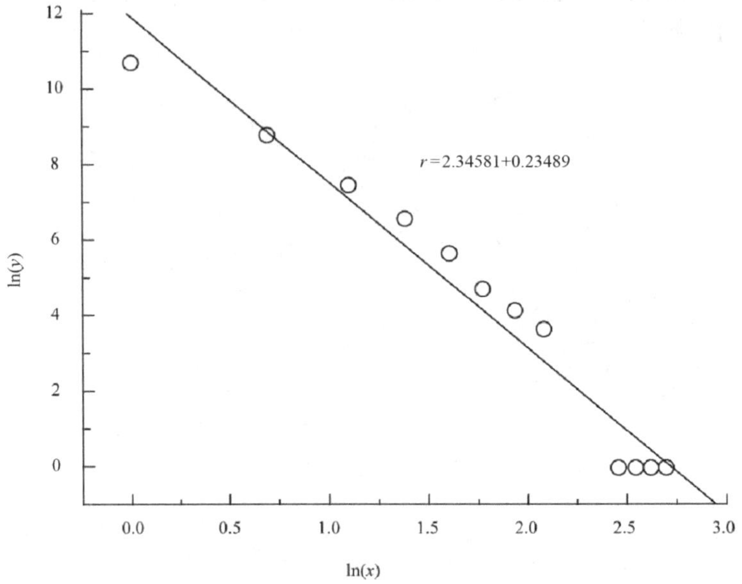

图 12-14　免疫细胞因子网络的项目度分布

3. 用例模型

在此系统中，采用的用例图支持系统中的需求分析来建立需求模型，从需求描述中可以看出此系统的主要参与者有抗原呈递细胞、抗原、T 细胞。

关于参与者描述如下。

（1）抗原 Ag（Antigen）：是指能够刺激机体产生免疫应答，并能与相应免疫应答产物在体内或体外发生特异性结合的物质，引起细胞免疫的抗原多为 T 细胞依赖抗原。

（2）T 细胞（T cell）：又称为 T 淋巴细胞，T 细胞经其自身分化为效应细胞后直接执行免疫功能，在体液免疫应答中发挥重要作用，T 细胞经淋巴管、组织液等进行再循环，广泛接触进入体内的抗原物质，加强免疫应答和保持免疫记忆，发挥细胞免疫及免疫调节等功能，还能直接袭击被感染的细胞。

（3）抗原呈递细胞：通常所说的抗原呈递细胞指表达 MHC-Ⅱ分子的巨噬细胞、树突状细胞、B 细胞等，能摄取并加工处理抗原将抗原信息提呈给 T 细胞，又称为辅佐细胞。

免疫系统中细胞的用例大致有入侵（instrusion）、抗原呈递（present）、加工处理（processing）、识别（recognition）、活化（activation）、细胞因子表达（express）、增殖（proliferate）、分化（differentiate）、清除抗原（kill）、配体与受体的绑定（bind）、对 T 细胞的促进或抑制作用（promote，restrain）。

用例与参与者有以下关系：当机体接受抗原性异物的刺激后，体内的抗原呈递细胞首先会对抗原进行加工处理并进行呈递，然后抗原特异性淋巴细胞对呈递的抗原进行识别后，引起相应的淋巴细胞活化、增殖和分化，从而产生一系列免疫效应，将入侵的抗原性异物排除，用例图表示如图 12-15 所示。

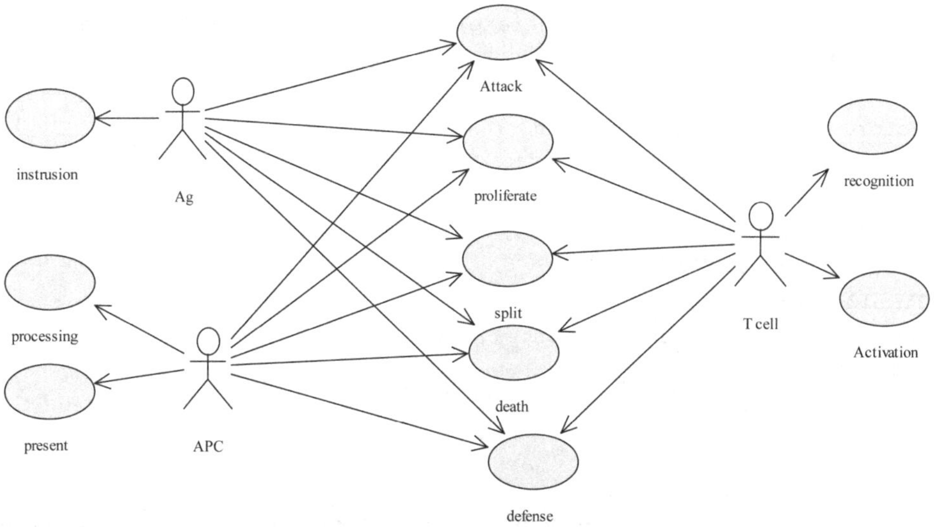

图 12-15 细胞免疫应答的用例模型

参与者的机器表示如下，所有参与者定义为一个枚举集合 ACTOR={Ag，T cell，APC}。

```
MACHINE
  Actor
SETS
  ACTOR={Ag, T cell, APC}
VARIABLES
  actor
INVARIANT
  actor:Actor
INITIALIZATION
  actor:= {}
OPERATIONS
  …
END
```

用由二元关系构成的枚举集合 ASSOCIATION 表示参与者与用例的关联关系，并且所有的参与者和用例分别用枚举集合 ACTOR 和 USE-CASE 表示。ASSOCIATION 集合中的对象定义为变量 association：

```
MACHINE
  Association
SETS
  ACTOR={Ag, T cell, APC};
  USE-CASE={instrusion, present, processing, recognition, activation,
  proliferate, split, death, attack, defence };
  ASSOCIATION={(Ag, intrusion), (Ag, proliferate), (Ag, differentiate), (Ag,
  death), (Ag, attack), (Ag, defence), (T cell, recognition), (T cell,
  activation), (T cell, proliferate), (T cell, differentiate), (T cell, death),
  (T cell, attack), (T cell, defence), (APC, present, )(APC, processing)(APC,
```

```
  proliferate), (APC, differentiate), (APC, death), (APC, attack), (APC,
  defence)}
VIRIABLES
   actor, use-case, association
INVARIANT
   actor:ACTOR∧
   use-case:USECASE∧
   association: ASSOCIATION
INITIALIZATION
   actor, use-case, association:={}, {}, {}
OPERATIONS
   OperationName=
   …
END
```

参与者之间的关系将在类图中予以描述，用例之间的泛化关系中用枚举集合 GENERALIZATION 表示父用例和子用例，设置 parent、child 变量表示父用例和子用例集合中的对象，变量 generalization 是有输入参数的变量，用这种参数的操作表示父用例与子用例之间的对应关系：

```
MACHINE
   Generalization
SETS
   GENERALIZATION={bind, BindLigand, FreeLigand, express, evExpress, UnExpress }
VIRIABLES
   parent, child, generalization
INVARIANT
   parent, child(GENERALIZATION
OPERATIONS
   bindj generalization(child)=
      PRE child= BindLigand || child= FreeLigand
      THEN parent:=bind
      END;
   expressj generalization(child)=
      PRE child= evExpress || child= UnExpress
      THEN parent:= express
      END;
END
```

Include 机器表示如下：

```
MACHINE
   Include
SETS
   INCLUDE={ express, recognition, activation}
VIRIABLES
   usecase, clientusecase, offeredusecase
INVARIANT
```

```
    clientusecase, offeredusecase(INCLUDE∧
    clientusecase:=recognition∧clientusecase:=activation∧
    offeredusecase:=express
OPERATIONS
    …
END
```

整个用例机器体现了用例之间的关系：

```
MACHINE
    UseCase
INCLUDES
    Actor, Association, Generalization, Include
OPERATIONS
    …
END
```

4. 静态行为建模

在获得系统基本需求的用例模型后，通过考察系统对象的各种属性创建系统静态模型。首先确定系统参与者的属性，将用例图中的对象都映射到类中，系统需要实现的类以及各个类之间的关系通过类图表示。

免疫系统用例涉及的 Ag、T cell、APC 类的类图如图 12-16 所示，图中描述了三个主要对象类之间的关系：辅助 T 细胞（ThelperCell）、受体（Receptor）和配体（Ligand）。ThelperCell 类是一个包含其他对象类的父类，被包含的对象都属于受体 Receptor T 细胞类与 Ligand 类中的对象为一对一的关联关系，用 Bind 表示这种关联，Receptor 类与 Ligand 类也是如此，ThelperCell 类与细胞因子类 Cytokine 类为依赖关系。

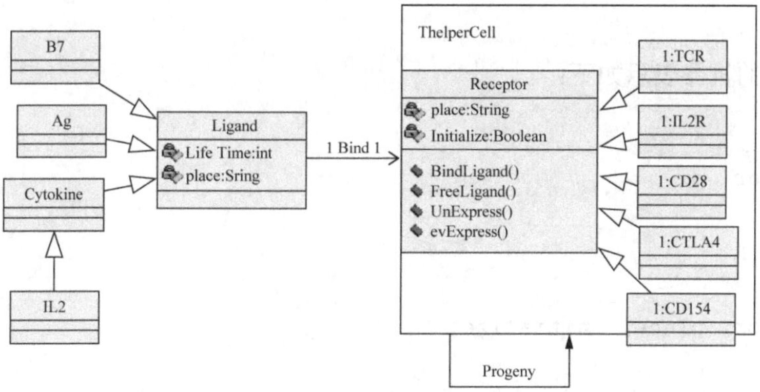

图 12-16　类图的表示

为了更精确地表示系统需求，将其转化成 B 机器表示。

Ligand 类机器：

```
MACHINE
    Ligand
```

```
SETS
   LIGAND; LIFETIME; PLACE
VARIABLES
   ligand, LifeTime, place
INVARIANT
   ligand(LIGAND∧LifeTime: LIFETIMEk INT∧
   place:PLACEkString
INITIALIZATION
   Ligand:= {} || LifeTime:= {} ||place:=NULL
OPERATIONS
   …
END
```

类 B7、Ag 之间是泛化关系，机器表示如下：

```
MACHINE
   Child1
SETS
   CHILD1={B7, Ag }
EXTENDS
   Ligand
VARIABLES
   v
INVARIANT
   v(CHILD→enum)
INITIALIZATION
   child1:=NULL
OPERATIONS
   …
END
```

Receptor 类的机器表示如下：

```
MACHINE
   Receptor
SETS
   RECEPTOR
VARIABLES
   receptor, place, initialize
INVARIANT
   receptor(RECEPTOR∧place:Receptor→String∧
   initialize:Receptor→Bool
INITIALIZATION
   Receptor, place, initialize:= {}, {}, {}
OPERATIONS
   BindLigand(); FreeLigand(); UnExpress(); evExPress();
END
```

Receptor 类与 TCR 类等之间的泛化关系如下：

```
MACHINE
   Child2
SETS
   CHILD2={TCR, IL2R, CD28, CTLA4, CD154}
EXTENDS
   Receptor
VARIABLES
   child2
INVARIANT
   child2(Receptor→enum)
INITIALIZATION
   child2:=NULL
OPERATIONS
   …
END
```

超类 ThelperCell 的机器表示如下：

```
MACHINE
   ThelperCell
SETS
   THELPERCELL ={Recptor, Child2}
VARIABLES
   t1, t2
INVARIANT
   t1(Receptor∧t2(Child2
INITIALIZATION
   t1, t2: = {}, {}
OPERATIONS
   …
END
```

最后 Ligand 类和 ThelperCell 类的关系描述如下：ThelperCell 类与 Ligand 类之间为一对一的 Bind 关联关系；ThelperCell 类本身也有关联关系，表示 T 细胞的分化，一个 T 细胞可以分化为两个子细胞。关联关系用 USES 子句描述：

```
USES Thelpercell
VARIABLES
     association1, association2
INVARIANT
     association1:Ligand 9 Thelpercell∧
     association2: Thelpercell→Thelpercell
```

5. 动态行为建模

1）状态模型

在 T 细胞活化过程中，T 细胞动态属性只能用状态图来表示。采用同时进行的细胞周期和免疫状态这两部分正交的状态图来表示 T 细胞在整个细胞免疫过程的状态变化。

（1）细胞周期控制。初始 T 细胞如果没有分化可以存活很长时间，这段时期标记为 G0 阶段。在双信号的参与下 T 细胞初次遭遇抗原，触发操作 EnterCellCycle 将细胞周期转换到 G1 阶段，事件 evIL2Rbound 将引起细胞周期从 G1 状态转移到 S 状态。如果在细胞周期的 S 状态没有细胞死亡，细胞将单纯依靠时间限制 tm（6000）直接进入下面的细胞周期。进入 M 状态后，会触发一系列反应促使 T 细胞产生两个新的子细胞。

用 UML 状态图描述 T 细胞的活动状态，其中 NoCellCycle（细胞周期数）表示细胞周期的个数，初始 T 细胞的细胞周期数为 0，分化后的 T 细胞周期数都大于 0，如图 12-17 所示。

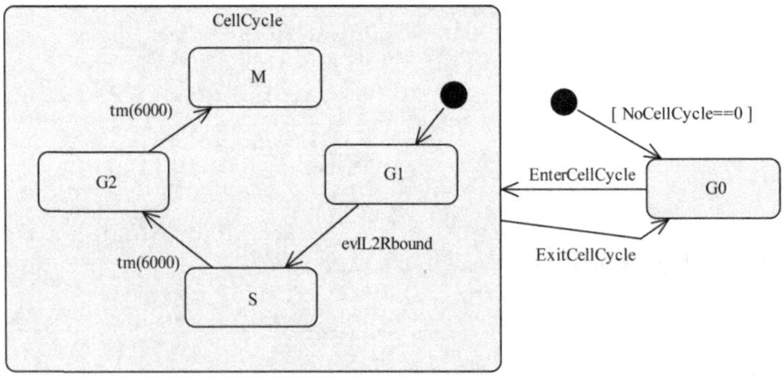

图 12-17　T 细胞周期图

状态图由 CellCycle 和 G0 两大超状态组成，用集合 STATE 表示，其中 CellCycle 还包含四个子状态，为了更精确地表示系统需求，将其转化成 B 机器表示，用枚举集合 event 表示事件，变量 c 表示 CellCycle 集合中的元素。

```
MACHINE
   CellCycle
SETS
   STATE={CELLCYCLE, G0}; C={M, S, G1, G2 }
VARIABLES
   c, r
INVARIANT
   c:C∧r:STATE
INITIALISATION
   c:=G1 ‖ r:=G0
OPERATIONS
   EnterCellCycle=
      PRE r=G0
      THEN r:=CELLCYCLE ‖ C:=G1
      END;
   evIL2Rbound=
IF r=CELLCYCLE∧c=G1
THEN c:=S
END;
```

```
    tm(6000)=
SELECT r=CELLCYCLE∧c=s
        THEN  c:=G2
        ELSE c:=M
        END;
    ExitCellCycle=
        PRE c=m∧r=CELLCYCLE
        THEN r:=G0
        END
END
```

（2）T 细胞活化过程。T 细胞的免疫状态包括活化状态和非活化状态，T 细胞在非活化状态下细胞周期数为 0，即初始细胞，如果其细胞周期数大于 0，就表示进入了活化状态。T 细胞完全活化需要双信号的参与，一种是 T 细胞和抗原呈递细胞发生作用，促使抗原受体 TCR 发出由初始状态进入静止状态的信号；另一种是细胞在初始状态或者准备进入其无应答阶段时，由 APC 产生的信号传递给细胞，此时细胞对双信号做出应答，完成 T 细胞的活化。在非活化状态下 T 细胞又包括以下几个子状态。

① Naive（初始状态）：未被抗原活化的 T 细胞。

② standBy（静止状态）：遇到抗原的细胞。

③ Anergic（无应答状态）：初始 T 细胞识别到一个不能提供双信号的抗原时不会产生反应，这样的 T 细胞也就不会分化成效应细胞。

④ Memory（记忆状态）：在没有遇到类似抗原的情况下，记忆 T 细胞会存活很长时间。

T 细胞分为 Th0、Th1 和 Th2 三种类型，抗原刺激后的较短时间内，T 细胞可以产生多种细胞因子进入 Th0 状态，随后在多种因素的影响下分化成 Th1 和 Th2。用状态图来描述 T 细胞的活化过程如图 12-18 所示。

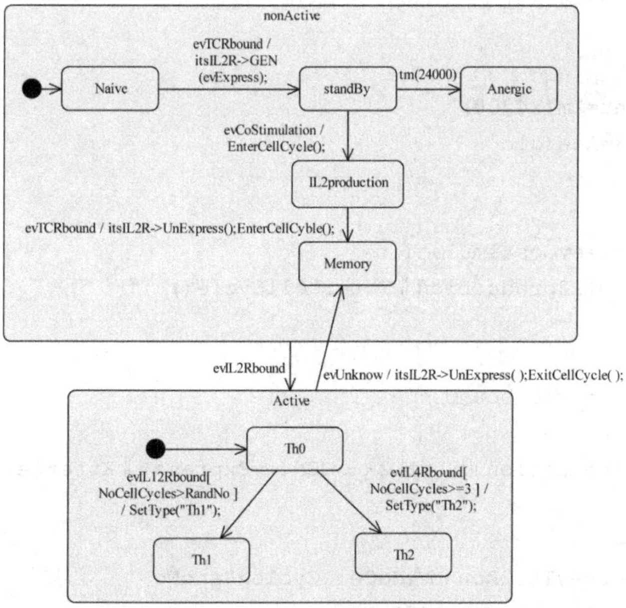

图 12-18　T 细胞状态图

对 T 细胞的免疫状态图进行形式化转换（与传统转换方法不同，这里将引起状态之间转移的事件定义为枚举变量，将状态之间的转移定义为机器中的操作，从而避免了使用选择结构）。

```
MACHINE
   TCellState
SETS
   S={nonActive, Active};
   R1={Naive, standBy, Anergic, IL2production, Memory};
   R2={Th0, Th1, Th2}
VARIABLES
   s, r1, r2
INVARIANT
   s:S∧r1:R1∧r2:R2
INITIALISATION
   s=nonActive || r1:=Naive || r2:=Th0
OPERATIONS
   TRAN12(event)=
      PRE event=evIL2Rbound
      THEN s:=Active
      END;
   TRAN21(event)=
      PRE event=itsIL2R->UnExpress()
      THEN s:=nonActive || r1:=memory || Exitcellcycle()
      END;
   t1(event)=
      PRE events=evTCRbound
      THEN r1:=standBy || itsIL2R->GEN(evExpress)
      END;
   t2(event)=
      PRE event=tm(24000)
      THEN r1:=Anergic
      END;
   t3(event)=
      PRE event=evCostimulation
      THEN r1:=IL2production || EnterCellCycle()
      END;
   t4(event)=
      PRE event=evTCRbound
      THEN
      r1:=IL2production || itsIL2R->GEN(evExpress) || EnterCellCycle()
      END;
   t01(event)=
      PRE event=evIL12Round∧NoCellCycle>RandNo
      THEN r2:=Th1 || setType("Th1")
```

```
    END;
  t02(event)=
    PRE event=evIL12Round∧NoCellCycle>=3
    THEN r2:=Th2 ‖ setType("Th2")
    END;
    …
```

2）顺序模型：细胞免疫应答过程

用顺序图描述对象之间的消息传递模型，T 细胞介导的细胞免疫应答过程包括识别阶段、分化阶段、效应阶段，如图 12-19 所示。

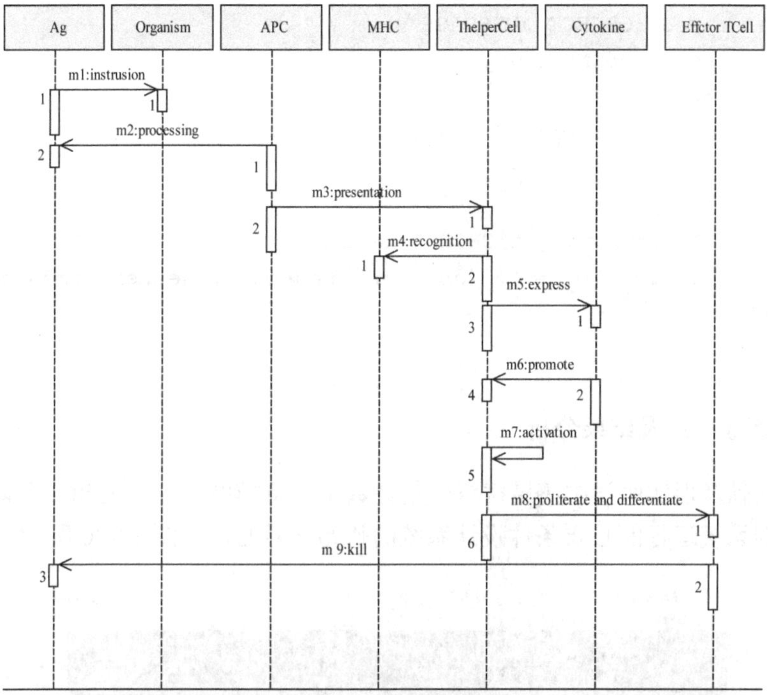

图 12-19　细胞免疫应答过程

（1）在无特异抗原刺激的情况下，效应 T 细胞以非活化的形式存在。

（2）抗原识别：当抗原进入机体后，初始 T 细胞表面的 TCR 与抗原呈递细胞表面的 MHC 分子复合物特异结合。

（3）初始 T 细胞在抗原以及辅助因素的作用下活化、增殖、分化成效应 T 细胞，效应 T 细胞可以对抗原进行清除并调节免疫应答。

使用枚举集合 OBJECT 表示对象的集合，B 机器表示如下：

```
MACHINE
  ImmuneResponse
SETS
  OBJECT={Ag, Organism, APC, MHC, ThelperCell, Cytokine, EffctorTCell};
  MESSAGE={instrusion, processing, presentation, recognition, express,
```

```
promote, activation, proliferate and differentiate, kill};
   MSGID={m1, m2, m3, m4, m5, m6, m7, m8, m9}
CONSTANTS
   loc_max
PROPERIES
   loc_max:NAT1∧card(MSGID)= max_loc
VARIABLES
   loc, source, target, msgid, msg, sequence
INVARIANT
   object:OBJECT∧msg:MESSAGE∧
   f:LOCATION k MESSAGE∧
   source, target:OBJECT kMESSAGE∧
   sequence:sequence(MSGID)
INITIALIZATION
   object, loc, location:= {}, {}, {}‖msgid:=NULL
OPERATIONS
    msgidj f(loc, msg)=
        PRE  Source, target:OBJECT kMESSAGE
        THEN msgid, loc:=m_s, (obj_i, n)‖sequence:=sequencecmsgid
        END
   END
```

12.13.3 系统模拟及结果分析

根据相关文献及现实医学中感冒病毒的统计数字，将模型中涉及的相关个体属性进行参数赋值，并根据系统运行的必要条件设计系统的初始化界面，如图 12-20 所示。

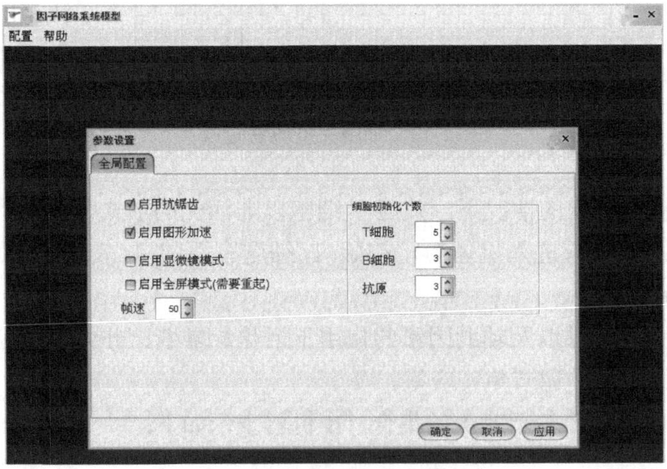

图 12-20　系统初始化界面

初始化之后进入系统仿真程序，在程序运行期间，细胞生长、分裂及死亡，抗原刺激细胞使细胞活化，抗体杀死抗原都是根据生物学中的说明来对它们进行条件限制，这样就确保了模拟的真实性。图 12-21 是系统运行时的情况。

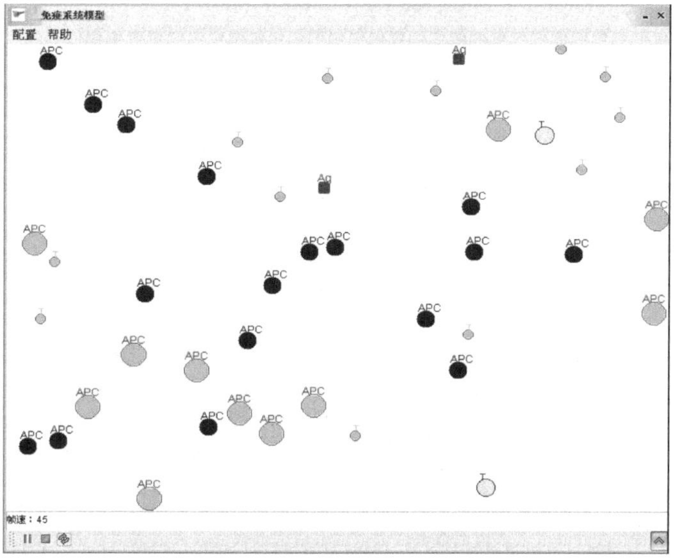

图 12-21　系统运行界面

图 12-22 表示免疫应答的发展过程曲线图，图中 X 轴代表时间刻度，每个时间点代表现实中的 4.5 小时。Y 轴代表细胞的数量，从图中可以看出，Ag 病毒在 37 点时数量变为 0，也就是说此时病毒排除。二次应答由于注入了 T 记忆细胞，所以病毒排除时间缩短，只需 14 个时间刻度，即 2.625 天。初次应答时需要学习过程，所以速度较慢，由于记忆细胞的关系，二次应答过程明显快于初次应答。实验结果验证了仿真的正确性和有效性。

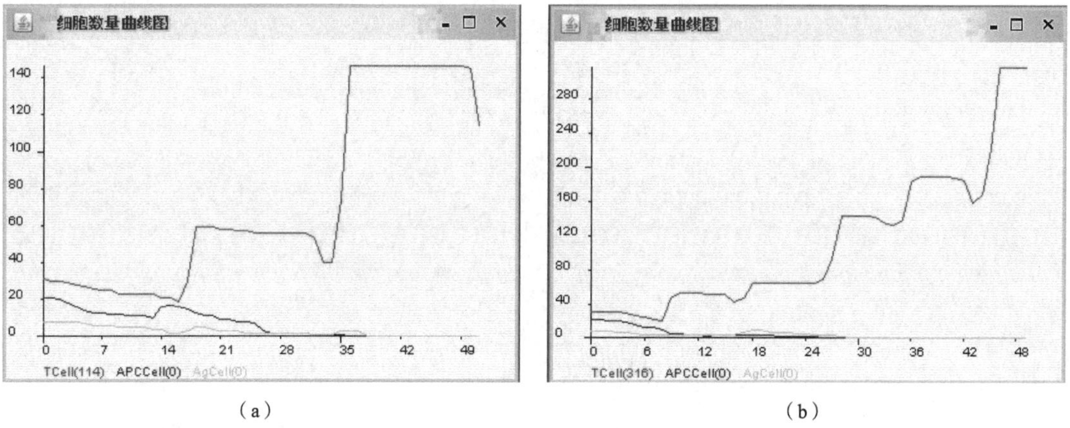

图 12-22　两次应答的细胞数目曲线图

通过对两次实验结果的数据提取挖掘，得出免疫应答曲线图，如图 12-22 所示。通过对抗原不同时间点的数量进行作图对比，可以发现经过二次免疫后的抗原消失速度明显加快，与生物实验基本吻合。

第四部分
实验案例

本部分介绍 UML 的案例应用，课堂上应鼓励学生自己动手完成案例，一学期可分需求分析、设计、程序实现三次大作业完成。

第 13 章 综 合 案 例

我们鼓励学生自己动手做案例，每个学生独立完成，从学期之初开始做，一学期之内完成，中间分需求分析、设计、程序实现三次大作业完成。有的学生坚持在大学四年完成同一个中型案例，每门专业课上都有对比，这样更加深了对每门课程的理解。毕业设计也可在此基础上优化完成。

学生完成的综合应用案例很多，包括 KTV 管理软件、运动会管理软件、炒菜软件、字体识别软件、牛奶健康软件、减肥软件、QQ 群改进软件、游戏造型软件、自选图片的连连看软件、失物招领网站等。

现选择一个典型的案例详细介绍，更多案例将在本书配套 PPT 等网上资源中展示。

13.1 通讯录安卓版需求分析

13.1.1 基本功能需求

使用该系统的主要有两种角色，分别为用户和管理员，下面对这两种角色进行基本功能需求分析。

1. 关于用户

（1）用户通过通话记录可以查看最近通话记录，选中其中一条记录，可以对该联系人拨打电话、发送短信或者删除记录。

（2）用户通过短信记录功能可以发送短信，删除短信记录。

（3）用户通过联系人功能可以保存联系人的详细信息，可以对联系人进行编辑、删除，还可以拨打电话、发送短信，可以根据索引条件搜索联系人。

（4）用户通过个人中心可以设置自己的详细信息，这样方便其他人了解自己，也可以将具有相同名字的联系人合并，此外，还能设置防打扰、找朋友、推荐好友给其他好友。云同步能使用户的数据在云端得到保存，在本地数据损坏的时候，通过云同步得以恢复，当然用户可以进行同步将数据更新到云端。

2. 关于管理员

管理员登录系统后，可以对数据库进行备份，也可以进行还原。

管理员可以对用户信息进行管理，包括查看、删除、更改。

13.1.2 系统用例分析

图 13-1 显示了通话记录功能模块，包括联系人详细信息查看，清空通话记录，在选择一个条目后，可以对其进行拨打电话、发送短信功能的操作，也可以进行删除。

图 13-2 显示了短信记录功能模块的用例，包括查看短信、发送短信、删除选中的短信记录、清空整个短信记录，其中发送短信包含新建信息和回复信息。如果用户要新建信息，则发送对象可以自己手动输入对方的电话号码，也可以从联系人列表中选取，可以同时选中多个，如果是自己输入多个，则用“;”隔开。

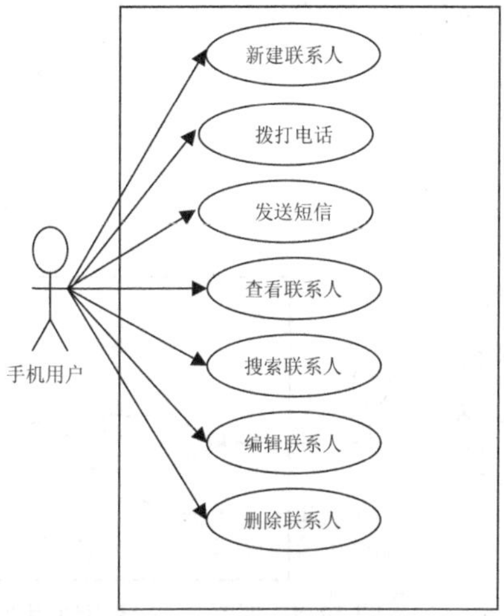

图 13-1　电话簿模块用例图

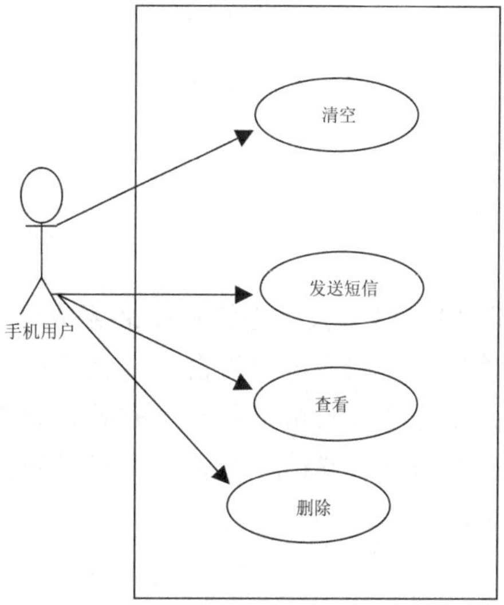

图 13-2　短信记录模块用例图

图 13-3 为个人中心模块中设置个人详细信息子模块的用例，该模块的功能就是用户设置自己的个人基本信息。

图 13-4 显示了联系人导入/导出的用例图。该模块的功能就是实现联系人的导入与导出。

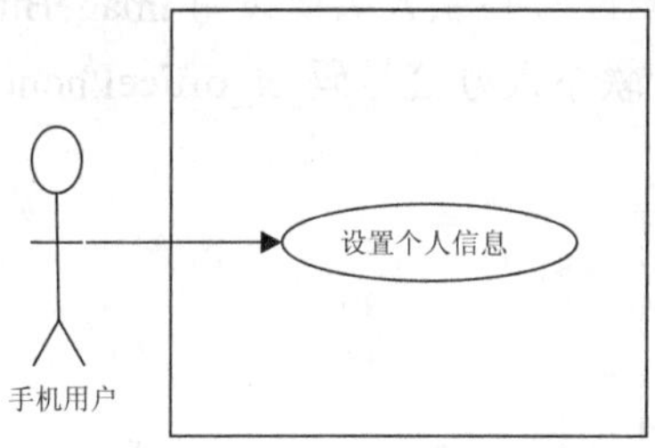

图 13-3　设置个人信息模块用例图

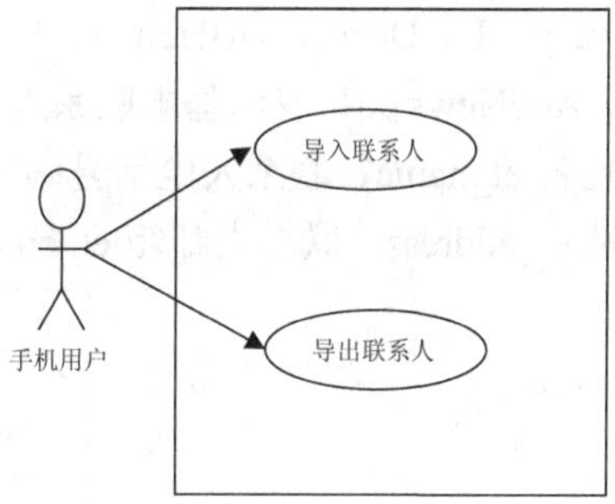

图 13-4　联系人导入/导出

图 13-5 为个人中心模块中联系人去重子功能模块的用例图。该模块的功能是将联系人列表里面具有相同名字的联系人提取出来，然后用户可以选择将其合并为一个联系人。

图 13-6 为个人中心模块中的防打扰模块。该模块的功能是用户可以设置黑名单，屏蔽不想收到的短信或者接到的电话。设置黑名单的方式可以从联系人里面读取，也可以自己手动输入号码。此外，用户还可以查看被拦截的短信记录和

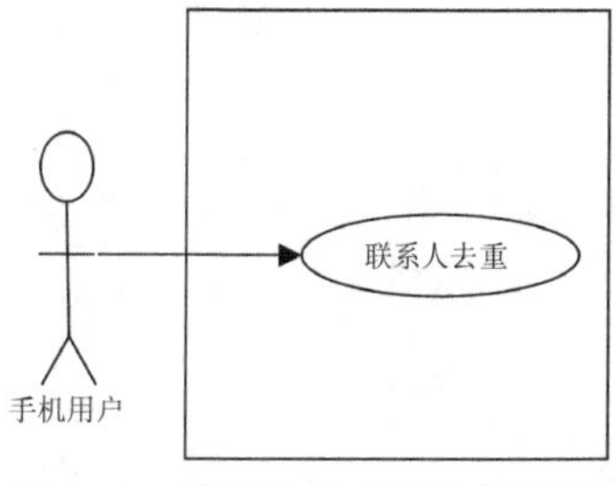

图 13-5　联系人去重模块用例图

电话记录，该记录三天自动删除一次。

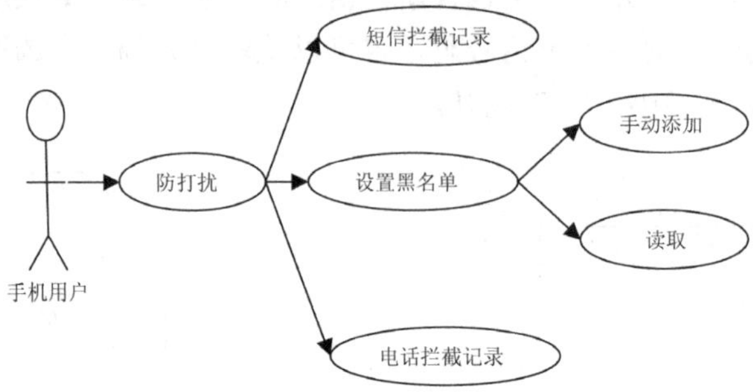

图 13-6　防打扰模块用例图

图 13-7 是个人中心模块中联系人分享子模块的用例。通过此模块，用户可以将自己电话簿里面的联系人分享给其他人，分享方式可以是一个联系人分享给多人，也可以是多个联系人分享给一个人，还可以是多个联系人分享给多个人。

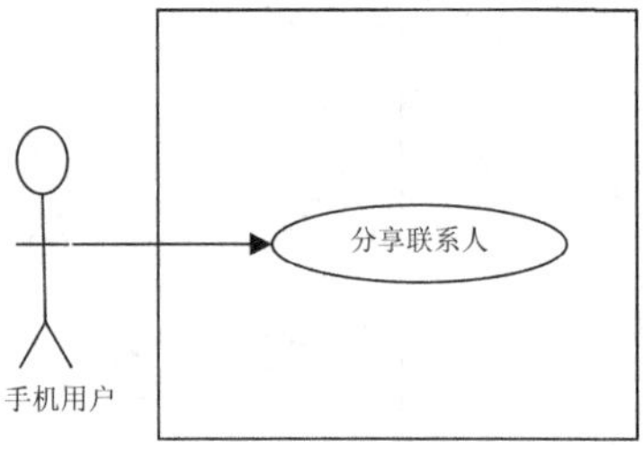

图 13-7　联系人分享模块用例图

13.2　总体设计方案

13.2.1　系统类图

根据通讯录功能的拨号、短信、对联系人的编辑等可以设计出 AddNews、Mainjava、MainPrivacy、UseDetail、DBHelper、User 等类。

（1）AddNews 类：表示基本联系人信息类，包含的属性有联系人头像按钮 imageButton、联系人姓名 et_name、联系人电话号码 et_mobilePhone、联系人办公号码 et_officePhone、联系人地址 et_address、联系人邮箱 et_email 等。

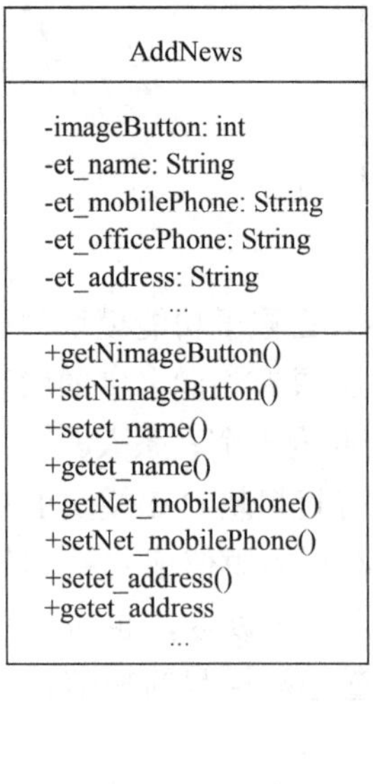

（2）DBHelper 类。

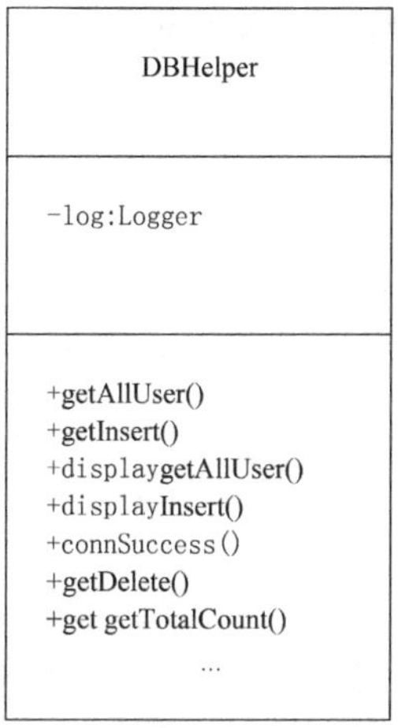

（3）MainPrivacy 类：实现增、删、改的类，同时提供前台获得新闻列表的方法，该类执行具体的业务逻辑。

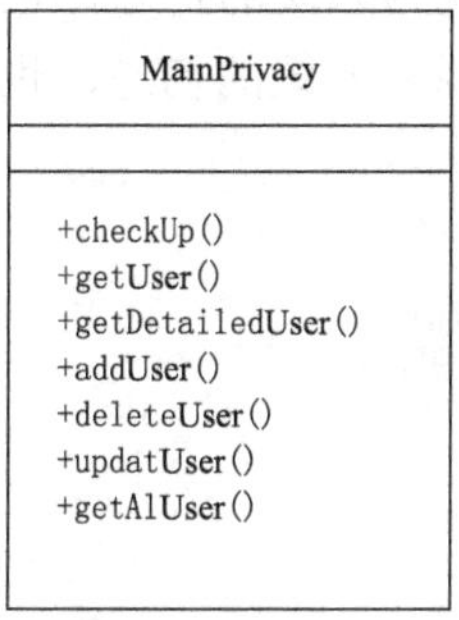

13.2.2　状态图

如图 13-8 所示，其中闲置状态视为系统的初态。

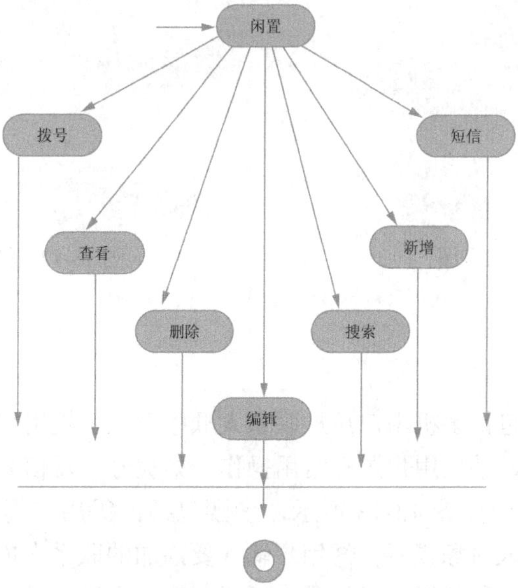

图 13-8　总状态图

如图 13-9 所示，其中闲置状态视为系统的初态，也可为系统的结束状态。

如图 13-10 所示，其中短信状态视为系统的初态，也可为系统的结束状态。

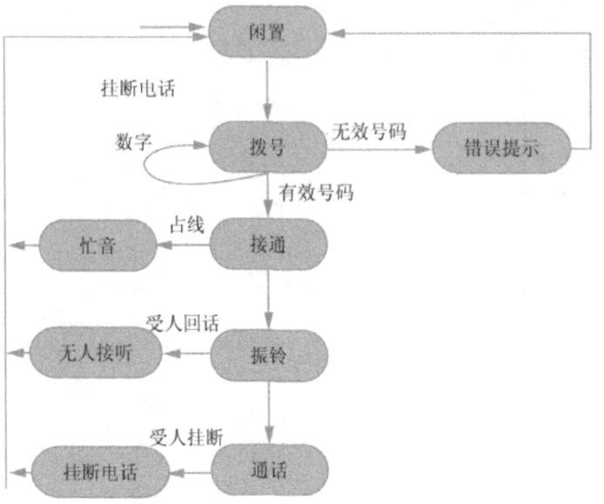

图 13-9　拨号状态图

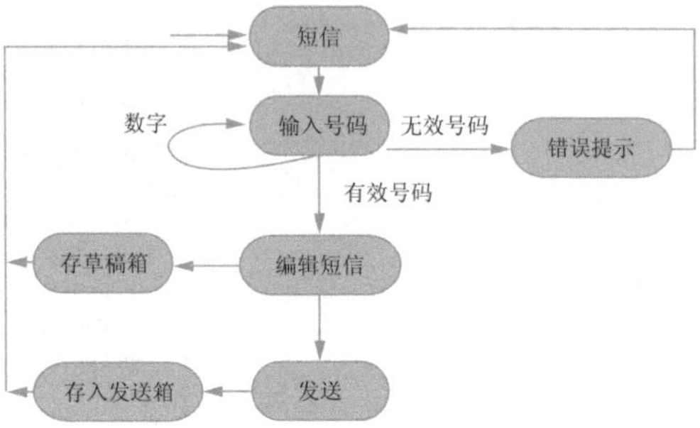

图 13-10　短信状态图

如图 13-11 所示，其中闲置状态视为系统的初态，也可为系统的结束状态。

如图 13-12 所示，其中闲置状态视为系统的初态，也可为系统的结束状态。

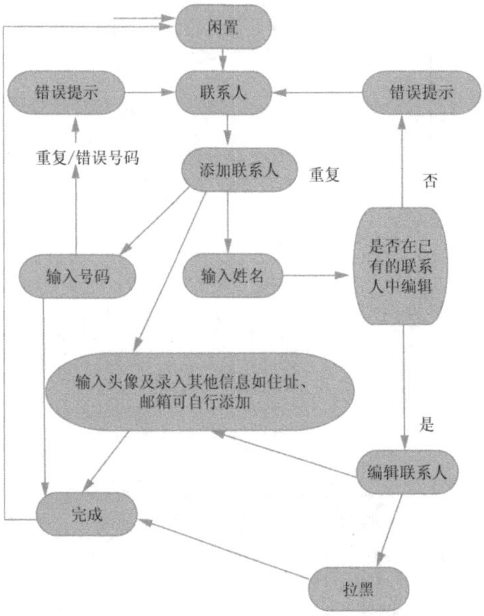

图 13-11　新增状态图

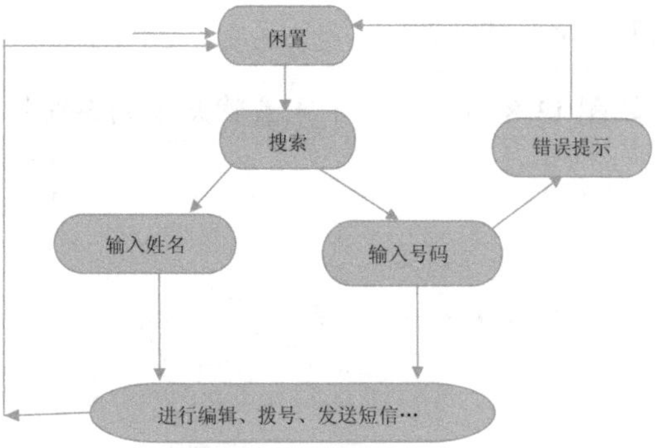

图 13-12　搜索状态图

13.2.3　顺序图

该系统的顺序图主要包括手机用户添加联系人顺序表、手机用户编辑联系人顺序表、手机用户删除联系人顺序表、手机用户进行常用操作（如拨号、短信）等。

（1）添加联系人顺序图如图 13-13 所示，步骤包括：①用户提交添加联系人的请求；②给联系人列表添加联系人对象提示；③用户输入要添加的联系人内容；④添加联系人，将输入的列表提交给数据库；⑤数据库添加成功后返回给用户添加成功的信息。

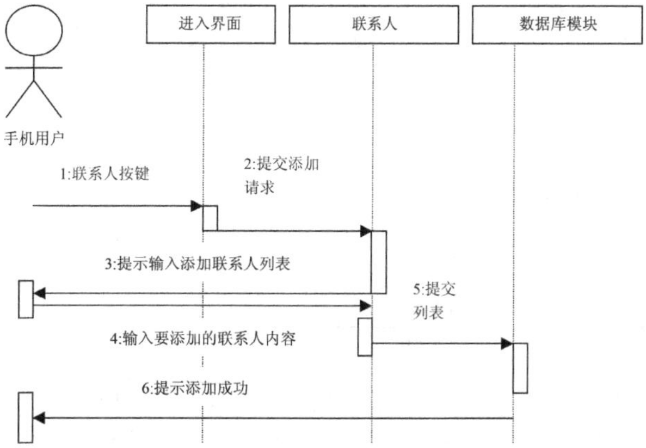

图 13-13　添加联系人顺序图

（2）删除联系人顺序图如图 13-14 所示。

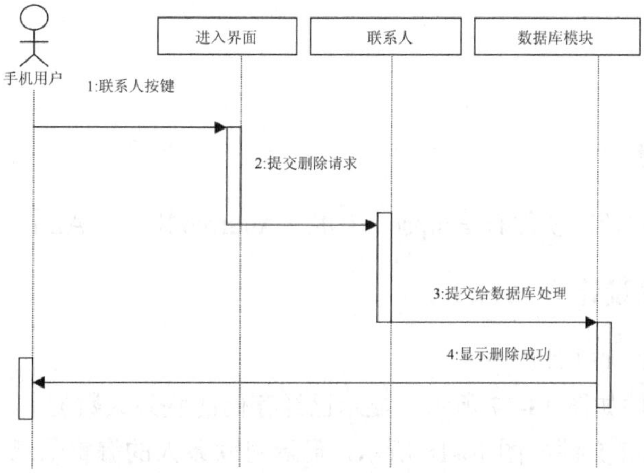

图 13-14　删除联系人顺序图

（3）修改联系人顺序图如图 13-15 所示。

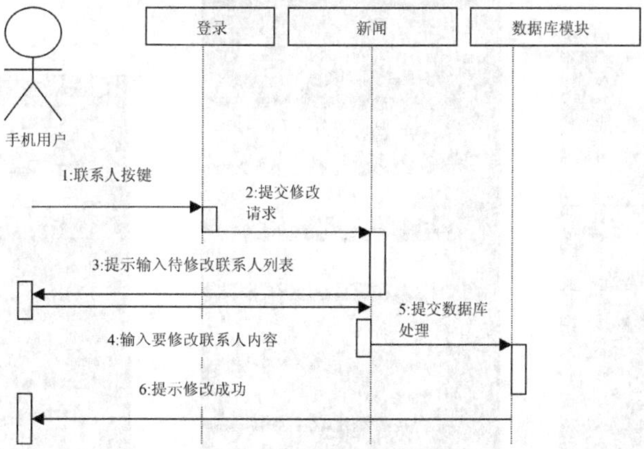

图 13-15　修改联系人顺序图

（4）普通用户手机操作顺序图如图 13-16 所示。

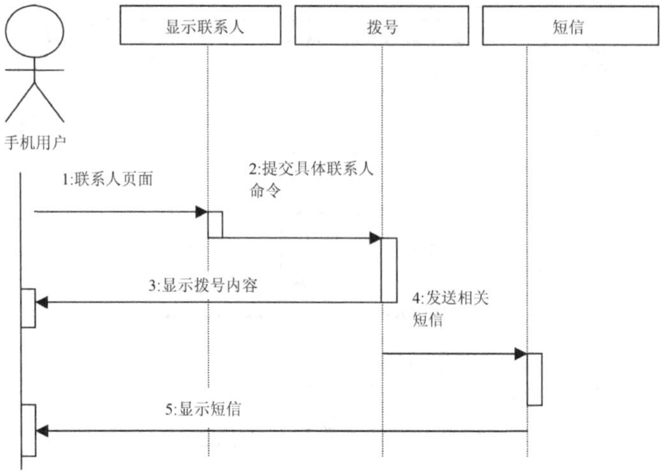

图 13-16　用户普通手机操作顺序图

13.3　详细设计

13.3.1　开发环境

开发此案例涉及的开发软件有 Eclipse、JDK、Android SDK、ADT。

13.3.2　系统界面设计

系统有如下主要页面文件。

（1）Main.xml 文件如图 13-17 所示，显示已经存储的联系人数据。

（2）editcontact.xml 文件如图 13-18 所示，显示对联系人的编辑信息（长按按钮）。

（3）childlayout.xml 文件如图 13-19 所示，显示单个联系人的信息（长按按钮）。

图 13-17　显示已经存储的联系人数据

图 13-18　显示联系人编辑信息

图 13-19　显示单个联系人的信息

（4）popup_window.xml 文件如图 13-20 所示，显示联系人基本操作。

图 13-20 显示联系人基本操作

（5）选择头像界面如图 13-21 所示。分组页面如图 13-22 所示。日期页面如图 13-23 所示。

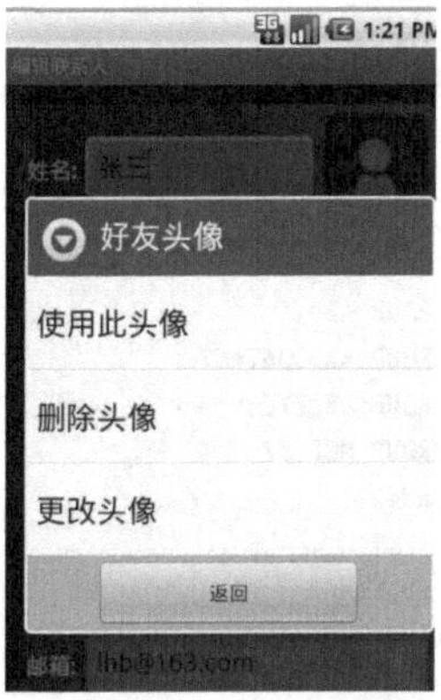

图 13-21 选择头像界面

图 13-22 分组页面

图 13-23 日期页面

13.3.3 程序设计

1. 数据类设计

（1）User 类（图 13-24）主要用于暂存页面获得的信息，然后将其存入数据库中。

图 13-24 User 类

（2）ContactsManagerDbAdater 类主要完成数据库表的创建和数据的添加、删除以及备份功能，图 13-25 所示为各个具体的函数和变量。

（3）DatabaseHelper 类继承于 SQLiteOpenHelper 类，主要有两个函数，分别是 onCreate 和 onUpgrade，onCreate 函数主要用于数据库中表的创建；onUpgrade 函数主要用于数据库的版本不对应时重新创建表。

2. ContactsManager 设计

图 13-26 显示了 ContactsManager 涉及的变量以及调用和重写的函数。

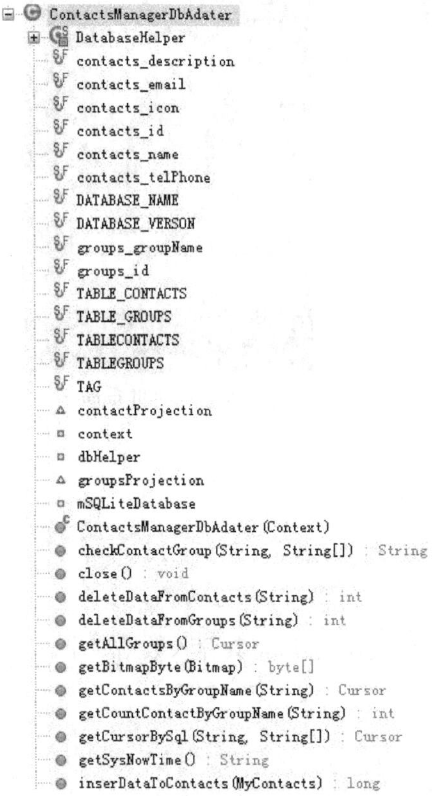

图 13-25　ContactsManagerDbAdater 类

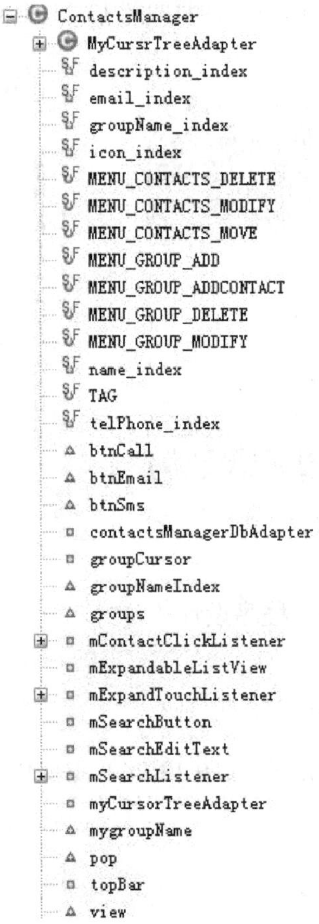

图 13-26　ContactsManager 类

（1）onCreate（Bundle）为主函数，用于创建 ListView 对象，将数据与 adapter 集合，显示给用户，然后响应 ListView 的单击事件，跳转用户详细信息页面。

（2）onActivityResult()函数的实现：此函数主要用于判断是从哪些页面跳转到主页面，并刷新主页面。

（3）onKeyDown（int KeyEvent）的函数实现：响应单击菜单按钮时的事件，用于设置底部菜单是否可见。

（4）loadBottomMenu()函数的实现：主菜单的单击事件的响应，实现各种功能模块。

（5）getMenuAdapter(string[])函数的实现：将图片和文字设置在一个集合中，组成一个菜单。

3. EditContact 设计

EditContact 类用到的变量以及函数如图 13-27 所示。

图 13-27　EditContact 类

4. PhotoEditorView 设计

PhotoEditorView 类的各个具体变量和函数如图 13-28 所示。
onCreate()函数的实现：实现头像的选择及数据的填写。
restDefaultPhoto()函数实现：随机分配一个图片。
SetPhotoBitmap(Bitmap)的实现：判断是否需要新图片。
OnFinishInflate()的实现：自定义头像适配器。
HasSetPhoto()函数的实现：完成图像的选择对话框。

5. MyContacts 设计

函数基本同 EditContact，增加了修改按钮的单击事件和删除按钮的单击事件，如图 13-29 所示。

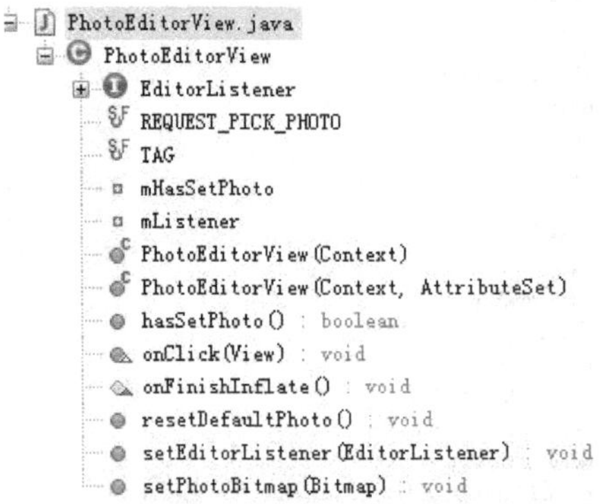

图 13-28　PhotoEditorView 类

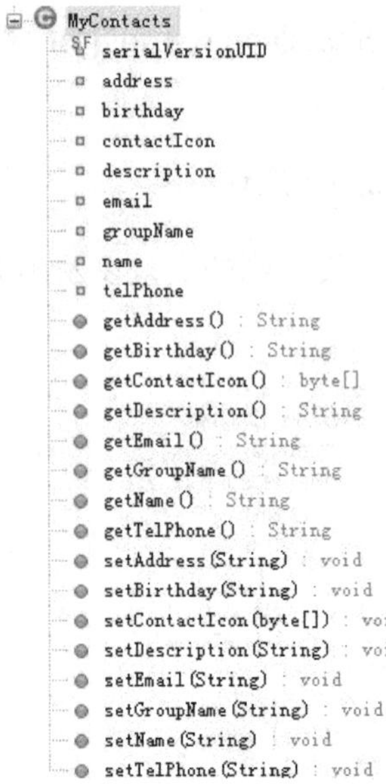

图 13-29　MyContacts 类

其主要功能是显示通讯录中记录的基本信息，如姓名、电话、所属组合、生日、地址、邮箱、好友描述。

13.4　系统测试

13.4.1　系统测试的意义及目的

系统测试是为了发现错误而执行程序的过程，成功的测试是发现了至今尚未发现的错误的测试。

测试的目的就是发现潜在的各种错误和缺陷，应根据开发各阶段的需求、设计等文档或程序的内部结构精心设计测试用例，并利用这些实例来运行程序，以便发现错误。

13.4.2　测试步骤

（1）模块测试。这个测试步骤是为了发现编码和详细设计的错误。

（2）系统测试。这个测试步骤是为了发现软件设计中的错误。

（3）验收测试。这个测试步骤是为了发现系统需求说明书中的错误。

13.4.3　测试数据

在系统运行时，由于系统数据库没有数据，所以会在背景显示 No Contacts，提示用户添加数据。

首先选择菜单中的“添加”命令进入添加界面，输入如下信息：姓名、手机号码、办公室电话（空）、家庭电话（空）、分组（亲人）、单位（空）、地址（扬州）、生日（1992.07.12）、邮箱、好友描述（空），并选择头像后单击保存按钮，保存成功后系统返回主界面，可以显示添加的数据。

然后对其进行各种测试并把它移到手机上进行体验，查看是否有不足之处，并改进。

参考文献

曹静. 2008. 软件开发生命周期与统一建模语言 UML. 北京：中国水利水电出版社.

冀振燕. 2009. UML 系统分析与设计教程. 北京：人民邮电出版社.

潘加宇. 2015. 软件方法. 北京：清华大学出版社.

邱郁惠. 2008. SOC 设计 UML 实务手册. 北京：机械工业出版社.

邱郁惠. 2008. 系统分析师 UML 实务手册. 北京：机械工业出版社.

毋国庆, 梁正平, 袁梦霆, 等. 2013. 软件需求工程. 2 版. 北京：机械工业出版社.

吴建, 郑潮, 汪杰. 2004. UML 基础与 Rose 建模案例. 北京：人民邮电出版社.

姚策. 2007. 基于 UML 的管理信息系统实训. 北京：北京理工大学出版社.

张广泉. 2002. 关于软件形式化方法. 重庆师范学院学报（自然科学版）, 19（2）.

张海藩. 2015. 实用软件工程. 5 版. 北京：人民邮电出版社.

郑红军, 张乃孝. 1997. 软件开发中的形式化方法. 计算机科学, 24（6）.

郑人杰, 马素霞, 殷人昆. 2011. 软件工程概论. 北京：机械工业出版社.

仲晓敏, 邹盛荣. UML 模型到 B 抽象机的转换和实现. 计算机时代, 2007.

周欣, 魏生民. 2004. 基于 B 语言的 UML 形式化方法. 计算机工程与应用, 30（12）.

邹盛荣, 郑国梁. 2002. B 语言和方法与 Z、VDM 的比较. 计算机科学, 29(10):136-138.

Abrial JR. 2004. B 方法. 裘宗燕, 译. 北京：电子工业出版社.

Boggs W, Boggs M.2001. UML with Rational Rose 从入门到精通. 邱促潘, 等, 译. 北京：电子工业出版社.

Booch G, Jacobson I, Rumbaugh J.2001. UML 用户指南. 邵维忠, 等, 译. 北京：机械工业出版社.

Brooks F P. 2002. 人月神话. 汪颖, 译. 北京：清华大学出版社.

Larman C.2006. Applying UML and Patterns. 3rd ed. 北京：机械工业出版社.

Marksimchuk R A, Naiburg E J. 2005. UML 初学者指南. 李虎, 范思怡, 译. 北京：人民邮电出版社.

McBreen P. 2001. Software Craftsmanship. Reading, MA: Addison Wesley Publishing Company.

Pressman R S. 2002. 软件工程实践者的研究方法. 梅宏, 译. 北京：机械工业出版社.

Rumbaugh J, Jacobson, I, Booch G. 2005. UML 参考手册. 2 版. UML China, 译. 北京：机械工业出版社.

UML 标准. www.uml.org.

Unhelkar B. 2004. 基于 UML 的软件项目的过程质量保障. 北京：电子工业出版社.

Zou SR. 2017. Five balances in the management of rheumatoid arthritis. journal of biosciences and Medicines, 5: 10-21.

附录　UML 2.5 标准技术词汇

1．抽象类（abstract class）

不能被直接实例化的类。

相对语：具体类（concrete class）。

2．抽象（abstraction）

强调事物的一定特征而忽视无关的其他特征的结果。所定义的抽象与观察者的视角有关。

3．动作（action）

行为规约的基础单元，用以描述所建模系统（计算机系统或现实世界系统）中的转换或处理。动作包含在活动中，活动提供动作的语境。

参见：活动。

4．动作序列（action sequence）

解析为一系列动作的表达式。

5．动作状态（action state）

表示原子动作执行的状态，通常为操作调用。

6．激活（activation）

动作执行的启动。

7．主动类（active class）

其实例为主动对象的类。

参见：主动对象（active object）。

8．主动对象（active object）

可以执行其自己的行为而不要求方法调用的对象。有时把它称为“拥有控制线程的对象”。主动对象响应来自其他对象的通信点，由主动对象的行为单独决定，而不是由调用对象决定。这暗示着主动对象在一定程度上是自治的和交互式的。

参见：主动类（active class）和线程（thread）。

9．活动（activity）

通过顺序化的从属单元（其基本元素是单个动作），表示为执行流的参数化行为的规约。

参见：动作（action）。

10．活动图（activity diagram）

使用控制和数据流模型描绘行为的图。

11．参与者（活动者，actor）

在用例中使用的构造物，它定义了当一个用户或任何其他系统与所考虑的本系统交互时所扮演的一个角色。它是相互作用的实体的类型，但它本身是外部的事物。参与者可表示为人员用户、外部硬件或其他事物。一个参与者不必表示为一个特定的物理实体。例如，单个物理实体可以扮演几个不同的参与者，反过来，单个给定的参与者可以由多个物理实体扮演。

12．实际参数（actual parameter）

解析为运行时实例绑定的参数。

同义语：实参（argument）。

13．聚集（aggregate）

在聚合关系（整体-部分）中作为整体的类。

参见：聚合（aggregation）。

14．聚合（aggregation）

关联的一种特殊形式，它描述聚集（整体）和部件（部分）间的整体-部分关系。

参见：组合（composition）。

15．分析（analysis）

系统开发过程的一个阶段，其主要目的是形成独立于实现考虑的问题域模型。分析注重于做什么，设计注重于如何做。

参见：设计（design）。

16．分析时（期）（analysis time）

涉及在软件开发过程的分析阶段发生的事情。

参见：设计时（design time），建模时（modeling time）。

17．实参（argument）

对随后要解决的参数的绑定。一个独立的变量。

18．工件（artifact）

开发过程所使用或产生的一个物理信息片段，如模型、源文件、脚本、二进制可执行文件。可以用工件构成可部署的组件实现。

同义语：产品（product）。

相对语：组件（component）。

19．关联（association）

在类目实例间可出现的关系。

20．关联类（association class）

兼有关联和类的性质的模型元素。可以把关联类看作具有类的性质的关联，或看作具有关联的性质的类。

21．关联端（association end）

关联的端点，它把关联连接到类目。

22．属性（attribute）

类目的结构性特征，它刻画类目的实例。通过命名关系，一个属性把类目的一个实例与一个值或多值联系起来。

23．辅助类（auxiliary class）

一种构造型化的类，通常通过实现从属的逻辑或控制流，它支持另外的更核心的或更基础的类。通常将辅助类与焦点类一起使用，对于在设计阶段规约组件的辅助逻辑和控制流也有一定的作用。

24．行为（behavior）

操作或事件的可观察的效果（包括结果）。它规约产生行为特征的效果的计算。可以采取若干形式来描述行为：交互、状态机、活动或过程（一组动作）。

25．行为图（behavior diagram）

描绘行为特征的一种图形式。行为图包括活动图、状态机图、通信图、互动图、序列图、时间图和用例图。

26．行为特征（behavioral feature）

模型元素的动态特征，如操作或方法。

27．行为模型侧面（behavioral model aspect）

强调系统中的实例行为的模型侧面，包括实例的方法、协作和状态历史。

28．二元关联（binary association）

两个类之间的关联，是 *n* 元关联的特例。

29．绑定（binding）

通过为模板参数提供实参，从模板创建模型元素。

30．布尔型（boolean）

取值范围为真或假的枚举类型。

31．布尔表达式（boolean expression）

值为布尔值的表达式。

32．调用（call）

调用类目上的一个操作的一种动作状态。

33 势（cardinality）

集合中的元素个数。

相对语：多重性（multiplicity）。

34．子（child）

在泛化关系中，另一个元素（父）的特化。

参见：子类（subclass）和子类型（subtype）。

相对语：父（parent）。

35．类（class）

描述一组对象的类目，这些对象共享关于特征、约束和语义的同一规约。

36．类目（classifier）

一组某些方面相同的实例的集合。类目可以具有刻画其实例的特征。类目包含接口、类、数据类型和组件。

37．分类（classification）

实例到类目的指派。

参见：动态分类（dynamic classification）、多重分类（multiple classification）、静态分类（static classification）。

38．类图（class diagram）

显示一组说明性的（静态）模型元素的图，例如，这样的元素可为类、类型以及它们的内容及关系。

39．客户（client）

请求其他类目服务的类目。

相对语：提供者（supplier）。

40．协作（collaboration）

如何实现操作或像用例这样的类目的规约，这样的实现是用特定的方法扮演特定的角色的一组类目和关联实施的。

参见：交互（interaction）。

41．协作发生（collaboration occurrence）

协作的特殊使用，用以解释一个类目的各部件间或一个操作的各性质间的关系。它也可用以指示协作如何表示类目或操作。一个协作发生指明了一组角色或连接子，按照给定的协作（由协作发生的类型指定），它们在特定的类目或操作中进行合作。在一个类目或操作中，一个给定的协作可以有多个发生，每一个都涉及一组不同的角色和连接子。一个给定的角色或操作可以出现在同一个或不同协作的多个发生中。

参见：协作（collaboration）。

42．通信图（communication diagram）

注重于在生命线间交互的图，在图中描述的核心是内部结构的体系结构以及如何响应传递过来的消息。通过用顺序号的模式给出消息的顺序。顺序图和通信图表达类似的信息，但表示的方式不同。

参见：顺序图（sequence diagram）。

43．编译时（期）（compile time）

涉及在编译软件模块期间发生的事情。

参见：建模时（modeling time），运行时（run time）。

44．组件（component）

系统的模块化部分，它封装自己的内容，且它的声明在其环境中是可以替换的。组件利用提供和请求接口定义自身的行为。这样，组件起类型的作用，其一致性由提供和请求接口来定义（包含静态和动态语义）。

45．组件图（component diagram）

显示组件间的组织和依赖的图。

46．组合类（composite）

一个通过组合关系与一个或多个类发生关系的类。

参见：组合（composition）。

47．组合状态（composite state）

由并发（正交）子状态或顺序（不相交）子状态组成的状态。

参见：子状态（substate）。

48．组合结构图（composite structure diagram）

描述类目内部结构，包括该类目与系统其他部分的交互点的图。它示意了共同执行容器类目的行为的部件的配置。这种体系结构图规约了在特定语境中一组扮演部件（角色）的实例，以及它们所需要的关系。

49．组合（composition）

聚合的一种形式，它要求部分实例一次最多包含在一个组成类中，组成对象负责创建和销毁其部分。组合可以是递归的。

同义语：组成聚合（composite aggregation）。

50．具体类（concrete class）

能直接被实例化的类。

相对语：抽象类（abstract class）。

51．并发（concurrency）

在同一时间段内两个或多个活动的发生。通过交错或同时执行两个或多个线程，实现并发。

参见：线程（thread）。

52．并发子状态（concurrent substate）

与包含在同一组合状态中的其他子状态同时存在的子状态。

参见：组合状态（composite state）。

相对语：不相交子状态（disjoint substate）。

53．可连接元素（connectable element）

抽象元类，用以表示可以通过连接子连接的模型元素。

参见：连接子件（connector）。

54．连接件（connector）

使得能够在两个或多个实例间进行通信的连接。可用像指针这样简单的事物或像网络连接这样的复杂事物实现链接。

55．约束（constraint）

语义条件或限制。为了阐述一些模型元素的语义，约束可以用自然语言文本、数学形式化表示法或机器可读的语言来表达。

56．容器（container）

（1）包含其他实例的实例，它提供访问或遍历其内容的操作，如数组、表或集合。

（2）包含其他组件的组件。

57．包容层次（containment hierarchy）

由模型元素以及其间的包容关系组成的命名空间层次。一个包容层次形成一张图。

58．语境（context）

用于特定目的（如规约操作）的一组相关建模元素的视图。

59．数据类型（data type）

其值没有标识的类型，即这样的值是纯值。数据类型包括内建的基本类型（如整型和串）和枚举类型。

60．委托（delegation）

一个对象把消息发给另一个对象让其响应的能力。委托是继承的一种替代方案。

相对语：继承（inheritance）。

61．依赖（dependency）

两个建模元素之间的关系，其中一个建模元素（独立元素）的改变会影响另一建模元素（依赖元素）。

62．部署图（deployment diagram）

描述系统执行的体系结构的图。它把系统工件表示为节点（通过通信路径连接节点能创建具有任意复杂性的网络）。节点通常以嵌套的方式定义，并表示硬件设备或软件执行环境。

参见：组件图（component diagram）。

63．派生元素（derived element）

能从其他元素计算出的模型元素，说明它是为了清晰可见，或者说为了设计的目的包含了它，即使它没有添加任何语义信息。

64．设计（design）

系统开发过程的一个阶段，其主要目的是决定怎样实现系统。在设计期间所做的策略和技术决策，用于满足所要求的系统功能需求和质量需求。

65．设计时（期）（design time）

涉及在系统开发过程的设计阶段发生的事情。

参见：建模时（modeling time）。

相对语：分析时（analysis time）。

66．开发过程（development process）

在系统开发期间，为特定目的而进行的一组部分有序的步骤，如构造模型或实现模型。

67．图（diagram）

一组模型元素的图形表示，大多数情况下绘制为由弧（关系）和顶点（其他模型元素）组成的连通图。UML 2.5 包括 14 种图：用例图、活动图、状态机图、时间图、顺序图、交互概览图、通信图、包图、类图、对象图、组合结构图、组件图、部署图和外廓图。

68．不相交子状态（disjoint substate）

不能与包容在同一组合状态内的其他子状态同时存在的子状态。

参见：组合状态（composite substate）。

同义语：并发子状态（concurrent substate）。

69．分布单元（distribution unit）

一组被分配到一个进程或一个处理器的对象或组件集合。可以用运行时组成类或聚集表示分布单元。

70．域（domain）

用一组概念和术语刻画的知识领域或活动领域，由该领域的实践者理解。

71．动态分类（dynamic classification）

一个实例从一个类目到另一个类目的指派。

相对语：多重分类（multiple classification），静态分类（static classification）。

72．元素（element）

模型的成分。

73．进入动作（entry action）

在一个状态机中，当一个对象进入一个状态时由一个方法执行的动作，不考虑达到该状态所采取的转换。

74．枚举（enumeration）

枚举是一种数据类型，其实例是命名值的列表。例如，REGColor={red,green,blue}。布尔是一种预定义的枚举，其值取自集合{false, true}。

75．事件（event）

对有意义的发生的规约，该发生在时间和空间上有特定位置，并引起相关行为的执行。在状态图的语境中，事件是能触发转换的发生。

76．异常（exception）

一种特殊的信号，通常用以表示故障情形的信号。异常的发送者使执行终止，并且执行由异常的接收者继续，异常的接收者也可能是发送者本身。异常的接收者隐式地由执行期间的交互顺序决定，不显式地指定它。

77．执行发生（execution occurence）

在交互图上表示的生命线中的一种行为单元。

78．退出动作（exit action）

当对象退出状态机的某一状态时由方法执行的动作，而不管退出时所采取的转移。

79．引出（export）

在包的语境中，使某一元素在所处命名空间之外可见。

参见：可见性（visibility）。

相对语：引入（import）。

80．表达式（expression）

计算某一特定类型的值的字符串。例如，表达式“(7 + 5*3)”计算数值类型的值。

81．扩展（extend）

从扩展用例到基用例的一种关系，它详述了为扩展用例定义的行为如何拓广（遵守在扩展中定义的条件）为基用例定义的行为。该扩展的行为被插入基用例的扩展点处。基用例不依赖扩展用例的行为的执行。

参见：扩展点（extension point），包含（include）。

82．扩展关系（extension）

一种聚合关系，用来表明通过构造型扩展某个元类的性质，并提供能力可以方便地对类灵活地增删构造型。

83．门面（facade）

一种构造型化的包，它仅包含对另一个包拥有的模型元素的引用。门面用于为包的某些内容提供“公用视图”

84．特征（feature）

一种性质，如某个操作或者属性，它刻画了一个类目的实例。

85．终（结）状态（final state）

一种特殊类型的状态，它表明包含它的组合状态或者整个状态机的完成。

86．激发（fire）

执行某一状态转移。

参见：转移（transition）。

87．焦点类（focus class）

一种构造型化的类，它定义了提供支持的一个或多个辅助类的核心逻辑或控制流。典型地，焦点类与一个或多个辅助类一起使用。在设计阶段，它对规定组件的核心业务逻辑或控制流特别有用。

参见：辅助类（auxiliary class）。

88．控制焦点（focus of control）

在顺序图中图示一个时段的符号，在该时段内某个对象正在直接地或者通过一个下级过程执行一个动作。

89．形参（formal parameter）

同义语：参数（parameter）。

90．框架（framework）

一种构造型包，其中的模型元素为整个系统或者部分系统规约了一个可复用的体系结构。典型地，框架包括类、模式或模板。当框架对某个应用领域作特化时，有时称为应用框架。

参见：模式（pattern）。

91．可泛化元素（generalizable element）

一种可参与泛化关系的模型元素。

参见：泛化（generalization）

92．泛化（generalization）

较一般类目与较特殊类目之间的一种分类学关系。每个较特殊类目的实例也是较一般类目的一个间接实例。因此，较特殊类目间接地具有较一般类目的特征。

参见：继承（inheritance）。

93．守卫条件（guard condition）

为使相关的转移能够激发而必须得到满足的条件。

94．实现（implementation）

对事物如何构造或进行计算的一种定义。例如，类是类型的一种实现，方法是操作的一种实现。

95．实现类（implementation class）

一种构造型化的类，它是按照某种程序设计语言，如 C++、Smalltalk、Java（其中实例或许不能有多个类）的规定对类的实现。如果一个实现类提供了为一个类型定义的所有操作，且具有为该类型的操作指定的同样的行为时，即称该实现类实施了此类型。

参见：类型（type）。

96．实现继承（implementation inheritance）

对较一般元素的实现的继承，包括对接口的继承。

相对语：接口继承（interface inheritance）。

97．引入（import）

在包的语境中，展现对它们的类可以在某一给定包（包括递归地嵌入其内的包）之内加以引用的包的依赖。

相对语：引出（export）。

98．包含（include）

从基用例到包含用例的一种关系，它规定基用例的行为如何容纳包含用例的行为。包含用例的行为包含在基用例中所定义的位置处。基用例依赖于包含用例行为的执行，但不依赖于其结构（即属性或操作）。

参见：扩展（extend）。

99．继承（inheritance）

较特殊的元素结合较一般元素的结构和行为的机制。

100．初（始）状态（initial state）

一种特殊状态，它表明了到组合状态的默认状态的独立转移的源状态。

101．实例（instance）

具有唯一标识的、能对其应用一组操作并存储这些操作效果的状态的实体。

参见：对象（object）。

102．交互（interaction）

为完成某一特定任务，对实例之间如何发送激励的一种规约。交互在协作的语境中定义。

参见：协作（collaboration）。

103．交互图（interaction diagram）

适用于侧重对象交互的若干类型的图的一种类属术语，包括通信图、顺序图、时间图和交互概览图。

104．交互概览图（interaction overview diagram）

以一种活动图的变种来描述交互的图，这种方法关注并提高了对控制流的概览，其中控制流的每个节点都可以是一个交互图。

105．接口（interface）

一个刻画某个元素的行为的命名的操作集合。

106．接口继承（interface inheritance）

对某一较一般元素的接口的继承，不包括对实现的继承。

相对语：实现继承（implementation inheritance）。

107．内部转移（internal transition）

表明不改变对象的状态而对事件做出响应的一种转移。

108．层（layer）

在同一抽象级上对类目或包进行的组织。层表示对体系结构的横向切片，而分区则表示纵向切片。

相对语：分区（partition）。

109．生命线（lifeline）

在交互中代表一个独立参与实体的建模元素。一个生命线仅代表一个交互实体。

110．链（接）（link）

某一对象元组中的一种语义连接，关联的实例。

参见：关联（association）。

111．链（接）端（link end）

关联端的实例。

参见：关联端（association end）。

112．消息（message）

以期活动会随之发生，而对信息从一个实例到另一实例传送的一种规约。用消息可规定对信号的引发或对操作的调用。

113．元类（metaclass）

一种实例为类的类。典型地元类用来构造元模型。

114．元元模型（meta-metamodel）

一种定义用于表达元模型的语言的模型。元元模型与元模型之间的关系类同于元模型与模型之间的关系。

115．元模型（metamodel）

一种定义用于表达模型的语言的模型。

116．元对象（metaobject）

在元建模语言中用于所有元实体的一种类属术语。

例如，元类型、元类、元属性和元关联。

117．方法（method）

操作的实现。它规定了与某一操作相关的算法或过程。

118．模型侧面（model aspect）

一种侧重于元模型的特定质量的建模维度。

例如，结构模型侧面侧重于元模型的结构质量。

119．模型细化（model elaboration）

从已公布的模型生成知识库类型的过程。包括对接口和实现的生成，这允许基于被细化的模型实例化和装入知识库（二者要相符）。

120．模型元素（model element）

一种元素，它是一个从被建模的系统中做出的抽象。

相对语：视图元素（view element）。

121．模型库（model library）

包含供其他包复用的模型元素的构造型化包。模型库不同于外廓之处在于：模型库不采用构造型和标记值来扩展元模型。模型库类似于某些程序设计语言中的类库。

122．建模时（期）（modeling time）

涉及在软件开发过程的建模阶段所出现的事物，包括分析时和设计时。注意：在讨论对象系统时，区分建模时与运行时的有关事物，常常是很重要的。

参见：分析时（analysis time），设计时（design time）。

相对语：运行时（run time）。

123．多重分类（multiple classification）

一个实例同时直接到多个类目上的指派。

参见：静态分类（static classification），动态分类（dynamic classification）。

124．多重继承（multiple inheritance）

泛化的语义变种，其中一个类型可以有多个超类型。

相对语：单继承（single inheritance）。

125．势域（曾称多重性）（multiplicity）

对集合可取的势的范围的规约。势域可以对关联端、组成类中的部分、重复次数或为其他目的给出规约。本质上，势域是非负整数的一个（可能无限）子集。

相对语：势（cardinality）。

126．*n* 元关联（*n*-ary association）

三个或更多类之间的一种关联。该关联的每个实例都是取自各类的一个 *n* 元组值。

相对语：二元关联（binary association）。

127．名（称）（name）

用于标识模型元素的一种字符串。

128．命名空间（namespace）

其中可定义和使用名称的模型部分。命名空间中的每一个名称的意义都是唯一的。

参见：名（称）（name）。

129．节点（node）

代表运行时计算资源的一种类目，它通常至少有一个存储器，且至少具备处理能力。运行时对象和组件可以驻留在节点上。

130．注释（note）

附加在一个元素或一个元素集合上的注解。注释没有语义。

相对语：约束（constraint）。

131．对象（object）

类的一个实例。

参见：类（class），实例（instance）。

132．对象图（object diagram）

由在某一时刻的对象以及其间关系所组成的一种图。对象图可视作类图或通信图的特例。

参见：类图（class diagram），通信图（communication diagram）。

133．对象流状态（object flow state）

活动图中的状态，它表示把某个对象从一个状态中的动作的输出传递到另一个状态中的动作的输入。

134．对象生命线（object lifeline）

在顺序图中，一种表示某一对象存在时期的线段。

参见：顺序图（sequence diagram）。

135．操作（operation）

一种特征，它声明了可由类目的实例执行的一个服务。

136．包（package）

一种将元素成组的通用机制。包可以嵌套在其他包内。

137．包图（package diagram）

一种图，它描绘了模型元素如何组织成包以及各包之间的依赖，包括包的引入和包的扩展。

138．参数（parameter）

一个行为特征的实参。一个参数规定了传入和传出一个行为元素（如一个操作）调用的实参。一个参数的类型限制了可以传送的值。

同义语：形式参数（formal parameter）。

相对语：变元（argument）。

139．参数化元素（parameterized element）

带有一个或多个未绑定参数的类的描述符。

同义语：模板（template）。

140．父（parent）

在泛化关系中，对另一元素（子）的泛化。

参见：子类（subclass），子类型（subtype）。

相对语：子（child）。

141．部件（part）

代表一组实例的元素，这些实例被一个包容类目实例或者类目的角色所拥有。部件可以通过附着的连接子来连接在一起，并且指定在包容类目实例内创建的链实例的配置。

参见：角色（role）。

142．参与（participate）

一个模型元素与一个关系或者一个具体化的关系的联系。

例如，类在关联中的参与，参与者在用例中的参与。

143．分区（partition）

基于一组标准对于任何模型元素集合的分组。

（1）活动图：活动节点和边的分组。分区划分节点和边，以约束和显示所包含节点的视图。分区可以共享内容。各分区经常和业务模型中的组织单元对应。也经常把它们用于在一个活动内的节点之间分配特性和资源。

（2）体系结构：一种在同一抽象级或跨分层的体系结构各层的有关类目或包的集合。分区表示对体系结构的纵切片，层则表示横切片。

相对语：层（layer）。

144．模式 （pattern）

描述了一个设计模式的结构的模板协作。UML 的模式要比那些设计模式团体使用的模式受到更多限制。通常，设计模式包含更多的非结构化的方面，如它们使用的启发和用法的折中。

145．持久对象（persistent object）

一种在创建它的进程或线程不复存在后依然存在的对象。

146．栓（pin）

一种表示数据值的模型元素，这些数据值在行为被调用时传入行为，当行为执行完成时从行为返回。

147．端口（port）

类目的一个特征，它规定了一个在类目与其环境之间或者在类目（的行为）与其内部部件之间的特定交互点。端口通过连接子来连接到其他端口上，通过连接子可以请求对类目的行为特征的调用。

148．后置条件（postcondition）

一种表达约束的条件，在某一操作完成之时条件必须为真。

149．幂类型（powertype）

一种其实例是另一个类目的子类的类目。因此，幂类型是一种特别交织的元类，实例也是子类。

150．前置条件（precondition）

一种表达约束的条件，在调用操作时条件必须为真

151．原子类型（primitive type）

一种预定义的、没有任何相关子结构（不可分解）的数据类型，如整型或字符串。它还可能具有在 UML 定义之外的代数和操作，如数学上的。

152．规程、过程（procedure）

可以作为一个单元附着到模型部件上的动作集合，如方法体。因此当一个过程执行时，按照过程参数的规约，获得一组数值作为实参，产生一组数值作为结果。

153．进程、过程　（process）

（1）在一个操作系统中的一种重量级的并发和执行单元。操作系统包括重量级与轻量级两种进程。如有必要，可以用构造型对实现加以区别。

（2）一种软件开发过程，用于开发系统的步骤和指南。

（3）执行某一算法，或是作动态处理。

相对语：线程（thread）。

154．外廓（profile）

一种构造型包，其内含有为特定领域或目的采用扩展机制加以定制的模型元素，如构造型、标记值和约束。外廓还可规定它所依赖的模型库和它所扩展的元模型子集。

155．投影（projection）

从集合到其子集的一种映射。

156．性质（property）

表征元素某一特性的命名值。性质有语义影响。在 UML 中预定义了一些性质；另一些可由用户定义。

参见：标记值。

157．伪状态　pseudo-state

在状态机中，一种虽有状态形式却无状态行为的顶点。伪状态包括初始顶点和历史顶点。

158．物理系统（physical system）

（1）模型的主体。

（2）连接起来的物理单元的集合，包括软件、硬件和人，它们被组织起来实现一个特定的目的。一个物理系统可以被描述为一个或多个模型，可能从不同的视点加以描述。

相对语：系统（system）。

159．限定符（qualifier）

一种关联属性或属性元组，其值将一组对象加以划分，这组对象与某一关联另一端处的一个对象相关。

160．实现（realization）

两个模型元素集合之间特化的抽象关系，其中一个集合表示规约（提供者），另一集合表示前者的实现（客户）。实现可用于对模型进行逐步精化、最优化、转换、模板、模型合成或框架组合等。

161．接收（消息）（receive（a message））

对来自发送对象的激发的处理。

参见：发送方（sender），接收方（receiver）。

162．接收方（receiver）

处理由发送对象传递的激发的对象。

相对语：发送方（sender）。

163．接收 reception

类目准备对收到信号做出反应的声明。

164．参考（reference）

（1）模型元素的指称。

（2）类目中命名的槽，它可以简化到其他类目的导航。

同义语：指针（pointer）。

165．精化（refinement）

对已经在某一详细程度上描述的事物的更详细描述的关系。

例如，设计类是对分析类的精化。

166．关系（relationship）

描述元素之间某种连接的抽象概念。关系的例子有关联和泛化。

167．存储库（repository）

用来存储对象模型、接口及实现的设施。

168．需求（requirement）

系统所需要的特征、性质或行为。

169．责任（responsibility）

类目的契约或职责。

170．重用（reuse）

对已经存在工件的使用。

171．角色（role）

在参与特定语境的实体集合上定义的特征的命名集合。

协作：由类或参加某种特定语境的部件所拥有的行为的命名集合。

关联：关联端的同义语，通常引用参与关联的类目实例的子集。

172．运行时（期）（run time）

计算机程序或系统执行的一段时间。

相对语：建模时（modeling time）。

173．场景（scenario）

说明行为的动作的特定序列。场景可用来说明交互或用例实例的执行。

参见：交互（interaction）。

174．语义变化点（semantic variation point）

元模型的语义的变化点。它为解释元模型的语义提供一种有意义的自由度。

175．发送（消息） send （a message）

从发送实例到接收实例的激发传递。

参见：发送者（sender），接收者（receiver）。

176．发送方（sender）

向接收者实例传递激发的对象。

相对语：接收方（receiver）。

177．顺序图（sequence diagram）

描绘交互的图，侧重于随着在生命线上消息对应的事件的发生所交换的消息顺序。

与通信图不同的是，顺序图包括了时间序列但是不包括对象关系。顺序图既能以一种一般方式（描述所有可能的场景）存在，也能以一种实例的方式（描述一个实际的场景）存在。顺序图和通信图表达了相似的信息，但方式不同。

参见：通信图（communication diagram）。

178．信号（signal）

对异步的激发的规约，异步的激发以异步的方式激起接收者的反应，而无须回复。接收对象根据其规定处理该信号。由发送请求承载的数据，并且通过引起发送请求的发送调用事件的发生传递给它的数据，由信号实例的属性来表示。信号的定义独立于处理该信号的类目。

179．特征标记（signature）

行为特征的名称和参数。特征标记可以包括一个可选的返回参数。

180．单（一）继承（single inheritance）

泛化的语义变种，其中一个类型只有一个父类型。

同义语：多继承（Multiple Inheritance，OMA）。

相对语：多继承。

181．槽（slot）

一种规约，用来描述由实例的规约建模的实体，它具有针对特定的结构特征的值。

182．软件模块（software module）

软件存储和操作的单元。软件模块包括源代码模块、二进制代码模块和可执行代码模块。

183．规约（规格说明）（speciafication）

系统或其他类目的需求集合。

相对语：实现 implementation。

184．状态（state）

对象在其生存周期中满足某一条件、进行某种活动或等待某一事件的条件或状况。

185．状态机图（state machine diagram）

描绘通过有限状态转换系统建模的离散行为的图。特别地，它描述对象或交互在其生存期间对事件响应及其响应和动作的状态序列。

参见：状态机（state machine）。

186．状态机（state machine）

描述对象或交互在其生存期间对事件响应及其响应和动作的状态序列的行为。

187．静态分类（static classification）

由实例到类目的指派，这一指派不能再更改为其他类目。

相对语：动态分类（dynamic classification）。

188．构造型（stereotype）

一个类，它定义了现有的元类（或构造型）可以如何扩展，并使得特定平台或领域的术语或表示法等可用于被扩展的元类。UML 预定义了一些构造型，其他的可由用户定义。构造型是 UML 的一种扩展机制。

参见：约束（constraint），标记值（tagged value）。

189．激励（stimulus）

信息从一个实例到另一实例的传递，如发出一个信号或调用一个操作。信号的接收通常认为是一个事件。

参见：消息（message）。

190．串（string）

文本字符的序列。串的表示细节依赖于实现，可包括支持国际化字符和图形的字符集。

191．结构特征（stuctuaral feature）

模型元素的静态特征，如属性。

192．结构模型侧面（structural model aspect）

强调系统中对象的结构的模型方面，包括其类型、类、关系、属性和操作。

193．结构图（structure diagram）

一种描绘规约中与时间无关的元素的图的形式。结构图包含类图、组合结构图、组件图、部署图、对象图、外廓图和包图。

194．子活动状态（subactivity state）

活动图中的状态，用来表示具有一定持续时间的非原子的步骤序列的执行。

195．子类（subclass）

泛化关系中，对另一个类（父类）的特化。

参见：泛化（generalization）。

相对语：父类（superclass）。

196．子状态机（submachine state）

状态机中等价于组合状态，但其里面的内容由另外的状态机描述的状态。

197．子状态（substate）

作为组合状态一部分的状态。

参见：并发状态（concurrent state），不相交状态（disjoint state）。

198．子包（subpackage）

包含在另一个包中的包。

199．子系统（subsystem）

大型系统的层次分解单元。子系统通常间接地实例化。子系统的定义因领域和方法不同而差异很大，并且希望领域和方法外廓能对该构造进行特化。子系统可定义为具有规约元素和实现元素。

200．子类型（subtype）

在泛化关系中，对另一类型（父类型）的特化。

参见：泛化（generalization）。

相对语：父类型（supertype）。

201．父类（superclass）

在泛化关系中，对另一类（子类）的泛化。

参见：泛化（generalization）。

相对语：子类（subclass）。

202．父类型（supertype）

在泛化关系中，对另一类型（子类型）的泛化。

参见：泛化（generalization）。

相对语：子类型（subtype）。

203．供方（supplier）

提供可由其他类目调用的服务的类目。

相对语：客户（client）。

204．同步状态（synch state）

状态机中用来同步状态机的并发区域的顶点。

205．系统（system）

有组织的一组元素，每个元素在功能上作为一个单元，也是模型中的顶层子系统。

206．标记值（tagged value）

以“名称-值”对的形式对性质的精确定义。在标记值中，名称称为标记。UML 中预定义了一些标记；其他的用户可以自定义。标记值是 UML 的三种扩展机制之一。

参见：约束（constraint），构造型（stereotype）。

207．模板（template）

一类带有一个或多个未绑定参数说明符。

同义语：参数化元素（parameterized element）。

208．（控制）线程［thread（of control）］

遍历程序、动态模型或控制流的其他某种表示的单个执行路径。也是用于主动对象的实现（作为轻量进程）的构造型。

参见：进程（process）。

209．计时事件（time event）

表示自进入当前状态后所经过的时间的事件。

参见：事件（event）。

210．时间表达式（time expression）

值为时间的绝对或相对值的表达式。

211．时间图（timing diagram）

一种交互图，显示在线性时间上生命线（表示类目实例或类目角色）的状态或条件的变化。大多数常见的用法是在显示对象在响应所接受的事件或激发时，对象状态随时间的变化。

212．顶层（top level）

在包容层次结构中指示最上层包的构造型。顶层构造型定义了寻找名字的外部限制，正如名字空间向外“看”到的那样。例如，子系统 topLevel 表示子系统包容层次的顶端。

213．踪迹（trace）

表明两个元素之间的历史或进化关系的依赖，这两个元素表示同一概念，但没有从一个导出另一个的特定规则。

214．暂时对象（transient object）

只在产生它的进程或线程执行期间存在的对象。

215．转移（transition）

两个状态之间的如下关系：当特定的事件发生时并且满足特定的条件，处于第一个状态的对象将执行某些特定的动作并进入第二个状态。一旦有这样的状态变化，就说该转移被激发了。

216．类型（type）

一种构造型化的类，它描述对象域以及可应用到这些对象的操作，而不定义这些对象的物理实现。类型不可以包含任何方法，保持它自己的控制线程或是嵌套的也不行。然而，它可以具有属性和关联。尽管对象最多可以具有一个实现类，但它可以符合多个不同的类型。

参见：实现类（implementation class）。

相对语：接口（interface）。

217．类型表达式（type expression）

值为一个或多个类型的引用的表达式。

218．未解释（uninterpreted）

对其实现没有在 UML 中描述的类型留下的占位符。每一个未解释的值都由一个相应的字符串表示。

219．使用（usage）

一种依赖关系，其中的一个元素（客户）为了正确地运行或实现，要求另一元素（提供方）存在。

220．用例（use case）

对系统（或其他实体）要完成的动作序列（包括变体）的规约，它们与系统的参与者交互。

参见：用例实例（use case instances）。

221．用例图（use case diagram）

描绘参与者、主题（系统）、用例之间关系的图。

222．用例实例（use case instance）

用例中所描述的动作序列的执行。用例的实例。

参见：用例（use case class）。

223．用例模型（use case model）

利用用例描述系统的功能需求的模型。

224．公用设施（utility）

一种用类声明的形式将全局变量和过程集合起来的构造型。它的属性和操作分别变为全局变量和全局过程。公用设施不是一种基础的建模构造物，而是为了方便编程设立的。

225．值（value）

类型域中的元素。

226．顶点（vertex）

状态机中转移的源或目标。顶点可以是一个状态或伪状态。

参见：状态（state），伪状态（pseudo-state）。

227．视图（view）

从一个特定的视角或有利位置看到的模型的投影，并且忽略与该视角不相关的实体。

228．视图元素（view element）

一组模型元素的文本的或（和）图形的投影。

229．视图投影（view projection）

模型元素到视图元素的投影。视图投影为每个视图元素提供位置和样式。

230．可见性（visibility）

一种枚举，其值（公用的、受保护的，或私用的）用来指明它所针对的模型元素如何在封装它的命名空间之外被看到。